海外M&A
新結合の経営戦略

松本 茂〔著〕

東洋経済新報社

はじめに

２００１年からの19年間に日本企業が実行した海外Ｍ＆Ａの累計は８８３３件、買収金額の合計は１６兆６５４１億円に上る[1]。今世紀、日本企業が何に経営資源を投じたのかと問われれば、間違いなく海外での買収はそのひとつに挙がる。21世紀初頭の日本企業を振り返るとき、膨大な資源を投入した海外での買収が成長にどのように寄与したか、その成果を検証することは、今後、日本企業のとるべき途を見極めるうえで欠かせない作業であろう。本書は、海外Ｍ＆Ａに挑んだことによって日本企業が取り戻しつつあるダイナミズムの本質を捉えて、買収の成功モデルを提示することを目的としている。

企業経営者が自ら問うべき最も大切なことは、顧客は何を求めているのか、そして、どうすればライバルとの競争に勝つことができるか、という2つのことである。この2つに十分に応えることができれば、持続的な企業経営が可能となるだろう。日本企業はモノづくり経営を標榜し、これまで強靱な現場の力で競争してきた。しかし、今世紀に目にした電機業界の衰退と淘汰でわかったことは、製造業企業にとって、モノづくりに長けることは必要条件ではあるが、世界的な競争を制するには十分でないということだ。海外Ｍ＆Ａの急増は、日本の企業経営者が世界規模の競争に勝つこと、言い換えれば、企業として生き残ることを強く意識したことが背景にあるのではないだろうか。

市場の競争を制するため、海外での買収に資源を投じてきたことは正しい。問題は、買収後に競争優位を実現することができたかどうかということである。１９８５年のプラザ合意後に始まった日本企業の海外Ｍ＆Ａ草創期には、買収後、撤退や売却に至ったケースが半数近くあり惨憺たる成績であった。しかし、このような失敗にもかかわらず日本企業は海外での買収に挑戦し続けてきた。そして近年、ようやく買収で大きな成果を挙げ、その成功に胸を張る日本企業が出てきた。今世紀の海外Ｍ＆Ａは草創期と比べ、成否割合が改善した。

一方、経営の現場に目をやると、Ｍ＆Ａは買収後の経営こそ重要であると言われながら、案件ごとに徒手空拳で臨んでいるのが現状である。まだまだ失敗が跡を絶たない原因は、買収後の経営について他社から学ぶ機会が限られているからではないだろうか。製造業企業では他社の工場を訪問し、現場の課題を克服するためにどのような工夫を凝らしているのかを学び、自社の抱える問題を解決するヒントを得る。このある種、互助の精神と飽くなき探求の姿勢こそが、日本がモノづくりで世界の最高水準を極めた理由のひとつである。自社の製品やサービスの品質を高めるにはサプライヤーから販売会社まで、そこに関わる企業すべてに高い能力が求められる。大企業といえども単独で高い品質を維持することはできない。

筆者は、買収後の経営で最前線に立つマネジメントが直面した課題とその克服法を共有して、相互に学ぶ機会を設けることは、経営の研究に携わる者の役目ではないかと考えた。筆者の考えに賛同して下さった有力企業の諸氏をお招きして海外Ｍ＆Ａ研究会を開催したのは、２０１８年9月のことである。海外Ｍ＆Ａによって事業を世界トップクラスに育てた企業の方々と、買収と経営についてディスカッションを行い、その後、筆者のインタビュー調査に応じていただいた。

現場の話から見えてきたのは、買収後の経営とは、自らの経営手法を見直し、新たな事業と地域を結び付けて、世界的な業界再編に積極的に関与する営みであるということだ。また、国内の雇用やモノづくりの強みを大切にしつつ試行錯誤を繰り返しながら、海外でも機能する組織設計を模索する姿勢である。このことから、経営において買収が果たす役割を今一度問い直してみるべきではないか、それによって買収の成功モデルを提示することができるのではないかと考えた。本書の執筆にあたっては、日本企業の新たな競争力を今世紀に注力した買収とその後の経営から探るという形をとりたい。

本書は四部で構成している。

第1部では、日本企業の成長戦略と海外M&Aの戦績を分析する。第1章では、まず日本企業の知識創造とモノづくり経営のどこに限界が生じたのかを考えるところから始める。そして日本企業が成長戦略の柱としてきた海外市場の開拓が成果を挙げているかどうか、日本企業の海外売上高比率上昇と利益率の因果を検証して、全体的な姿を捉えておく。

第2章では、日本企業が今世紀に実行した買収金額100億円以上の海外M&A139件について、買収後の状況を調査して成否を判定する。発展期に入った買収は草創期と比べて成否の改善が見られるか、その特徴と併せて報告する。

第2部では、企業経営における買収の役割を学術理論をもとに再考したい。海外M&Aに失敗する企業はいまだ多く、買収後の経営のあり方も模索が続く。本書では、買収をトランザクションとしてでなく長期的な企業行動のひとつとして捉えて、買収が新たな事業の結合であることに着目して議論を進めていく。第3章で、シュンペーターが『経済発展の理論』で説いた企業家による新結合の遂行と、それに連なる深化と探索の両利きに関する研究から、買収の本質的な目的と買収後の組織設計を考える。そして、買収の結合型とその効果を整理したうえで、海外M&Aの論点を提示する。

第4章と第5章では買収と寡占について議論する。20世紀におけるGMの盛衰と、21世紀に勃興したグーグルの経営をそのM&Aの歴史から吟味することで、買収が寡占の形成に果たした役割を考察する。そして、第6章では、アライアンスによって世界自動車市場のトップ3となった日産自動車とルノーの相乗効果に注目する。現在、企業連合が進めている「リーダーとフォロワー」のモデルとなった小型商用車事業について、インタビュー調査をもとに考察する。

第3部では、海外M&Aを実行した企業の現場から学ぶ。事例として、グローリー、ダイキン工業、DMG森精機、日本板硝子、堀場製作所、村田製作所、以上6社の買収について、その成果と組織設計を中心に紹介する。日本を代表する製造業企業が積極的な買収で世界規模の業界再編を主導する姿から、モノづくりに次ぐ日本企業の競争力とは何かを探る。

第4部では、第3部までの議論と分析を踏まえて、海外M&Aによる新結合のモデルを提示する。そして、次の買収で日本企業に求められることは何かを伝えたい。

世界規模で進む主要な産業の寡占は、弱者が脱落し、しぶとい企業が買収を繰り返してきた結果である。企業が競争を制するとは、世界的な業界再編を主導して成熟市場で寡占を形成すること、そして、自ら新たな市場を形成し、新規参入者の挑戦を退けながら成長を牽引することである。経営者が買収時に口にする、「生き残りを賭けて」というのはこのことである。モノづくりに長けることは必要であるが、それだけでは競争に勝つには不十分で、いずれ淘汰される。

失敗を重ねながら、繰り返し試みることで経営は磨かれる。今世紀、海外で買収に挑んで大きな成果を挙げる日本企業がようやく出てきた。今や東京証券取引所に上場する製造業企業のうち、海外売上高比率が50％以上の企業は4割近くに上る。[2] 主要企業の経営計画を見ると、将来の成長を海外に求める経営者は多い。

新たな事業の結合による経済発展はベンチャー企業だけでなく、有力企業がその担い手となって役割を果たす。本書では、日本企業が海外M&Aで摑み始めた新たな競争力の萌芽を伝えたい。

目次

第2部　買収の役割を問い直す

第3部 買収後の現場から学ぶ
——海外M&Aで飛躍した日本企業の経営

第4部 海外M&Aで新結合の経営を実現する (Post-Merger Innovation)

第1部

成長戦略の現状を分析する

第1章 21世紀の海外成長戦略——成長は実現したか

1 モノづくりだけでは勝てなくなった

日本企業の競争力とは何か。これまで国内外の研究者の手によって日本企業に関するさまざまな定量的、そして定性的な分析が行われてきた。その中でも製造業企業の強みを探る代表的な研究は、持続的なイノベーションを生み出す知識創造と、モノづくり経営をテーマにしたものではないだろうか。これらの研究は、すでによく知られるところであるが、そのような競争力があるにもかかわらず、なぜ日本企業の世界的な影響力は凋落傾向にあるのだろうか。

１９８０年代の日本企業の躍進について、組織的知識創造による連続したイノベーションが競争優位の源泉となったと説いたのは野中郁次郎氏である。野中氏は著書『知識創造企業』で、欧米企業の経営や組織と比較しながら、当時の日本の電機メーカーや自動車メーカーの成功要因を、個人が持つ暗黙的な知識を組織が共有する形式知に変換する知識創造のプロセスを用いて説明することを試みた（野中・竹内 １９９６）。

野中氏が唱えた知識創造活動のプロセスであるＳＥＣＩモデル[1]は日本企業を対象とした研究の金字塔

のひとつで、ナレッジマネジメントの基礎理論となった。25年以上も前に出版された名著を読み返すと、そこには松下電器産業（現パナソニック）による全自動化された最初のホームベーカリーや、キヤノンによるパーソナル複写機の開発、そして、ホンダやシャープ、ＮＥＣ、花王といった企業の知識創造活動が生き生きと描かれている。そこからは、日本的経営の神秘性に迫る高揚感のようなものが伝わってくる。日本企業の発展を導いたのは、この組織的知識創造であって、パナソニックやキヤノンに限らず、他の多くの企業も同じようなことを実践してきた。

　この知識創造活動は、今も日本の製造業企業の特色を表しているのだろうか。企業が研究開発に投資をし、自社製品の改良を続ける手法は今も健在である。自動車、そして家電製品も毎年のように改良が施されて、新たな機能が加わった新製品が発売される。日本企業は既存事業の深化に取り組んできた。

　さらに、野中氏が当時の欧米企業によるトップダウン経営と比較して日本の特色として挙げたミドルアップやミドルダウンの組織もまた、今も多くの企業で見ることができる。日本では、プロフェッショナル経営者として企業を渡り歩くような人材は限られ、外部からトップマネジメントを招聘する企業もまだ少数派だ。ましてや、日本の経営者が欧米企業に請われてトップに就いたという話はほとんど聞かない。日本の組織は現在も、トップダウンよりもミドル・アップダウン・マネジメントが主流である。こうして見ると、日本の知識創造活動は健在で、組織の特色にも大きな変化はないように見受けられる。

　それでは、なぜ日本企業は長期的な停滞に直面することになったのか。野中氏はその原因のひとつとして、日本企業が米国型の経営手法を積極的に取り入れてきた結果、オーバープランニング（過剰計画）、オーバーアナリシス（過剰分析）、オーバーコンプライアンス（過剰法令遵守）という３つの過剰に陥り、従来の知識創造を行う自由闊達な環境が奪われたのではないかと指摘している（野中 ２０１９）。

つまり、日本企業はトップダウン経営に相性の良い米国型のアプローチを採用しようとしたが、それを実行する組織は依然としてミドル・アップダウンが中心であるというミスマッチに陥ったうえに、３つの過剰によるリスクへの過度な拒絶反応が、本来の持ち味である知識創造の力を削いでしまったのではないかと言うのだ。

野中氏は『知識創造企業』の中で、将来のグローバル展開を予測して、日本企業の課題を２つ挙げている。ひとつは、日本企業が用いる知識創造プロセスは海外でも有効なのか。もうひとつは、日本企業が海外で現地企業と合弁会社を始めるとき、そのプロセスにどのような調整が必要なのかという点である。野中氏の問いから25年を経た現在、日本企業はその強みである組織的知識創造を海外でも発揮できたのだろうか。

当時、日産自動車が欧州、日本、そして米国をターゲットにしたグローバルカー「プリメーラ」を開発し、欧州市場で販売を開始した後、欧州諸国でベストカーを受賞したことが伝えられている。また、三菱重工業が米国キャタピラー社との合弁によって新たな油圧ショベルＲＥＧＡシリーズを開発し、１９９２年に新キャタピラー三菱がその発売を開始したとされる。これらは、知識創造を生かした日本企業のグローバル展開の先駆けであった。しかし、その後、日産自動車は経営に行き詰まって、１９９９年にルノーの支援を仰ぐことになり、三菱重工業も合弁持ち分をキャタピラーに譲渡して２０１２年に建設機械事業から撤退した。日本企業が得意とする、個人の暗黙知を組織の形式知に変換する組織的知識創造は、海外においても力を発揮したが、それは、グローバルな企業間競争を勝ち抜いて世界を制覇するほどの切り札にはならなかった。

日本企業のモノづくり経営に注目し、その競争力の源泉を生産現場の強さに求めた研究も多い。日本の強みがモノづくりにあることに異を唱える者はいないだろう。カイゼンやカンバン、ＱＣサークルなど、今やカタカナで表現するほうがしっくりくるほど日本の生産方式は世界で注目を集めた。それは研究対象としてだけでなく、海外企業も現地のモノづくりの現場でカイゼンやＱＣサークルを取り入れた。筆者が指導する大学院留学生たちも、日本企業の特色といえばトヨタの生産管理システムを挙げる者が多い。

モノづくり経営の代表的な研究者である藤本隆宏氏は、為替相場の変動や海外との賃金格差による生産コストのハンディを乗り越えて、国内で高い品質を維持してきた製造業の現場を高く評価する。そして、モノづくりの中でも日本企業は、製品アーキテクチャーにおける擦り合わせ、すなわち製品の機能と構造が複雑に関連して相互の連携や調整を要するインテグラル型に強みを発揮するという。自動車のように安全性や環境対応など機能要求や制約が年を追うごとに増えて複雑になっていく製品の設計や生産に強いということだ（藤本　２０１７、28頁）。

それではなぜ、日本の電機メーカーはこの20年、中国や台湾、韓国などの新興企業の台頭を許したのだろうか。テレビがアナログ・ブラウン管であった時代は、日本企業の得意な擦り合わせと綿密な調整能力が競争力となっていた。藤本氏は、家電製品にその後、デジタル化し機能完結型の部品を組み合わせるモジュラー型のアーキテクチャーが広がったことを日本の電機メーカーが競争優位を失った原因に挙げている。製品の機能と構造が一対一で対応し、標準化されたインターフェイスでつながるパーソナルコンピュータ（ＰＣ）は、このモジュラー型の典型である。

モジュラー型製品の生産は、分業化が進み、ＥＭＳ（Electronics Manufacturing Service）と呼ばれる機器の受託生産サービスの拡大によって進展した。アップルは、ＰＣやスマートフォンの開発とマーケティングに専念し、その生産は台湾ＥＭＳ大手の鴻海精密工業などに委託することで高い利益率を維持してきた。中国、台湾、そして韓国の電機メーカーは１９９０年代後半から、モジュラー型生産の特徴である低コスト大量生産の戦略で成長し、日本の電機メーカーに取って代わった（藤本　２００７、２５６頁）。藤本氏は、テレビやＰＣの生産から撤退する電機メーカーが続出した背景として、調整能力を持ち味とする日本の開発・生産現場とこのモジュラー化の間にギャップが生まれたことを挙げて、このアーキテクチャーの比較優位の有無が、自動車と家電の明暗を分けたと言ってもよいと指摘している（藤本　２０１７、２３３頁）。また、モノづくりが競争力の源泉と言いながら、円高や安い労働力に目を奪われて、安易に中国などに生産拠点を移転して、国内工場を実質的に空洞化させた企業も少なくないことにも触れている。

藤本氏は、これからの製造業企業にとって大切なことは、国内の現場を単に温存するのでなく、生産性や品質を高め、リードタイムを短縮し、進化を続ける「戦うマザー工場」の機能を維持することだと指摘する。また、国内の開発を支援する「開発工場」機能を残すこと、そして各国の政策や為替レート、賃金や生産性の変化が激しい事業環境に適応し、国内と海外にしっかりした生産拠点を持つ「二本足で立つ経営」を目指すべきだと説く。安易に海外に移転して国内工場を空洞化させることに警鐘を鳴らし、国内と海外に機能を分散させ柔軟に経営を進めることが不可欠とする。また、生産現場の力だけではグローバルな競争には勝てないとし、需要創造やアライアンス、そして現場との連携に関して戦略を立案するなど、短期的な財務判断や狭い状況判断に陥りがちな本社の覚醒を期待している（藤本　２０１３、78頁）。モノづくりの現場は日本企業の強みである一方、企業が競争に勝つための十分条件ではないことを指摘するものである。

◉表 1-1　日経平均採用銘柄（1985 年 8 月末時点）

業種名	採用銘柄 [1]	業種別銘柄数（1985 年）	うち現在も採用 [2]	現在の業種別銘柄数 [3]
水産	極洋、日魯、日水	3	2	2
鉱業	三井山、住友炭、帝石	3	1	1
建設	大成建、大林組、清水建、佐藤工、飛島建、フジタ、鹿島建、鉄建、東亜建、ハウス	10	5	9
食品	日本粉、日清粉、台糖、甜菜糖、森永、明菓、明乳、サッポロ、アサヒ、キリン、宝酒造、合同酒、三楽、豊年油、日清油、キッコマン、味の素、ニチレイ	18	9	11
繊維	片倉、東洋紡、鐘紡、ユニチカ、富士紡、日清紡、日東紡、オーミケンシ、日毛、大東紡、帝国維、帝人、東レ、東邦レ、三菱レ、クラレ、旭化成	17	8	4
紙・パルプ	山国パ、王子紙、本州紙、十条紙、三菱紙、北越紙	6	2	2
化学	三井圧、昭電工、住友化、菱化成、日産化、ラサ工、日曹達、洋曹達、東合成、電化、信越化、カーバイト、日本化、協発酵、日合成、宇部興、日化薬、旭電化、日油脂、富士写、小西六	21	13	18
医薬品	三共、武田、山之内、大日薬	4	4	9
石油	日石、昭和シェル、丸善石、三菱石、東燃	5	2	2
ゴム	浜ゴム、ブリヂストン	2	2	2
ガラス・土石	旭硝子、板硝子、日セメ、住友セメ、小野田、菱鉱セメ、東海カ、カーボン、ノリタケ、東陶、ガイシ、白煉瓦	12	9	8
鉄鋼	新日鉄、川鉄、鋼管、住金、神戸鋼、ステンレス、日金工、冶金工、日本電工、日製鋼、菱製鋼	11	4	4
非鉄・金属製品	日経金、三井金、東邦鉛、三菱金、日鉱、住友鉱、同和鉱、古河鉱、志村化、古河電、住友電、藤倉線、昭電線、洋カン、東京鋼	15	10	11
機械	新潟鉄、大隈鉄、小松、久保田、荏原、千代建、日ピス、日精工、洋ベア、光洋精、不二超	11	7	15

業種名	採用銘柄1)	業種別銘柄数（1985年）	うち現在も採用2)	現在の業種別銘柄数3)
電気機器	日立、東芝、三菱電、富士電、明電舎、日電気、富士通、沖電気、松下、シャープ、ソニー、三洋電、横河北辰、日電装、湯浅電	15	11	27
造船	三井造、日立造、三菱重、石川島	4	4	2
自動車	日産自、いすゞ、トヨタ、日野自、マツダ、本田技、鈴木自	7	7	10
輸送用機器	日車両	1	0	0
精密機器	日光学、キヤノン、リコー、シチズン	4	4	5
その他製造	凸版、大日印、日楽器	3	3	4
商社	伊藤忠、丸紅、三井物、住友商、三菱商、岩谷産	6	5	7
小売業	三越、東急百、高島屋、松坂屋、丸善	5	3	8
銀行	第一勧銀、東銀、三井銀、三菱銀、富士銀、住友銀、三井信、三菱信	8	5	11
その他金融	日証金、日信販	2	0	1
証券	日興、野村	2	1	3
保険	東海上、大正海、安田火	3	3	6
不動産	三井不、菱地所、平和不	3	2	5
鉄道バス	東武、東急、京急、小田急、京王、京成	6	5	8
陸運	日通	1	1	2
海運	郵船、ジライン、商船三井、山下汽、川崎汽、昭和海	6	3	3
倉庫	三菱倉、三井倉	2	1	1
電力	東電、関西電	2	2	3
ガス	東ガス、大ガス	2	2	2
サービス	松竹、東宝、東映、にっかつ、後楽園	5	1	12
通信、空運		0	0	7
		225	141	225

注 1) 銘柄名は 1985 年 8 月当時
2) 2020 年 8 月時点。1985 年以降、合併や買収があった銘柄は存続会社とした。業種変更のあった銘柄を含む
3) 2020 年 8 月時点
出所：『日経会社情報　昭和 60 年（1985 年）秋号　日経平均採用銘柄一覧』

日本企業はこれまで、モノづくり経営を強みとして競争をしてきた。知識創造とモノづくりはどちらも企業にとって利益成長を実現するための不可欠な能力であるが、それだけでは、世界的な競争に勝ち続けることはできないだろう。それぞれ個別の事情があったとはいえ、今世紀、三洋電機やシャープ、そして東芝など、モノづくり経営の優等生に起きたことを考えると、そのことを認めざるをえない。それでは、知識創造とモノづくりに続く日本企業の競争力とは何か、それがまだ、十分に描き切れていないところに、企業経営者の悩みがあるのではないだろうか。

米国や中国ではＩＴの分野を中心に有力な新興企業が多数生まれて、急速に力をつけた会社は大企業を凌ぐ勢いで成長してきた。投資家の期待を反映し、アマゾンやアルファベットなど時価総額が1兆ドルを超えた企業もある。日本でも「スタートアップ」という言葉をよく耳にするようになり、大学在学中に仲間と起業する学生も増えた。もちろん、日本でも評価額が10億ドルを超える、いわゆるユニコーン企業が数多く出てきてほしい。そんな期待を抱きつつも、日本の場合は有力企業の奮起を促すことが現実的であるようだ。

例えば、１９８５年と２０２０年の日経平均採用銘柄を比較すると、１９８５年8月末時点の２２５銘柄のうち、現在も採用銘柄である企業数は7割近い１４１ある[2]（表１－１参照）。日本でも35年の間に産業構造が転換し、鉄鋼や紙・パルプ、石油などの業種では合併や買収によって銘柄数が減少し、それに代わって通信、サービス業種の銘柄数が増えてきた。しかし、通信業種ではＮＴＴ、ＮＴＴドコモ[3]、ＮＴＴデータ、またサービス業種では日本郵政など、民営化組が主である。このほかにも時価総額が１兆円を超えた新銘柄は、ＪＴ、ＪＲ東海、ＪＲ西日本、ＪＲ東日本など、目立つのはやはり民営化組で、ソフトバンク、ファーストリテイリング、楽天など新興企業はまだわずかである。日本の次の10年、20

年を託すのはまず、現在の有力企業ということになりそうだ。

米国のダウ平均採用銘柄を見ると、２０２０年2月時点での30銘柄の中で、ＮＡＳＤＡＱ上場銘柄はアップル、シスコ、インテル、マイクロソフトの4社にとどまる。米国というとＧＡＦＡ（Google, Amazon, Facebook, Apple）に代表されるＩＴ企業の躍進が目を引くが、ほかは、コカ・コーラ、Ｐ＆Ｇ、ジョンソン・エンド・ジョンソン、ウォルマート、ボーイング、キャタピラー、ＩＢＭなど、米国でも長い歴史のある企業が中心で、その点では日経平均とあまり変わらない。よって、最高値を更新するダウ平均と日経平均の違いは、日米の有力企業の間にあるパフォーマンスと将来性の差ということだと思われる。

日本企業はそのダイナミズムを取り戻して、停滞から抜け出すことができるのか。これまで、日本の有力企業は何もせず手をこまねいていたわけではない。今世紀、海外市場の開拓を成長戦略の柱に据え、海外での買収に１１６兆円を投じた。この膨大な経営資源を投じた買収と経営の試みの中に、日本企業の新たな競争力が育ちつつあるのではないか。まずは海外市場拡大の成長戦略について、その成果を分析することから始めたい。

2　海外売上高比率の上昇と収益性の関係

20世紀末の日本では、政府も企業も社会の新しい潮流として情報化、高齢化、そして国際化を挙げ、次の世紀に向けた対応に取り組み始めた。そして、今世紀に入り20年近くが経過した今、国際化という表現はあまり聞かれないほど、企業の国境を越えた活動は日常となった。

日本企業は１９８０年代後半から加速した生産拠点の移転にとどまらず、今世紀、海外市場の開拓にも本格的に乗り出した。この企業行動は、国内市場の成熟と途上国の経済発展が同時進行する中で必然であった。製造業企業の海外売上高比率は上昇を続け、２０１８年度には平均で40％に迫っている[4]。好むと好まざるとにかかわらず、日本企業が成長を実現するには海外市場の開拓が正攻法となった。中期経営計画などで、海外市場の深耕を成長戦略の中心に掲げる企業経営者は多い。そして、この戦略の一環として海外企業の買収が増加した。

一方で、日本企業の課題がその収益性の低さにあることは、長らく指摘されてきた。三品和広氏は２００４年に、製造業企業の１９６０年から２０００年までの売上高と営業利益の拡大比率を分析した。そして、１９６０年代に営業利益は大きく伸びたが、１９７０年代以降の30年間では売上高が１・87倍に伸びたのに対して、営業利益の伸びは０・98倍だったことから、日本企業の利益なき事業拡大と慢性的な低収益を指摘している（三品　２００４）。また、１９８５年から２００４年の20年間の日本と米国の業界トップ企業間の利益率格差を分析した伊丹敬之氏は、日本企業と米国企業の間では営業利益率において、３・１％の差があることを報告している（伊丹　２００６）。この収益性の改善を狙って、日本企業は利益率の低い国内への投資を控えて、利益率の高いと考えられる海外事業に経営資源を投じた。

それでは、成長戦略の柱とした海外事業拡大は全体として成果を挙げているのだろうか。企業の国際化が収益性に与えた影響を測定するには長期にわたるデータを検証することが望ましいことから（Grant 1987）、ここでは、２００１年から２０１６年までの製造業種に属する上場企業のデータを用いて、海外売上高比率と収益性に関する実証分析を行った。

分析で使用するデータセットは、日経業種大分類製造業種に属し、海外売上高を計上する上場企業

◉表 1-2　製造業企業の海外売上高比率の推移（2001～2016 年度）

海外売上高比率（以上、未満）	2001	2002	2003	2004	2005	2006	2007	2008	2009	2010	2011	2012	2013	2014	2015	2016
90%以上	2	1	2	1	2	2	3	3	3	4	4	3	3	4	8	6
80～90%	5	9	7	5	8	9	11	15	11	14	20	17	23	32	31	31
70～80%	17	20	21	29	26	27	27	32	29	34	38	38	40	39	50	52
60～70%	24	23	27	23	29	33	38	40	44	29	37	45	46	52	64	68
50～60%	31	34	33	35	34	35	48	45	58	54	73	67	78	84	86	91
40～50%	38	49	53	58	62	77	87	88	76	89	90	90	95	97	85	75
30～40%	71	79	84	90	113	104	98	97	97	83	93	102	106	98	95	97
20～30%	129	123	126	112	104	118	108	110	98	111	112	103	95	100	99	105
10～20%	136	138	142	150	157	145	153	149	157	153	161	158	160	149	135	122
10%未満	19	18	19	17	19	13	12	12	17	18	9	22	19	18	14	13
合計	472	494	514	520	554	563	585	591	590	589	637	645	665	673	667	660
平均値（%）	29.4	30.5	30.4	30.9	31.2	31.9	32.8	33.4	33.1	32.9	34.1	33.9	34.2	35.7	37.3	37.9

出所：NEEDS-Financial QUEST のデータをもとに筆者作成

を対象とした。総サンプル数は８４３５（２００１年度から２０１６年度までの延べ数）で、売上高や営業利益などの財務データはNEEDS-Financial QUESTから入手し、海外売上高比率、営業利益率などを算出した(5)。分析の被説明変数には総資産営業利益率（ＲＯＡ）、説明変数には海外売上高比率を用い、収益性に影響を与えると考えられる売上高、売上高成長率、負債比率、そして総資産回転率をコントロール変数とした。

まず、今世紀の海外事業拡大について見ると（表１－２参照）、海外比率が全体売上高の50％以上を占める企業数は２００１年時点では79社であったが、２０１６年にはその３倍を超える２４８社に増え、平均値も約29％から約38％に上昇していた。この間、比較的、海外進出が早かった自動車や電機業種に属する企業が、さらに海外売上高比率を高めたことに加えて、いわゆる内需型と呼ばれた食品などの業種にも海外市場開拓の動きが拡がった。一方、収益性と効率性を示す総資産営業利益率は金融危機で落ち込んだ時期を除くと、16年間、その平均値、中央値は３％から６％台にとどまっていて、全体として上昇の傾向は確認できない。

次に、回帰分析の結果、海外売上高比率とＲＯＡの二変数の間には正の因果関係が確認されたが、他の要因をコントロールした回帰分析では、海外売上高比率とＲＯＡの間には負の因果関係があることが１％有意水準で確認された。[6] つまり、海外比率の増加は表面上、企業全体の収益性にプラスの効果を与えているように見えるが、実際には企業のＲＯＡを低下させる要因となっていた。なお、各変数間に強い相関は見られなかった（参考として、検定結果を本章末に示した）。

今世紀、日本企業は成長戦略に掲げた海外事業拡大を達成しつつある。しかし、定量分析からはその海外事業拡大をまだ収益性の改善に結び付けられていない製造業企業の姿が浮かび上がってきた。

3　利益に結び付かない原因

日本企業の売上高全体に占める海外比率は上昇した。もちろん、個別には海外比率と利益率両方の上昇を実現した企業もある。しかし、全体としては、海外比率の上昇が収益性に結び付いていないという検証結果の原因は、どのように説明することができるだろうか。ここでは、海外売上高比率の高い企業の経営と先行研究を参照しつつ考察してみたい。

第１の説明は、海外市場の開拓には大きな固定費負担が前提となるが（Helpman et al. 2004）、現地でそれを上回る販売規模を達成できず、収益性改善の途上にあることが考えられる。企業が海外で事業を拡大するには2つの手法がある。ひとつは、グリーンフィールド、すなわち自社単独で海外に進出し製造、販売を行うこと、もうひとつは、現地企業との合弁や買収を通じて事業の拡大を図る手法である。グリーンフィールドの手法では、自社ブランド製品の販売拡大の状況に応じて、輸出、そして現地販売会社の設立を経て現地生産につなげていくケースが多い。

　このアプローチの成功者であるキッコーマンとヤクルトの道のりを見てみよう。

　キッコーマンの２０１９年3月期海外売上高比率は60％、全社営業利益の71％は海外事業の貢献によるもので、海外市場依存度が高い[7]。キッコーマンが米国サンフランシスコに販売会社を設立したのが１９５７年、そしてウィスコンシン州ウォルワースで現地生産を始めたのは１９７３年、増産のため第２工場をカリフォルニア州フォルサムに建設したのが１９９８年のことである。

　ヤクルトの２０１９年3月期における海外売上高比率は41％、海外飲料事業が営業利益全体の75％を占めている[8]。ヤクルトの海外事業の中でも、優等生であるインドネシアでは、１９９１年に現地で営業を開始している。そして、ジャワ島スカブミで現地生産を始めたのが１９９７年、現在1日に５００万本のヤクルトをインドネシアで販売している。日本でもお馴染みのヤクルトレディがインドネシアでも活躍し、２０１４年にはスラバヤの第2工場での生産も始めている。

　キッコーマン、ヤクルトとも買収や合弁の手段を選択せず、自らの手で現地での販売を行い、生産能力を拡大し、自社製品とブランドを根付かせることで持続的な成長の土台を築いた。キッコーマンとヤクルトの全体営業利益率は、それぞれ８・５％、11・３％と高い水準を維持し、海外事業の利益貢献は国内事業よりも大きい。

　キッコーマンが米国に進出してから60年、ヤクルトがインドネシアで販売を始めて30年、現地での販売と生産の規模を拡大し、安定した利益成長の軌道に結び付けるまでには相当の時間がかかっている。日本企業は全体として見ると、今世紀に入って本格的に海外市場開拓に乗り出し、海外売上高比率を40％近くまで伸ばしたが、それはまだ20年足らずの取り組みである。よって、現在の状況は、海外比率は高くなったが、売上高が現地のオペレーションに要するコストを上回る規模に達しておらず、利益に貢献していないと考えられる。欧米企業を対象とした研究でも、企業の国際化が一定程度に達するまでは収益性に負の影響を与えるとする検証結果がある（Ruigrok and Wagner 2003; Hitt et al. 1997）。

海外売上高比率の上昇が収益性に結び付いていない第2の説明は、海外市場依存度の上昇に伴う地域分散が非効率性を生み出している（Lu and Beamish 2004）可能性である。国際化、すなわち地域分散は企業業績にプラスとマイナスの影響を与えうる。海外で自社のブランドなど無形固定資産を活用することが利益創出の機会となることはプラスであるが、一方で、経営の分散は非効率な経営資源の配分を引き起こす面がある。また、海外での投資を重ねていくと事業の調整が複雑になってコスト負担も大きくなり、不採算に陥った事業の改善にも手が回らなくなってしまう。実際にこの負の側面に遭遇して、経営の地域分散を見直した日本の製造業企業の経営をいくつか紹介しておきたい。

スズキは、２０１８年に合弁持ち分株式を合弁相手の重慶長安汽車に譲渡して中国の四輪車市場から撤退した。中国市場にアルトを投入してから25年後のことである[9]。また、米国の四輪車事業からも２０１２年に撤退している。こちらは１９６３年に現地法人アメリカンスズキモーター社を設立してから50年後のことである[10]。

販売拡大を実現できなかった中国と米国の自動車市場から撤退する一方で、スズキは１９８２年に国営企業との合弁で参入したインドに経営資源を集中させている。スズキの売上高は四輪車、二輪車ともにインドがすでに国内を上回っており、２０１４年に建設したインドのグジャラート工場にはこれまで１６００億円を投じている。２０１９年には第3工場建設にさらに６００億円を投じて、インド国内の生産能力を２２５万台にまで拡大することを発表した。２０３０年にはインドでの販売台数を５００万台とすることを長期目標にしている。[11] スズキの２０１８年の四輪車国内生産台数は１０１万台、国内販売台数は71万台である。[12]

インドの経済成長の可能性を考えれば、スズキの海外市場依存度は今後、さらに高まるだろう。長年、事業を続けた地域、特に米国と中国という世界の二大自動車市場から撤退する判断は容易なことではなかったと推測するが、それを実行して、海外事業を分散から集中に転じることで、全体の営業利益率が改善した。

キリンホールディングスも海外を成長市場として買収に積極的に取り組んできた企業のひとつである。２０１１年にブラジルの大手ビール会社スキンカリオールを３０００億円で買収し、新興国への参入で海外売上高比率は大きく上昇したが、買収後の経営は赤字続きであった。２０１７年にはこのブラジル事業をライバルのハイネケンに７７０億円で売却している。[13] 一方でキリンは、このブラジル事業の売却発表と同日にミャンマーでの買収も発表するなど、アジア・オセアニア地域に集中して経営資源を投入している。ブラジル事業の赤字の影響から営業利益率は一時5％台に落ち込んだが、事業売却後の２０１８年度には10％を超えるまで回復した。買収から6年という短い期間で遠いブラジルでの業績改善の可能性に見切りをつけて、経営の地域分散を改めた。さらに、豪州では飲料事業を売却し、酒類事業に集中することを発表するなど、海外における事業の分散も改める姿勢を示した。[14] スズキとキリンは広い地域への拡散を見直し、海外市場重視の方針は継続しながらも、特定の地域圏内での拡散に転じることで収益性を改善した。

日本企業が本格的に海外市場の開拓に取り組んで20年、海外市場依存度は高くなったが、前世紀からの課題である収益性の改善には結び付いていない。したがって、先に述べた２０１８年度の海外売上高比率40％が示すのは、日本企業が成長戦略で成果を挙げる途上の姿である。現地で売上高の規模を拡大し、また経営の地域分散による非効率を克服して、全体収益に貢献する事業に育てるまでには相当程度の時間を要することがわかる。

しかし、海外で成果を挙げるのに30年の長期的な視点が重要だと言っても、即効性のある戦略を打ち出したいのが企業経営者である。そのため、買収の手段を用いて時間を買い、海外事業の拡大を試みる企業が増えている。２００１年から２０１９年までに日本企業が海外で実行した買収件数の合計は、じつに８８３３件に上る。これは、自社単独では現地での販売が伸び悩み、海外事業が全体収益に貢献していないことの裏返しでもある。

次章では、海外Ｍ＆Ａについて、その戦績を吟味する。

参考

記述統計

	平均値	中央値	標準偏差	N
営業利益率	4.630	4.444	4.447	8435
海外売上高比率	32.92	29.88	17.47	8435
売上高（億円）	2146	564.1	3897	8435
売上高成長率	0.035	0.031	0.154	8435
総資産回転率	0.903	0.869	0.288	8433
財務レバレッジ	2.426	1.925	1.491	8435

相関関係

	総資産営業利益率	海外売上高比率	ln（売上高）	売上高成長率	総資産回転率	財務レバレッジ
総資産営業利益率	1					
海外売上高比率	0.116	1				
ln（売上高）	0.196	0.257	1			
売上高成長率	0.346	0.068	0.019	1		
総資産回転率	0.133	-0.006	0.177	0.069	1	
財務レバレッジ	0.131	0.043	-0.200	-0.008	-0.359	1

海外売上高比率と総資産営業利益率の関連性

	モデル1	モデル2
海外売上高比率	0.023** (0.007)	-0.027** (0.007)
ln（売上高）		3.869** (0.282)
売上高成長率		4.994** (0.412)
総資産回転率		6.511** (0.514)
財務レバレッジ		0.668** (0.137)
定数項	4.144** (0.194)	-98.225** (6.817)
年次効果	Yes	Yes
企業効果	Yes	Yes
自由度修正済み決定係数	0.483	0.619
サンプル数	8435	8433

注：** は1%水準で統計的に有意であることを示す

第２章 海外M&Aの戦績

１ 発展期における海外M&Aの成否（２００２〜２０１１年）

海外事業の拡大に買収の手段を用いる企業が増えたが、成果を挙げているのだろうか。今世紀の初め、２００１年における海外での買収は２８９件であったが、２０１９年には８２６件と３倍近くに増えた（図２－１参照）。海外での買収金額の総額は２０１０年から10年連続で国内の総額を上回っている[1]。２０１５年から２０１９年の５年間に日本企業が実行した海外M&Aの累計は、金額で約59兆円、件数では３４００件を超えている。

今世紀の日本企業による海外での設備投資額と買収の金額とを比較すると、２００１年では設備投資が３兆５３３２億円、買収が１兆４９５０億円で、設備投資が買収を大きく上回っていた。しかし、２０１８年には設備投資が８兆８７６４億円、買収が19兆３６６億円と、買収が設備投資を大きく上回った。２００１年から２０１８年の間に８度、買収金額が設備投資額を上回っている[2]（図２－２参照）。海外での事業拡大に設備投資だけでなく、現地企業の買収を選ぶ日本企業が増えている[3]。主要企業の年間研究開発費合計17・７兆円[4]、そして、国内外の年間総設備投資額47兆円[5]と比べても、日本企業が海外で

◉図 2-1　日本企業による海外での買収件数の推移（2001〜2019 年）

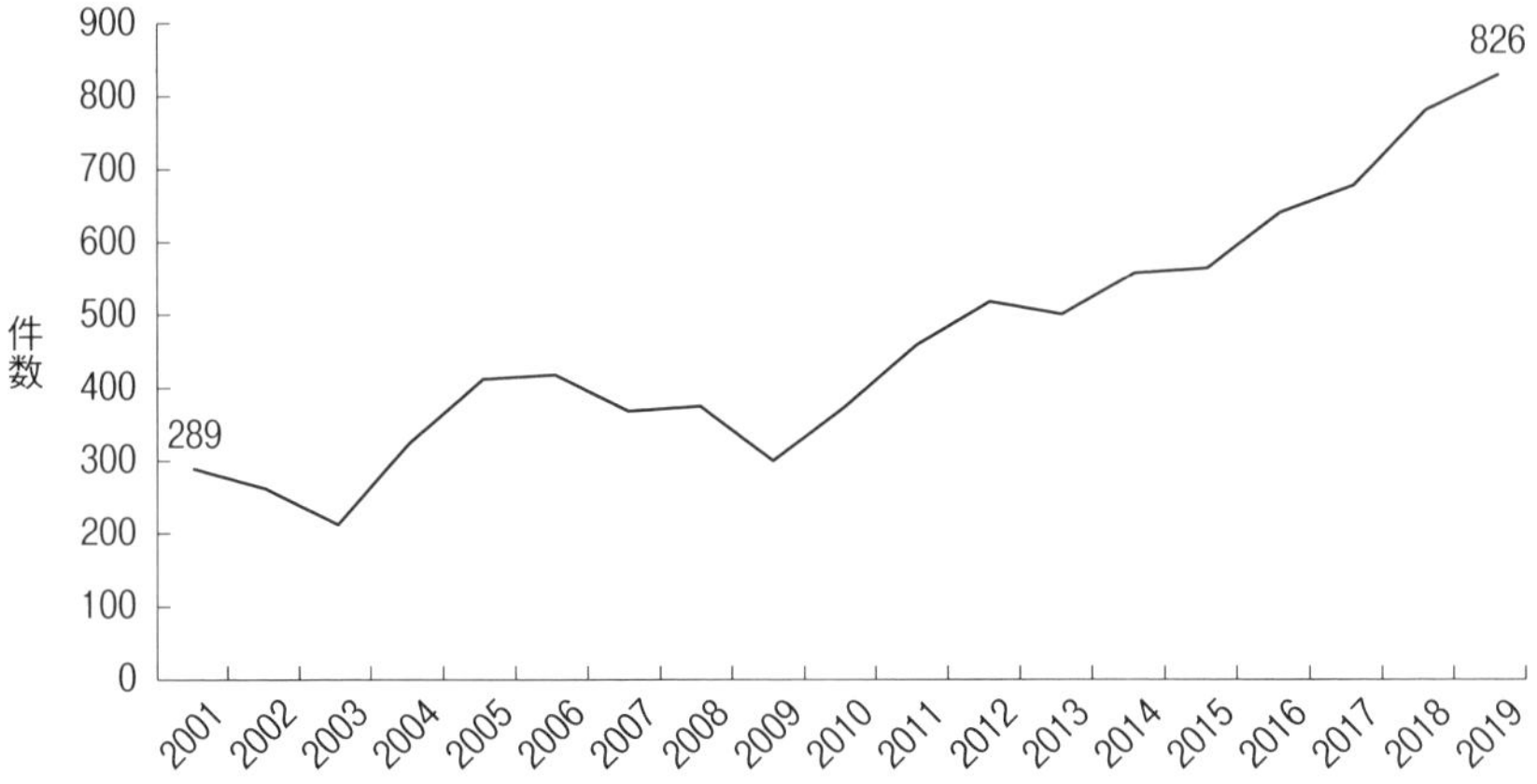

出所：MARR オンライン「レコフ M&A データベース」をもとに筆者作成

の買収に経営資源を割いて、注力してきたことがわかる。

慎重と評されることの多い日本企業が、リスクの高い海外Ｍ＆Ａには大胆に投資してきた。これらの数字が表すのは、これまで自社内で積み上げてきた経営資源や能力に頼っているだけでは、競争優位の維持を確実にすることは望めないという自覚ではないだろうか。投資が大きくなった分、買収の成否がその後の業績を左右することになる。

日本企業による海外Ｍ＆Ａは、１９８５年のプラザ合意後の円高を契機に本格化した。本書では、この１９８５年から２００１年までを海外Ｍ＆Ａの「草創期」と呼ぶことにする。この草創期に、日本企業が実行した支配権を伴う買収のうち、その金額が１００億円以上の案件は全部で１１６あった[6]。買収後の状況を調査した結果、そのうち51件が買収後に事業を売却、撤退、または破綻していた。じつに、半数近い買収が失敗に終わっていたことになる。一方、買収後に対象の事業と地域セグメントにおいて

◉図 2-2　海外設備投資金額と海外買収金額の推移（2001〜2018 年）

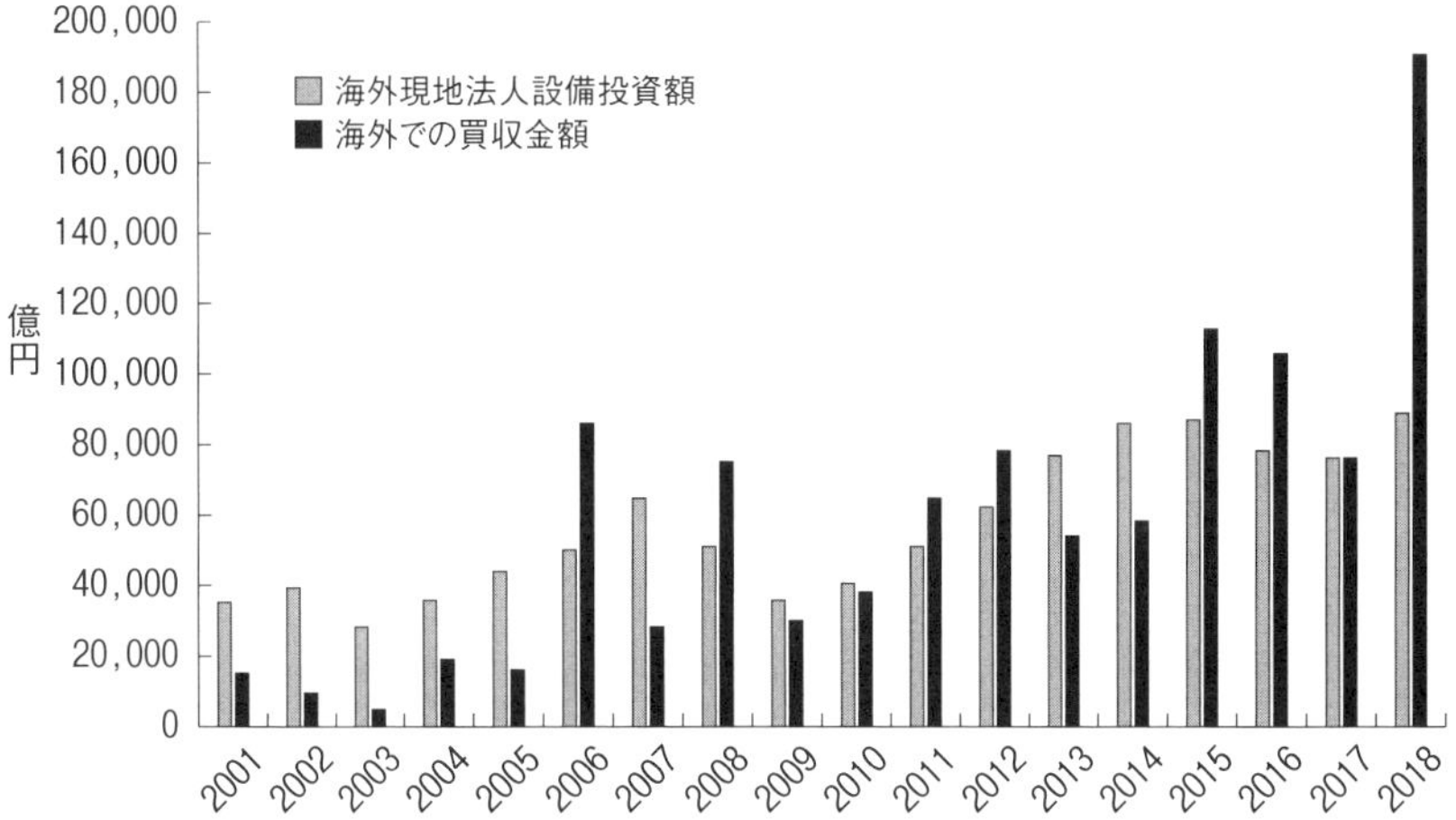

注：海外設備投資には土地は含まれない
出所：「海外事業活動基本調査」（経済産業省）および MARR オンライン「レコフ M&A データベース」をもとに筆者作成

加速度的に利益成長を実現した成功例は9件だけであった（松本 2014）。草創期の海外M&Aは大きな負け越しだった。この草創期は、自動車や電機、鉄鋼などの輸出が、米国、欧州との貿易摩擦に発展し、それに続く円高を背景に、日本企業が現地生産に乗り出した時期でもある。よって、失敗の多くは海外での経営に関する経験不足であったことは否めない[7]。

しかし、日本企業はこの失敗にひるまず、今世紀に入っても海外で大型買収を続けて、その件数と金額は増加した。現在も経営計画の中で、買収のために数千億円の投資予算枠を設定する企業もある。総じてリスクに敏感な日本企業にしては、果敢な行動と言っていいだろう。また、海外での買収提案を積極的に検討する企業経営者も増え[8]、社外からM&Aに詳しい人材を採用して買収案件を扱う部門を社内に設けた企業もある。日本企業はト

●表 2-1　草創期と発展期における海外 M&A の成否（件数）

	草創期（1985～2001 年）	発展期（2002～2011 年）	合計
対象案件全数	116	139	255
失敗（撤退、売却、破綻、債務超過）	51	28	79
成功（最高益更新率 50％以上）	9	17	26

注：買収を実行した年が当該期間にあてはまる案件を対象とし、資源、金融、不動産を除く全業種の買収金額 100 億円以上、50％超取得の買収を抽出

ランザクション、すなわち買収実行時に行う企業価値算定やデュー・デリジェンス、契約交渉といった実務にも長けてきた。とすれば、経験を積んだ日本企業が今世紀に実行した海外Ｍ＆Ａは、成功しているのだろうか。

本書では、草創期に続く10年、すなわち２００２年から２０１１年を海外Ｍ＆Ａの「発展期」と呼ぶ。筆者は、この発展期に日本企業が実行した１００億円以上の海外での買収案件１３９の状況に関して調査を行った。トムソン・ロイター（現リフィニティブ）のデータから金融、不動産、資源を除いた事業会社による、支配権を獲得した海外買収案件すべてを抽出し、買収後の状況を各社のプレスリリースや有価証券報告書などの記載をもとに調査した。

発展期に日本企業が実行した買収１３９件のうち、買収後に事業の売却・撤退、または買収企業が債務超過、破綻に至った失敗案件が28件、そして、対象事業セグメントにおいて、買収後、少なくとも２年に１度のペースで営業最高益を更新し、加速度的に利益成長を実現した成功案件は17件あった。残りは、現在も保有を継続しているが、利益成長を実現していない買収案件である。

発展期の海外Ｍ＆Ａは、草創期の買収と比べて失敗の割合が減

少し成功の数が増えた（表２－１参照）。しかし、依然として失敗の数が成功を上回っており、買収時に描いた海外での事業展開や相乗効果を実現できていない企業が３分の１を占める。日本企業は買収の実務には長けてきたが、買収後の経営においては十分に成果を挙げているとはまだ言えない。以下では、この発展期に実行した海外Ｍ＆Ａの失敗と成功の具体的なケースを見ていきたい。

2　発展期に失敗したケース

（1）新興国での買収

先に述べたように、発展期の大型海外Ｍ＆Ａで、すでに売却、撤退、破綻、債務超過に至った失敗案件は28件ある（表２－２参照）。また、現在も事業を保有しているが、買収した事業の将来収益の見直しを迫られて、暖簾減損損失を計上した案件が16件あった（表２－３参照）。失敗案件を含めた暖簾減損損失の総額は1兆円を超えていた[9]。失敗に減損案件を加えると44件で、全体の３割を占める。これらにはいくつかの特徴がある。ひとつは、ＢＲＩＣＳと呼ばれた新興国（ブラジル、ロシア、インド、中国、南アフリカ）で実行した買収、もうひとつは、日本の新興企業による買収の試みである。

まず、新興国での買収では、第一三共がインドで後発医薬品製造のランバクシー社を、そして、キリンがブラジルでビールと清涼飲料製造のスキンカリオール社を買収した。それぞれ、新興国市場の開拓を目的に現地の有力企業の支配権を獲得したが、買収後はその目論見どおりにはいかなかった。

第一三共は２００８年にランバクシーを５０００億円で買収したが、その後すぐ、米国食品医薬品局

◉表 2-2　買収後の事業売却、撤退、債務超過、破綻のケース（2002〜2011 年の買収）

買収年	買収企業	対象企業	対象国	事業	結果
2002	日立製作所	IBM ハードディスクドライブ（HDD）事業	米国	HDD	2012 年　米国 Western Digital に売却
2004	インデックス	123 Multimedia	フランス	携帯向け情報配信サービス	2013 年　インデックス破綻
2004	住友商事	Hartz Mountain	米国	ペット用品	2008 年　暖簾減損計上 2011 年　ユニチャームに 51% を売却
2005	フォーサイド・ドット・コム	iTouch	英国	モバイルコンテンツ	2007 年　売却
2005	住友商事	TBC	米国	タイヤ販売	2014 年　暖簾減損 219 億円 2018 年　Michelin 社米国子会社と統合
2006	イオン	J Jill	米国	アパレル	2008 年　暖簾減損 190 億円 2009 年　米投資ファンドに売却
2006	エーザイ	Ligand Pharmaceuticals の皮膚治療事業	米国	皮膚 T 細胞リンパ腫治療剤	2013 年　カナダ Valeant 社に事業（権利）譲渡
2007	キリン	National Foods	豪州	乳飲料	2010 年　388 億円減損計上 2019 年　571 億円減損計上し、チーズ事業を売却 2020 年　飲料事業売却を発表
2007	アステラス製薬	Agensys	米国	抗体－薬物複合体（ADC）	2017 年　Agensys 社の研究活動を終了　保有施設および借地権等を 2018 年　Kite 社に譲渡
2008	ソニー	Gracenote	米国	楽曲検索エンジン	2008 年　暖簾減損 76 億円 2013 年　米国 Tribune 社に売却
2008	第一三共	Ranbaxy	インド	後発医薬品	2008 年　減損 3513 億円 2014 年　インド Sun Pharmaceutical Industries に売却
2008	第一三共	U3 Pharma	ドイツ	がん領域における抗体医薬	2015 年　閉鎖
2008	帝人	Braden Partners	米国	在宅医療	2017 年　米国在宅医療事業から撤退
2008	NTT ドコモ	MagiNet	米国	ホテル向け高速インターネットサービスとビデオ配信	2015 年　統合した interTouch 社を売却（売却損）
2008	オンワード	JIL SANDER	イタリア	アパレル	2018 年　暖簾減損 42 億円 2021 年　伊 OTB グループに売却

買収年	買収企業	対象企業	対象国	事業	結果
2009	ニコン	Metris	ベルギー	接触式3D（三次元）測定機	2018 年 イタリア ASF Metrology 社に接触式三次元測定機の事業譲渡
2010	ニプロ	Home Diagnostics	米国	血糖測定関連製品を製造販売	2015 年 中国 Sinocare Group に譲渡
2010	シャープ	Recurrent Energy	米国	太陽光発電所開発	2015 年 Canadian Solar に売却 2016 年 シャープ債務超過、台湾の鴻海精密工業の傘下に
2010	NTT ドコモ	Packet Video	米国	携帯向け音楽・動画コンテンツ再生ソフト	2016 年 日本の事業を米 Lynx Technology に譲渡 翌年パケットビデオジャパン清算
2010	DeNA	ngmoco	米国	ゲーム開発	2016 年 清算 欧米海外ゲーム開発事業から撤退
2011	キリン	Schincariol	ブラジル	ビール、飲料	2015 年 暖簾等減損 1,100 億円 2017 年 Heineken に売却
2011	ソニー	Suzhou Epson	中国	中・小型 TFT 液晶ディスプレイの生産	2012 年 ジャパンディスプレイに事業譲渡
2011	Gree	OpenFeint	米国	スマートフォン向けソーシャルゲームプラットフォーム	2015 年 暖簾減損 90 億円、OpenFeint 社を清算
2011	みらかホールディングス	Caris Life Sciences	米国	病理検査事業	2017 年 ミラカ・ライフ・サイエンス（MLS）を米投資ファンドに売却
2011	東芝	Vital Images	米国	医療画像ソリューション	2016 年 東芝メディカルシステムズをキヤノンに売却 東芝 2,256 億円の債務超過
2011	東芝	Landis＋Gyr	スイス	スマートメーター	2016 年 東芝 2,256 億円の債務超過 2017 年 Landis 社持分売却
2011	LIXIL	Permasteelisa	イタリア	カーテン・ウォール、インテリア	2018 年 暖簾等減損 253 億円 2020 年 米国投資会社に売却
2011	KDDI	CDNetworks	韓国	コンテンツデリバリーネットワーク事業	2017 年 Wangsu Science & Technology に売却

注：事業売却は 50％以上の持ち分売却案件を対象とした。みらかホールディングスは 2020 に社名を H.U.グループホールディングスに変更。暖簾減損の年は計上した各社年度

出所：トムソン・ロイターデータ、および各社プレスリリースなどをもとに筆者作成。詳細は本章末の出所一覧を参照

◉表 2-3　買収後の暖簾減損のケース（2002〜2011 年の買収）

買収年	買収企業	対象企業	国[1]	事業	減損[2]
2005	オンワード	Project Sloane	英国	紳士服「ジョゼフ」	2008 年　暖簾減損 115 億円
2006	日本板硝子	Pilkington	英国	板ガラス	2015 年　暖簾減損 69 億円（ブラジル、中国事業）
2008	リコー	IKON Office Solutions	米国	事務機販売	2017 年　暖簾等減損 1,400 億円
2009	富士通	Fujitsu Siemens Computers	オランダ	サーバー、PC、ストレージ	2012 年　暖簾減損 280 億円
2009	KDDI	DMX Technologies Group	香港	システムインテグレーション	2015 年　海外事業特別損失 337 億円
2009	久光製薬	Noven Pharmaceuticals	米国	医薬品	2016 年　暖簾減損 23 億円
2010	楽天	Buy.com	米国	電子商取引	2012 年　暖簾減損 125 億円
2010	楽天	PriceMinister	フランス	電子商取引	2015 年　暖簾等減損 172 億円
2010	資生堂	Bare Escentuals	米国	化粧品	2012 年　暖簾減損 286 億円 2016 年　減損 655 億円[3]
2010	アシックス	Haglöfs	スウェーデン	アウトドア用品	2018 年　暖簾減損 61 億円
2010	キヤノン	Oce	オランダ	商業印刷	2017 年　暖簾減損 339 億円[4]
2010	NTT	Dimension Data Holdings	南アフリカ	システムインテグレーション	2016 年　暖簾減損 488 億円
2011	タカラトミー	RC2	米国	玩具	2015 年　暖簾減損 30 億円（Tomy International）
2011	東洋製罐	Stolle Machinery	米国	製缶機械	2017 年　暖簾減損 215 億円
2011	第一三共	Plexxikon	米国	抗悪性腫瘍剤	2014 年　営業権減損 350 億円
2011	日清紡	TMD	ドイツ	ブレーキ摩擦材	2019 年　暖簾減損 140 億円

注 1）対象会社の本社所在国
　2）年は減損を計上した各社年度
　3）特別損失 655 億円の約半分が暖簾減損と説明
　4）Oce 社を含む商業印刷事業の暖簾減損と説明
出所：トムソン・ロイターデータ、および各社プレスリリースなどをもとに筆者作成。詳細は本章末の出所一覧を参照

（ＦＤＡ）がランバクシーのインド二工場について、その品質管理体制の問題を指摘し輸入を禁止した。それに伴い、第一三共は減損損失３５１３億円を計上、２００９年3月期には最終赤字に転落した。ランバクシーに関連した損失は、インド工場の品質問題に関する米国政府への和解金支払いなどを合わせると４５００億円に上る(10)。買収時に第一三共は、２０１５年までに売上高１兆５０００億円、営業利益率25％以上、海外売上高比率65％以上の目標を掲げていた。そして、ランバクシーの買収で新興国市場と後発医薬品事業を手に入れ、それまでの事業と合わせた「複眼経営」で、世界展開を加速する考えであった。しかし、買収後の経営は誤算続きであったことから、２０１４年にインドのサン・ファーマシューティカル・インダストリーズに事業を売却し、事実上インド市場から撤退した。

キリンは、２０１１年に３０００億円を投じてスキンカリオールを買収した。ビールは２・８兆円、清涼飲料は２・９兆円という大きなブラジル市場で事業の基盤を築くことが、この買収の目的であった。スキンカリオールはブラジル国内に13の製造拠点を保有しビール市場で2位、清涼飲料市場で3位の有力企業であった。しかし、買収後は赤字が続いて２０１５年度に１１００億円の減損損失を計上、２０１７年にライバルのハイネケンにブラジル事業を売却し撤退した。

このほか、買収ではないがＮＴＴドコモが２００９年にインドのタタグループ傘下の通信会社のタタ・テレサービシズ（ＴＴＳＬ）に２６００億円を出資した案件も、新興国市場の開拓を目的とした動きであった。当時、有力財閥グループとの合弁に大きな期待が寄せられたが、投資から5年でＴＴＳＬが債務超過に陥り、減損など２２２０億円の関連損失を計上して、ＮＴＴドコモはインドから撤退した(11)。

もちろん、新興国での買収がすべて失敗だったわけではない。例えば、鉄鋼など素材産業向けに耐火物を製造する黒崎播磨は、２０１１年に１０４億円を投じてインドの耐火物製造最大手、タタ・リフラクトリーズ（ＴＲＬ）を買収した。買収前の２０１０年のＴＲＬの売上高は１４８億円であったが、[12] ２０１８年には２３０億円に伸びている。

第一三共もキリンも買収後、保有６年で見切りをつけざるをえなかったが、両社の失敗は新興国にとどまらなかった。第一三共は、２００８年に２４５億円でがんの抗体医薬の開発を行うドイツのＵ３ファーマ社を買収したが、２０１５年に研究体制の見直しによって閉鎖している。[13] ２０１１年には、がん領域のパイプライン強化を目的に米国のプレキシコン社を８億５０００万ドルで買収したが、買収後、プレキシコンの抗悪性腫瘍剤の営業権について、収益性の低下が見られることを理由に３５０億円の減損損失を２０１４年度に計上している。[14] いずれも事業の関連性は高かったが、買収後、苦戦を強いられた。

キリンは豪州で２００７年に２９４０億円で乳飲料大手のナショナルフーズ社をサンミゲル社から買収したが、[15] 計画した利益成長が実現できず、２０１０年度に３８８億円、２０１９年度には５７１億円の減損損失を計上した。そして、２０１９年に、旧ナショナルフーズのチーズ事業をカナダのサプート社に２億８０００万豪ドルで、２０２０年には飲料事業を豪州のベガチーズ社に５億６０００万豪ドルで売却すると発表した。[16]

（２）新興企業による買収

今世紀、ゲーム開発や電子商取引分野の新興企業も海外での買収に乗り出した。ゲーム開発大手のＤｅＮＡとＧｒｅｅは国内での成功の勢いに乗って米国に進出し、現地企業の買収を手掛けた。

「モバゲータウン」のユーザーが２０００万人を超えたＤｅＮＡは２０１０年に、シリコンバレーの創業間もないゲーム開発会社エヌジーモコ社を２５７億円で傘下に収めた。ＤｅＮＡは買収当時、その目的について「自社の技術力、「モバゲータウン」によるコミュニティ運営のノウハウ、マネタリゼーション（収益化）のノウハウ、そして、ゲーム企画力と、エヌジーモコ社の強みであるスマートフォンにおけるゲーム及びプラットフォーム開発のノウハウを合わせて、世界ナンバーワンのソーシャルゲームプラットフォームの構築を目指す[17]」と説明している。ＤｅＮＡはエヌジーモコ買収の前に米国のゲーム開発会社を2社買収しており、現地での相乗効果を期待した。しかし買収後、米国での経営は不振続きで、その損失に耐えられず２０１６年にエヌジーモコ事業を清算、欧米でのスマートフォンゲーム開発から撤退した[18]。

Ｇｒｅｅはスマートフォン向けソーシャルゲームプラットフォームを運営する米国のオープンフェイント社を２０１１年に1億ドルで買収した。当時のオープンフェイントは、ユーザーが世界に７５００万人、ｉＰｈｏｎｅとアンドロイド向けのゲームにランキング機能や対戦機能、フォーラムなどコミュニティ機能を提供するプラットフォームで、５０００以上のゲームが対応していた[19]。Ｇｒｅｅのユーザー数は当時２５００万人で、買収によってゲーム配信プラットフォーム事業を国内最大から世界最大にすることを狙った。買収後、オープンフェイントのプラットフォームを統合することでユーザー数の拡大を試みたが、ゲーム配信はアップストアとグーグルプレイという二大プラットフォームへ集約が進んだことから赤字が続いた。その後Ｇｒｅｅは、海外向けプラットフォームの停止を決めて、２０１５年度に90億円の減損を計上、事業を清算した。

楽天も電子商取引事業の海外展開で買収の手段を用いている。２０１０年に１４００万人の顧客基盤を有する米国のBuy.comを2億５０００万ドルで、そして１２００万人の会員を有するフランスのプライス・ミニスター社を2億ユーロで買収した。しかし、Buy.comは２０１２年度に１２５億円の暖簾減損損失[20]、プライス・ミニスターは２０１５年度に１７２億円の暖簾減損損失[21]を計上するなど、当初に狙った相乗効果は実現していない。

国内で急成長した新興企業も、海外ではその成功を再現することができずにいる。

発展期にはこのほか、東芝やシャープなど、海外で優良な事業を買収しながら、本体の経営が行き詰まったことで資金繰りに窮し、買収した事業を手放したケースもあった。事業の譲渡で売却益を計上したとしても、本体が債務超過に陥ったり、また身売りしたのでは、全体として経営資源の振り分けを誤ったと言わざるをえない。

Ｍ＆Ａでは、買収を実行する実務能力と、買収後に現地で利益成長を実現する経営の能力は別のものと考えたほうがよい。買収の実行、すなわち、トランザクションに関する実務は外部の専門家を活用して、アウトソーシングすることができる。しかし、買収後の経営は長期にわたり自らの手で行うもので、外部に委託することはできない。また、デュー・デリジェンスや企業価値評価など買収実行の作業を適切に行ったとしても、それが買収後の成功を約束するものではない。表２－２や表２－３に掲げた企業は、それぞれ業界を代表する企業で、買収にあたっては社内のみならず、外部の証券会社や弁護士、会計士などを総動員し、対象会社を精査したうえで買収の成立に至っているはずである。それでも数百億円規模の減損を計上し、売却や撤退に至る企業が跡を絶たないのが現状である。

３　発展期に成功したケース

発展期には、海外Ｍ＆Ａによって加速度的に利益成長を実現した企業が増えた。本書では、買収後、当該事業セグメントで最高営業益更新率が50％以上、すなわち2年に1度以上のペースで最高益を更新した案件を成功と判定した。海外Ｍ＆Ａの草創期である１９８５年から２００１年に実行された買収では１１６件中、成功は9件しかなかった。しかし、今回調査した、発展期の２００２年から２０１１年の間に実行された１３９件中では、17件（14社）がこの基準をクリアした（表２－４参照）。草創期と比べて海外Ｍ＆Ａの成否割合は改善してきている。今世紀に入って本格的に海外で買収を始めて、成功した企業もある。以下では、成功判定となったアドバンテスト、大日本住友製薬、アステラス製薬、積水化学工業、リクルート、ホシザキ、テルモ、ＪＴ各社の買収とその後の経営成績について紹介したい。

（1）アドバンテスト

半導体試験装置大手のアドバンテストは、海外での買収で利益成長を実現した。アドバンテストは半導体試験装置（テスタ）で世界市場占有率46％を誇る。[22] 半導体にはデータを記憶するメモリと動作に必要なすべての機能を集積したシステム・オン・チップ（ＳｏＣ）があり、テスタにもメモリ用とＳｏＣ用がある。アドバンテストは、もともとメモリ用テスタを主力製品としていた。１９８０年代から90年代は半導体技術で日本が世界一であったことから、アドバンテストは日本の半導体メーカーを顧客として、メモリ用テスタ事業を拡大してきた。ＳｏＣ用テスタでは出遅れていたが、２０１１年に米国のベリジー社を買収してＳｏＣ用テスタ事業に本格的に参入した。買収時、半導体のＳｏＣ用テスタの市場規模はメモリ用テスタの4倍の規模で、アドバンテストの松野晴夫社長（当時）は「すべての半導体で最先端のソリューションを提供できる」と、約11億ドルを投じた買収の意図を説明している。[23]

このＳｏＣ用テスタは、アプリケーション・プロセッサやイメージセンサなどスマートフォン端末の

◉表 2-4　買収後の該当セグメントにおける利益成長実現のケース（2002～2011 年、100 億円以上の買収）

買収年	買収企業	対象企業	対象国	セグメント
2002	テルモ	Vascutek	英国	心臓血管
2006	ホシザキ	Lancer	米国	米州
2007	ダイキン工業	OYL Industries	マレーシア	空調・冷凍機
2007	ブリヂストン	Bandag	米国	タイヤ
2007	JT	Gallaher	英国	海外たばこ
2008	住友重機械工業	Demag Ergotech	ドイツ	精密機械
2009	積水化学工業	Celanese ポリビニルアルコール樹脂事業	米国	高機能プラスチック
2009	JT	Kannenberg & Cia	ブラジル	海外たばこ
2009	大日本住友製薬	Sepracor	米国	医薬北米
2010	アステラス製薬	OSI Pharmaceuticals	米国	医薬品
2010	みらかホールディングス	Innogenetics	ベルギー	臨床検査薬
2011	住友重機械工業	Hansen Industrial Transmissions	ベルギー	機械コンポーネント
2011	積水化学工業	Genzyme 検査薬事業	米国	メディカル
2011	アドバンテスト	Verigy	米国	半導体・部品テストシステム
2011	黒崎播磨	Tata Refractories	インド	耐火物
2011	王子製紙	Fibria Celulose 感熱紙事業	ブラジル	機能材
2011	リクルート	Staffmark	米国	人材派遣

注：買収後に当該セグメントで営業最高益更新率 50%以上を実現した案件。みらかホールディングスは 2020 年に H.U.グループホールディングスに、王子製紙は 2012 年に王子ホールディングスに、リクルートは 2012 年にリクルートホールディングスに社名を変更
出所：トムソン・ロイターデータ、および各社有価証券報告書などをもとに筆者作成

◉図2-3　アドバンテスト半導体・部品テスト事業セグメント営業利益推移（百万円）

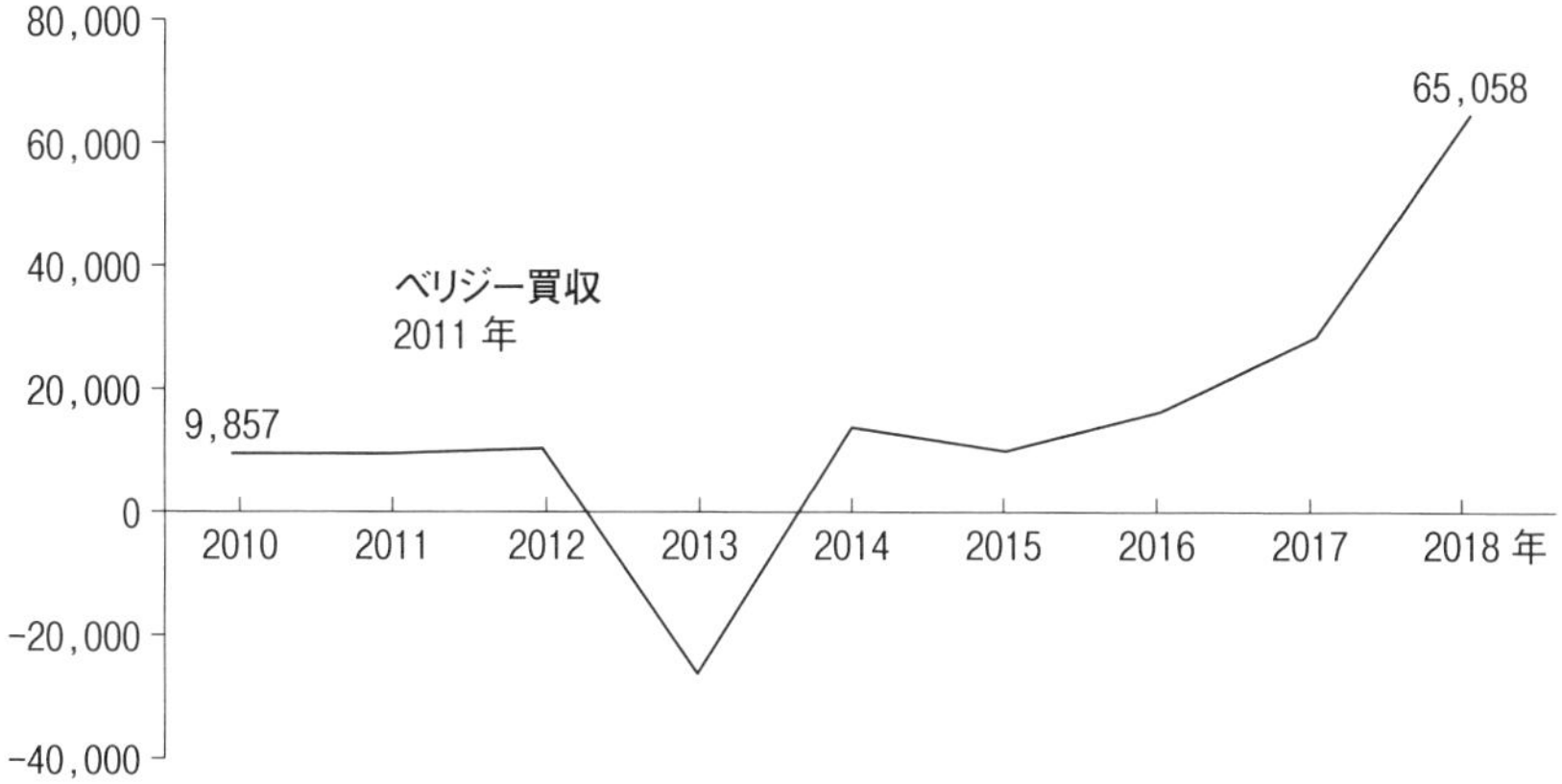

出所：アドバンテスト有価証券報告書をもとに筆者作成

高性能化を支える半導体の試験に用いられる。スマートフォンの普及に伴った半導体高性能化の進展が、ＳｏＣ用テスタの需要を拡げることになった。アドバンテストの２０１８年の半導体・部品テストシステム事業の売上高は２１１７億円で、そのうち買収で獲得したＳｏＣ用テスタが１４８６億円と７割を占めている[24]。同セグメントの営業利益は６５０億円、営業利益率は30・７％と極めて高収益な事業に育った。ベリジー買収前の２０１０年における同セグメントの売上高は６９３億円、営業利益は98億円にすぎなかったことから、ＳｏＣ用テスタ事業の買収が全体利益に大きく貢献していることがわかる[25]（図２－３参照）。メモリ用テスタは半導体の市況に左右され、在庫調整期に入ると販売が急減することもある。アドバンテストは、ベリジーの買収によりメモリ用テスタとＳｏＣ用テスタの両方を揃えることで、利益成長を実現した。

その後、２０１９年には米国のアストロニクス社から半導体システムレベルテスト事業を買収している。これは、半導体チップを他のデバイスや部品と組み合わせたシステムの段階でその機能を検査する事業で、アドバンテストは、単体の半導体からシステム製品まで検査を提供できるようになった。[26] 主要顧客であった日本の半導体メーカーが今世紀に入って次々と事業から撤退したため、２０１１年度から3年連続最終赤字になるなど、アドバンテストも苦境に陥った時期もあった。しかし、ベリジー買収で半導体テスタの製品群を補完し、海外の半導体メーカーにも販路を拡げたことで息を吹き返した。

(2) 大日本住友製薬

今世紀に入って、製薬業界は欧米を中心とした大型買収で合従連衡が進んだ。また、新薬開発で上市前のプロジェクトを保有するベンチャー企業の買収も増えた。そのような中、日本の製薬メーカーも海外での買収に積極的に参戦するようになった。日本の中では武田薬品工業が買収の件数、金額とも最多であるが、その成果はまだ明らかではない。一方で、米国での買収で大きな成果を挙げた製薬メーカーがある。

大日本住友製薬は、２００９年に米国でセプラコール社を２５００億円で買収した。翌年には、セプラコールと大日本住友製薬の米国子会社を合併し、社名をサノビオン・ファーマシューティカルズ・インクに変更した。

セプラコールは中枢神経、呼吸器領域に特化した製薬会社であった。当時、大日本住友製薬は、統合失調症治療薬「ラツーダ（LATUDA）」の治験中で、その上市に向けて、米国での販売体制の構築が急務になっていた。当時の多田正世社長は「売り上げ２５００億円の会社が２５００億円で買収するか

◉図 2-4　大日本住友製薬地域セグメント営業利益推移（百万円）

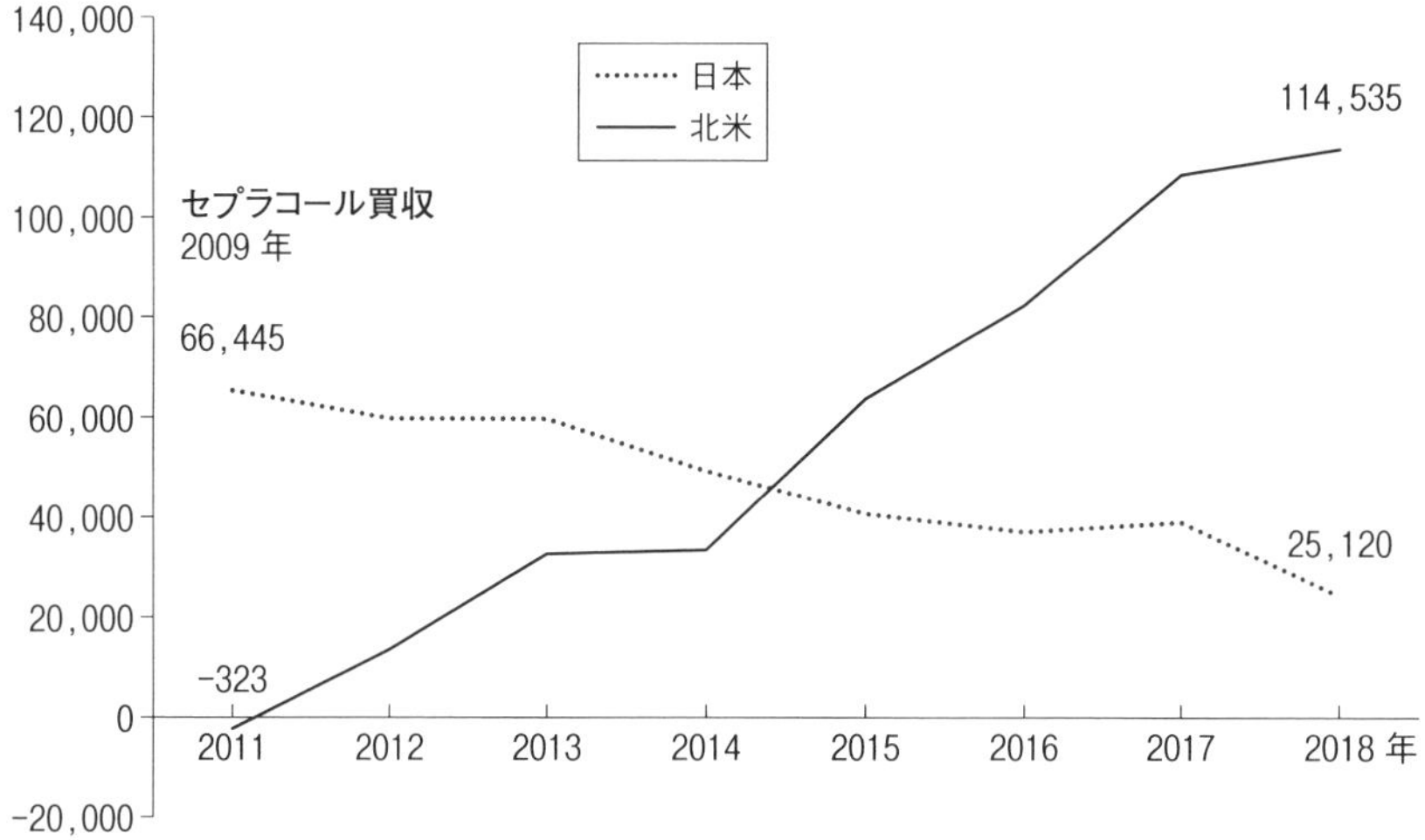

出所：大日本住友製薬有価証券報告書をもとに筆者作成

ら驚くだろうが、米国で分厚い体制を作るのは自社では無理[27]」と判断し、米国での大型買収に踏み切った。日本の統合失調症治療薬の市場規模が当時１２００億円であるのに対して、米国は８００億円であったことも背景にあった。大日本住友製薬は、セプラコールに継続した上市実績があること、そして、米国に強固な自社販売網があることを評価した。

　買収後、大日本住友製薬は、統合した米国子会社サノビオンを通じて、２０１０年にＦＤＡから統合失調症治療薬として販売許可を取得した[28]。その後、米国でラツーダの販売が大きく伸びたことで、大日本住友製薬の北米における売上高と営業利益は、２０１６年に日本国内におけるそれを上回った（図2－4参照）。ラツーダの北米における売上高は２０１８年に１８４５億円に達し[29]、「ブロックバスター（大型薬）」となった。現在、ラツーダは大日本住友製薬の全社売上高の４割を占めている。大日本住友製薬の２０１８年の北米医薬セグメント営業利益は１１４５億円、営業利益率は45・４％と収益性は極めて高く、北米事業は全社の屋台骨となった。旧セプラコールの主力製品であった睡眠導入薬やぜんそく薬はその後、米国での特許が切れ、現在は、慢性閉塞性肺疾患（ＣＯＰＤ）治療剤「ブロバナ（BROVANA）」などに限られている。しかし、買収がラツーダの躍進に果たした役割は大きい。大日本住友製薬は国内で開発したパイプラインを米国で上市し販売するため、セプラコールを垂直に結合することで成果を挙げた。

　大日本住友製薬は２０１９年にラツーダの製造販売を厚生労働省に承認申請し、日本では２０２１年３月期の発売を目指しているが、ピーク時の売上高は１００億円程度になると見られる[30]。大型買収を用い先んじて米国で上市し、販売を行った理由がこのあたりにある。しかし、米国でのラツーダの特許は２０２０年代半ばには切れる。そのため大日本住友製薬は、２０１９年に３３００億円を投じて、スイスとイギリスに本社を置く２０１４年創業の創薬ベンチャー、ロイバント・サイエンシズ社に出資し、その新薬開発子会社５社を買収した[31]。セプラコールのときは、自らパイプラインを持ち込んで米国で上市と販売を手掛ける案件であったが、今度は創薬ベンチャーへの投資で、対象会社が保有するパイプラインと創薬インフラを有効に活用できるかが成否の焦点となる。

（３）アステラス製薬

　アステラス製薬は２０１０年に、がんおよび糖尿病の領域を中心とした米国の製薬メーカーＯＳＩファーマシューティカルズ社を公開買い付けで買収した。ＯＳＩは当時、世界有数の肺がん治療薬「タルセバ（Tarceva）」の製造、販売を行うとともに、複数の新薬候補を有していた。当時、アステラス製薬はＯＳＩ経営陣と1年以上にわたって、買収の協議を続けたが合意に至らず、ＯＳＩ経営陣の同意がないまま公開買い付けに踏み切っている。アステラス製薬の当初の買付価格は1株52ドルで、ＯＳＩ株式の直近３カ月平均値に対して53％のプレミアムを加えた価格であった[32]。この後、アステラス製薬が買付価格を57・5ドルに引き上げたことで、ＯＳＩ経営陣と合意し、最終的には同意を得た友好的な買収となった。この40億ドルを投じた買収では、販売中のタルセバや有力な新薬候補を得ただけでなく、米国での創薬、販売のプラットフォームを強化することになった。

アステラス製薬はＯＳＩを買収したことで、自社の前立腺がん治療薬「イクスタンジ（Xtandi）」の米国での販売を本格化させた。買収後、２０１２年に化学療法後の転移性去勢抵抗性前立腺がん（ｍＣＲＰＣ）の適応でイクスタンジの販売がＦＤＡに承認され、２０１４年には化学療法未治療のｍＣＲＰＣの適応追加を取得し、また２０１９年には転移性去勢感受性前立腺がんの適応追加についても承認を取得した。アステラス製薬のアニュアルレポートによると、２０１７年におけるイクスタンジの売上高は２９４３億円で、そのうち米国が１５５６億円と半分以上を占めている。買収前のアステラス製薬の北米での売上高は19億３６００万ドルであったが[33]、２０１８年の地域別売上高を見ると、米州が４６１５億円と日本国内の３９６６億円を上回っている。米国の事業はアステラス製薬全体の売上高１兆３０６３億円の３割近くに相当するまで成長した[34]。

買収後は、ＯＳＩの組織を機能部門ごとにアステラスに集約して結合した。研究機能をニューヨーク州ファーミングデールのＯＳＩ事業所に集約し、アステラスの米国低分子がん創薬センターに改称した。そして、ＯＳＩの進行中であった臨床開発プログラムは、すべてイリノイ州ディアフィールドのアステラスＵＳへ移転し、その他の事業所は閉鎖した[35]。ＯＳＩが保有していた英プロシディオン社の糖尿病治療薬に関する特許権などの知的財産は、２０１１年に米国の投資ファンドに売却した。アステラス製薬は、大日本住友製薬と同様に米国で上市に実績のある企業を買収することで、新薬の販売を一挙に拡大し、米国事業を収益の柱に育てた。

一方で、アステラス製薬も米国の創薬ベンチャーに投資している。２０２０年に約30億ドルを投じ、遺伝子治療技術を持つオーデンテス・セラピューティクス社を買収した。オーデンテスは２０１２年創業で、遺伝子の運び手であるアデノ随伴ウイルスを用いた治療薬を開発している。オーデンテスは買収時点で販売中の薬はまだなく、２０１８年12月期の売上高はゼロで、最終損益は約１億２８００万ドルの赤字であるが、開発中の治療薬を２０２０年に米国で承認申請し、早ければ２０２１年にも販売する計画である。米ＮＡＳＤＡＱ市場に上場するオーデンテス株式の公開買い付け価格は１株60ドルと、発表前日終値の２・１倍で買い付けた。アステラス製薬は遺伝子治療の分野で創薬のプラットフォームを買収することにより、新たな利益成長の機会を狙っている。[36] 製薬業界では海外市場開拓だけでなく、創薬にも買収が不可欠となっている。

（４）積水化学工業

積水化学工業は、高機能プラスチック事業とメディカル事業において２０００年代後半から海外での買収を繰り返すことで利益成長を実現した。

高機能プラスチック事業では、２００９年に米国化学大手のセラニーズ社からポリビニルアルコール樹脂（ＰＶＡ樹脂）事業を買収した。積水化学工業は、自動車向け合わせガラス用中間膜の世界市場占有率が高い。中間膜はポリビニルブチラール樹脂（ＰＶＢ樹脂）を製膜化して製造するが、ＰＶＢ樹脂の原料であるＰＶＡ樹脂事業を獲得することで、安定的な原料供給体制の構築を狙った。これは上流事業の垂直結合である。２０１９年には航空機・ドローン向けの炭素繊維強化プラスチック（ＣＦＲＰ）など複合材の成型品の製造・販売などを行う米国ＡＩＭエアロスペース・グループを追加買収し、自動車や航空機向けに高機能樹脂などの素材販売も強化している。高機能プラスチック事業セグメントの営業利益率は、セラニーズのＰＶＡ樹脂事業を買収する前の２００９年の時点では７・８％であったが２０１８年には13・２％に上昇している。同セグメントの営業利益５４５億円は全営業利益９５７億円の57％を占める。[37]

積水化学工業の臨床検査薬を中心とするメディカル事業セグメントでは、２００８年に薬物動態事業[38]の米国ゼノテック社を買収し、創薬支援事業の海外展開を始めている。また、２０１１年に米国の医薬品会社ジェンザイム社から生化学、免疫、糖尿病、感染症の検査薬事業を買収し、セキスイ・ダイアグノスティックスを米国に設立した。[39]２０１５年にはエーザイから、がんやリウマチの検査薬事業を行う子会社のエーディアを２２４億５０００万円で買収、[40]さらに、２０１８年にはシンガポールの遺伝子検査機器メーカーであるベレダス・ラボラトリーズ社を買収し、検査薬の製品群を拡充して東南アジアにも販路を拡大した。[41]

メディカル事業セグメントはゼノテック買収直後の２００９年では売上高３８７億円、営業利益58億円の規模であったが、２０１８年には売上高７０７億円、営業利益96億円、営業利益率は13・６％に上昇している。積水化学工業には住宅や環境ライフライン事業もあるが、高機能プラスチック事業とメディカル事業の利益率は全体の営業利益率８・３％を大きく上回っている。[42]海外での買収を繰り返すことで、高機能プラスチック事業とメディカル事業を収益の柱に育てることに成功した。

（5）リクルート

リクルートも海外M&Aで利益成長を実現した企業のひとつである。２０１０年代初めまでは、海外事業はほぼゼロだったが、買収によって２０１８年の海外売上高は1兆円を超え、海外売上高比率は45%と、国内売上高と同規模になった。買収で規模が2倍になった計算で、全体の営業利益率も12・7%と高い水準を維持している。

リクルートは、２０１０年に人材派遣事業を運営する米国のＣＳＩ社を子会社化し、その経営で一定の成果を挙げた後、２０１１年に米国でスタッフマーク社を2億９５００万ドルで、[43]アドバンテッジリソーシング・アメリカ社（ＡＲＡ）とオランダのアドバンテッジリソーシング・ヨーロッパ社（ＡＲＥ）を4億１０００万ドルで買収した。買収時のプレスリリースには、米国での人材派遣事業を本格的に拡大するためスタッフマーク買収を「決意」したと記されており、当時のリクルートの米国市場開拓の意気込みが伝わってくる。

リクルートはスタッフマークの買収で、米国内30州にある約３００拠点を獲得し、ＡＲＡの買収によって34州にある２３９拠点を加えた。リクルートはその後、ＣＳＩを通じてＩＴ系職種を中心とする人材派遣会社アンテオ社を２０１３年に、また、ＡＲＡを通じて事務、軽作業、ＩＴ、エンジニア職種の人材派遣会社アテロ社を２０１５年に買収するなど、買収先の事業を拡張する形で、米国事業をグループの主力に育てた。米国以外では、豪州で人材派遣事業を行うチャンドラー・マクラウド社とピープルバンク社を２０１５年に買収、さらに、２０１６年には１８８５億円を投じてオランダのＵＳＧピープル社を買収することで、欧州の人材派遣市場にも本格的に参入し、人材派遣で世界6位から4位に浮上

◉図 2-5　リクルート人材派遣事業セグメント EBITDA 推移（百万円）

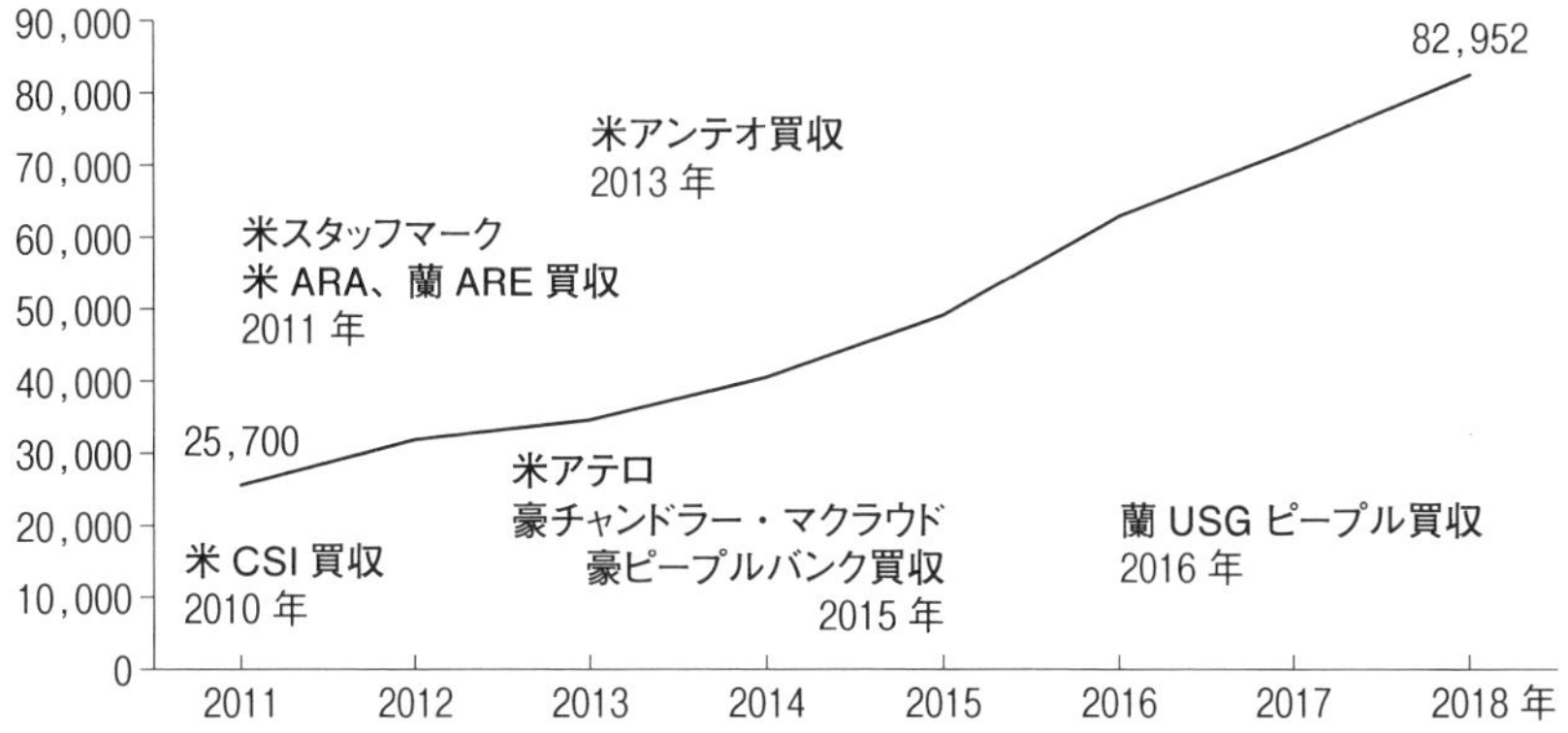

出所：リクルートホールディングス決算説明会資料をもとに筆者作成

した。[44] リクルートの人材派遣事業セグメントのＥＢＩＴＤＡ[45]は海外で買収を始めた２０１１年の２５７億円から２０１８年には８２９億円に拡大している（図２－５参照）。２０１８年の同セグメントにおける海外派遣の売上高は７４７７億円で、国内派遣の売上高５４２５億円を大きく上回っている[46]。

　リクルートの買収には、いくつか注目すべき点がある。ひとつは、少額出資で可能性検証をした後、大型買収を実行して事業展開の加速を行っている点である。人材派遣事業ではＣＳＩを子会社化して一定の成果を挙げた後、米国そして欧州での大型買収につなげた。大胆な印象のあるリクルートの海外Ｍ＆Ａだが、慎重に進めていることがわかる。

　もうひとつは、買収後の経営は、必ずしも日本を起点にしていない点である。２０１８年のグループ組織再編では、リクルートホールディングス傘下の事業セグメントごとに統括会社を設立した。人材派遣事業では、買収したオランダのＵＳＧピープルの社名をRGF Staffing B.V.に変更して統括会社とし、日本のリクルートスタッフィングを含む、国内外の人材派遣事業会社をまとめる形にした。買収した企業の能力を最大限に活用する経営で、それは、買収後も対象会社のブランドを維持して現地で営業を続けていることにも表れている。

さらに、海外Ｍ＆Ａで規模を求めただけでなく、新たな市場も形成してきた。リクルートは人材派遣と人材メディアの事業を主としてきたが、２０１２年に米国インディード社を買収することで、現在のＨＲテクノロジー事業を育てた。「仕事探しのインディード」は日本でもお馴染みとなったが、インディードのサービスは求人情報特化型の検索エンジンで、採用企業は無料で求人を掲載することができる。有料掲載を利用する場合は、費用は求職者であるユーザーのクリック数に応じて負担する。グーグルのデジタル広告に似たサービスを、リクルートはいち早くインディード買収で手に入れた。このインディードを中心とするＨＲテクノロジーセグメントの統括会社は米国に置いている。

リクルートは、２０１４年に株式上場を果たし、株式市場からの評価を得ながら海外Ｍ＆Ａに挑んでいる。そして、２０３０年に人材、販促の事業領域においてグローバル・ナンバーワンとなる長期ビジョンを掲げている[47]。

(6) ホシザキ

厨房機器大手のホシザキは、全自動製氷機の世界市場占有率トップで、２０１８年には海外売上高が１０００億円を突破し、全体の売上高のおよそ3分の1を占めている。

ホシザキは２００６年に米国の飲料ディスペンサーメーカー大手のランサー社を2億１５００万ドルで買収している[48]。当時の坂本精志社長はランサー買収の目的を次のように説明している。「米国の製氷

◉図 2-6　ホシザキ米州地域セグメント営業利益推移（百万円）

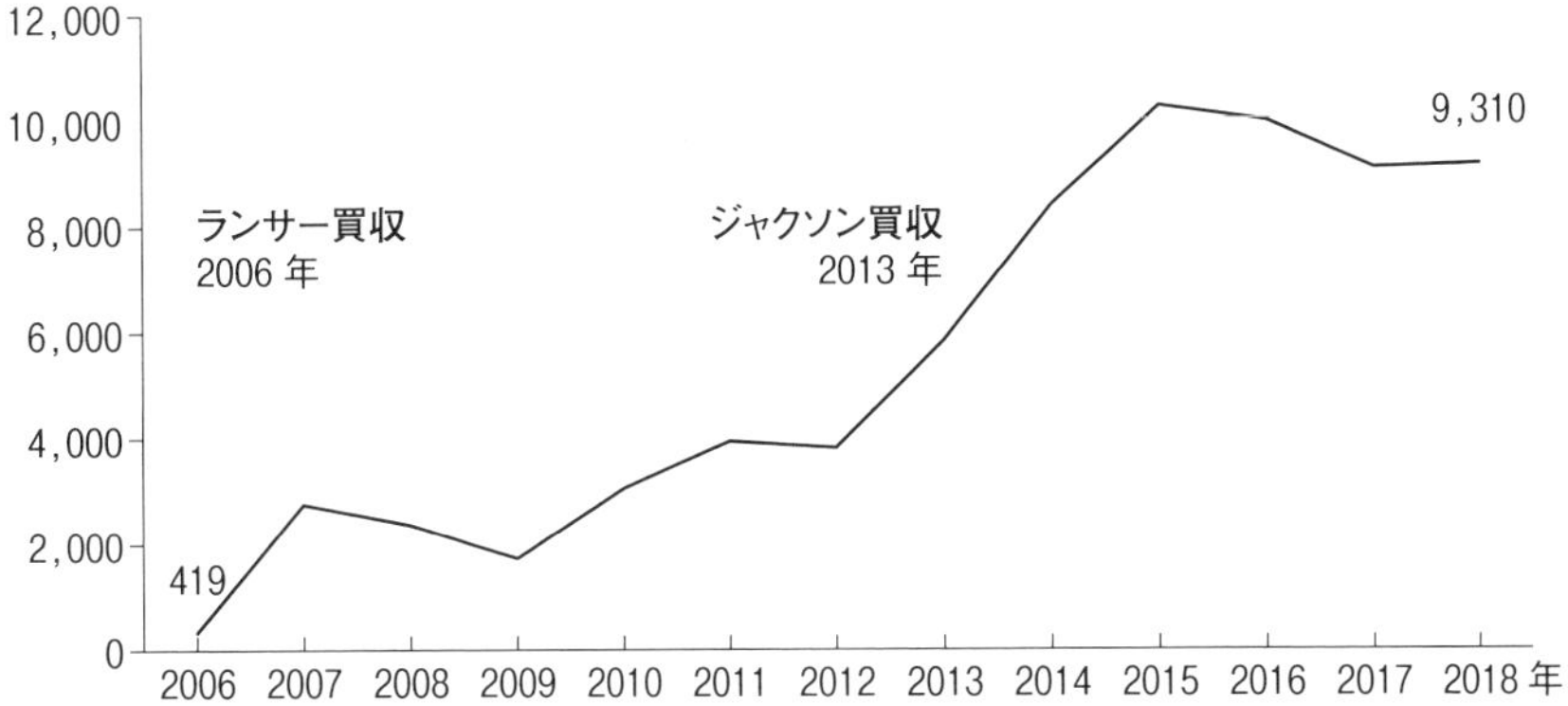

出所：ホシザキ有価証券報告書をもとに筆者作成

機市場は、ホテル、レストランなどの厨房室と、コンビニなど店頭に分かれます。ホシザキの製氷機は、厨房室ではシェア30%と強いのですが、店頭ではその半分ぐらい（中略）まず店頭を固めようと、ディスペンサー2位のランサーを買収したのです。米国ではディスペンサーの上に製氷機を乗せていて、氷を取り出し、それにソフトドリンクを入れるというのが一般的です。これまでディスペンサーと製氷機は思想も違い、別々に作られていたのですが、これからは一体的に設計できます。さらに販売面では、ランサーはコカ・コーラなどに強い。逆に我々はデニーズやレッドロブスターなどに強い。しかも、我々は米国で自前の販売網をもっています。一緒にやれば、相乗効果は大きいと判断しました[49]」。

　ホシザキは製氷機と飲料ディスペンサーの一体的な開発で米国市場を開拓し、買収時点ではランサーの1億2400万ドル、ホシザキアメリカの1億3000万ドル、合わせても2億5400万ドル規模だった売上高を[50]、2018年には米州地域売上高を664億円まで伸ばしている。また、図2-6に見られるように、営業利益も米州地域は買収前の４億円から93億円に伸び、２０１８年の米州地域セグメントの営業利益率は14％で、国内の12・４％を上回っている。また２０１３年には、食器洗浄機メーカーのジャクソン社を買収し、主力の製氷機、業務用冷蔵庫、飲料ディスペンサーに食器洗浄機を加えた。

ホシザキは、米国で業務用厨房機器の製品群を拡充し、開発と販売、保守サービスを一体で飲食店などに提案することで米国事業を拡大することに成功した。買収後もランサーとジャクソンの企業体とブランドは維持している。ランサーは、２０１９年にドリンクディスペンサー「Twin Pour」で、全米レストラン協会が主催するキッチン・イノベーション賞を受賞した。Twin Pour は、合計２６６種類ものドリンクを２人同時に注出できる非常にユニークなディスペンサーで、顧客は好きなドリンク、フレーバーをタッチスクリーンで選択できる。ホシザキが買収後、販売だけでなく製品開発でも相乗効果を創出していることがわかる。

（７）テルモ

ここまで紹介した（１）から（６）の企業は、今世紀に入って買収を実行し、海外事業を比較的短期間で収益の柱に育てた例である。一方で、海外Ｍ＆Ａの草創期に続き、発展期も成果を挙げ続ける企業もある。テルモは追加買収を繰り返すことで、長期に利益成長を実現している。

テルモが海外Ｍ＆Ａで利益成長を実現したのは、心臓血管事業である。テルモの２００１年時点での心臓血管セグメントの営業利益は２１１億円であったが、２０１８年には、全体の３分の２に相当する８０９億円と４倍近くに伸長している。テルモは２００２年に英国のバスクテック社を買収することで、人工血管事業を加えた。２００７年にはバスクテックを通じてドイツのコーラー社の人工弁事業を買収し、独自技術を融合した生体弁付き人工血管「BioValsalva」を開発した[51]。バスクテックは、このBioValsalvaで２００９年に英国女王賞のイノベーション部門賞を受賞している。

大動脈瘤の治療法では、外科的に患部を人工血管に置換する手術を行うのが一般的であるが、患者の負担軽減のためステントグラフト（血管内で広がる金属金網を縫い付けた人工血管）を使用する手術も拡大している。２０１７年にテルモは、胸部・腹部ステントグラフトの製造・販売を行う米国のボルトン・メディカル社を買収して、大動脈瘤治療機器である人工血管とステントグラフト両方で製品群の充実を図った。さらに、２０１８年にバスクテックの英国工場に50億円を投じて生産設備の拡張を行うなど、買収後も積極的に投資を行っている。そして、バスクテックとボルトン・メディカルの事業ブランドを「Terumo Aortic」（Aorticは大動脈の意味）に統一した[52]。

現在、テルモの心臓血管カンパニーは、人工血管事業がバスクテックとボルトン・メディカルの買収で構築したTerumo Aortic、ニューロバスキュラー事業[53]が２００６年に買収した脳動脈瘤の治療に用いるコイルメーカーであるマイクロベンション社、カーディオバスキュラー事業[54]が１９９９年に米国３Ｍ社から買収した人工心肺事業を中心に構成されている。テルモは買収で製品群を揃えることで、医療機器の世界最大市場である米国市場の攻略に成功した。

（８）ＪＴ

日本たばこ産業（ＪＴ）もまた、長期的成長を続ける企業である。ＪＴは２００７年に、Benson & Hedgesなどの有力タバコブランドを擁する英国ギャラハー社を１兆７３１０億円で買収した。これは、１９９９年のＲＪＲナビスコ社の子会社でＷｉｎｓｔｏｎやＣＡＭＥＬなどの有力ブランドを持つＲＪ

Ｒインターナショナル（ＲＪＲＩ）買収に次ぐ大型案件であった。この後もＪＴは、２０１１年にスーダンのハガー、２０１３年にエジプトのナラハ、２０１５年にイランのアリヤン、２０１６年にブラジルのフラクソ、ドミニカのラ・タバカレラ、２０１７年にフィリピンのマイティ、インドネシアのカリヤディビア、エチオピアのナショナル・タバコ・エンタプライズ、２０１８年にロシアのドンスコイ・タバック、バングラデシュのアキジグループなど、海外で買収を繰り返している[55]。たばこは海外でも国営の寡占企業が多い。

これらの買収で、２０１０年にはＪＴの海外たばこセグメントの営業利益が国内たばこセグメントを上回り、２０１１年には売上高も国内たばこ事業を超えた。２０１８年の海外たばこセグメントの売上高１兆３４００億円は全体の売上高の60％を占め、営業利益の３７９５億円は全体の70％を超えており、ＪＴは今や海外でのたばこ製造、販売を主力事業とする企業になった。

４　成否の結果分析

上述のように、日本企業の海外Ｍ＆Ａはその草創期に比べて、発展期では失敗の割合が減少し、成功案件の数が増え、成否割合は改善した（表２－１参照）。しかし、成功は１３９案件の中で17件と全体の2割に満たず、買収後に苦戦する企業はいまだ多い。また、買収後、対象会社の保有は継続しているが、利益成長を実現していない企業が多数を占めている。

海外Ｍ＆Ａの成否に影響を与える企業行動は何か。発展期の成否案件を対象に統計的検定を行ったところ、対象会社との間に事業関連性があることは、成否に影響を与えていなかった。買収した事業について知見があるだけで成功するわけではなく、失敗案件にも事業関連性のある買収が多数あった。この結果は、草創期に実行した買収を対象に行った検定結果と変わらなかった。

草創期では、買収時における規模の優位性（買収会社の当該事業が対象会社の売上高、または生産能力で2倍以上）、買収を決めた経営者の買収後の長期経営執行（10年）、追加買収の実行の3点が成否に影響を与えていた。発展期の分析結果では、規模の優位性と追加買収は、草創期と同様に成否に影響を与えていたが、経営者の長期経営執行は影響を与えていなかった。今世紀に入って、日本企業は経営者の交代にかかわらず、海外拡大を成長戦略とすることが一貫して行われてきたようだ。また、海外で買収を重ねて、新たな事業の結合を継続することが発展期でも成功に結び付いている。

海外Ｍ＆Ａが発展期に入って、比較的、短期で効果を挙げた成功企業が現われたことは光明である。大日本住友製薬やリクルートなど、この10年で、買収によって海外事業をほぼゼロからグループの主力事業に育てた企業もある。また、テルモとＪＴは草創期、発展期を通じて買収を継続的に実行し、利益成長を続けている。海外Ｍ＆Ａで成長戦略を実現する経営能力を備えた企業と言ってよいだろう。

第1章で触れた知識創造とモノづくり経営について注目すると、先にも述べたとおり、テルモは、買収した英国のバスクテックが生体弁付き人工血管を開発し、英国女王賞のイノベーション部門賞を受賞した。ホシザキは、米国で買収したランサーがドリンクディスペンサーで全米レストラン協会からキッチン・イノベーション賞を受賞している。成功企業は、買収後に対象会社が研究開発で成果を挙げている。リクルートが買収した米国インディードは、買収後もＨＲテクノロジー事業の核として米国で新たなサービスを創出している。自社単独ではできなかった知識創造を、海外で買収した経営資源を用いて実現したケースである。

また、大日本住友製薬とアステラス製薬は、自社が国内で開発した新薬の米国での承認、上市、そして販売を現地企業の買収によって実現した。世界最大の医薬品市場である米国でいち早く上市することで、ブロックバスター（大型薬）に育てた。国内での創薬という知識創造活動の成果を海外で展開するために、買収を活用し成功した。

成功企業が買収によって製品群を補完し、それらを組み合わせて事業を拡大した点にも注目したい。アドバンテストは、半導体試験装置における自社のメモリ用テスタに、買収によってＳｏＣ用テスタ事業を加えることで、スマートフォン向けの高性能半導体の需要を取り込んだ。ホシザキは主力の製氷機と業務用冷蔵庫に、買収で飲料ディスペンサーと食器洗浄機を加え、厨房の開発から保守まで一体で提案する体制を整え、米国での事業を大きく伸ばした。積水化学工業は買収で、生化学、免疫、血液凝固、糖尿病、がん、感染症領域における検査薬の製品群を拡充し、メディカル事業の利益成長を軌道に乗せている。テルモは、買収により大動脈瘤治療における人工血管とステントグラフトの両方の製品群を揃えることが、心臓血管事業の成長に結び付いた。これらの買収は規模を追うのではなく、買収で揃えた製品群を用いて提案力を高め、そこに顧客が価値を見出した結果、増収という形で効果が現われた。自社製品の隣接者を買収する混合結合である（買収による結合の類型については次章で詳述する）。

今世紀に入って20年、日本企業は、リスクが大きいことは承知のうえで海外での買収を本格化してきた。企業経営者は、今後の飛躍には海外での経営に長けることが不可欠であることを肌で感じていて、まさに体当たりで買収に取り組んでいる。そして買収後、自社の人材や技術を総動員し、対象会社と知識創造プロセスを調整し、生産拠点を相互に補完するモノづくり経営を体現することで、成果を挙げる企業が現われるようになった。

日本企業の海外売上高比率は上昇し、その手段として用いた海外Ｍ＆Ａの件数と金額は急ピッチで積み上がった。海外事業拡大は利益貢献の途上にあるが、今後、海外Ｍ＆Ａの成否が企業の業績に大きく影響を及ぼすことになるだろう。

次章では学術理論を用いて、企業経営における買収の役割について考察を深めていくことにする。

表 2-2 出所一覧

買収企業	対象企業	出　所
日立製作所	IBM ハードディスクドライブ（HDD）事業	・株式会社日立製作所／Western Digital Corp.「日立からウエスタンデジタルへのハードディスクドライブ事業の譲渡について」2011 年 3 月 7 日
インデックス	123 Multimedia	・『日本経済新聞』2013 年 6 月 27 日
住友商事	Hartz Mountain	・住友商事株式会社「2008 年度連結業績ハイライト」2009 年 4 月 30 日 ・『日本経済新聞』（電子版）2011 年 5 月 17 日
フォーサイド・ドット・コム	iTouch	・株式会社フォーサイド・ドット・コム IR ニュース「子会社の株式譲渡に関するお知らせ」2007 年 2 月 28 日
住友商事	TBC	・住友商事「アニュアルレポート 2015」 ・住友商事ニュースリリース「仏ミシュラン社との北米地域におけるタイヤ流通事業の共同運営について」2018 年 1 月 4 日
イオン	J Jill	・イオン株式会社「当社米国孫会社（タルボット社：The Talbots, Inc.）の減損損失の発生について」2008 年 11 月 25 日 ・ブルームバーグ日本版「米タルボット：「ジェイ・ジル」を投資会社に 7500 万ドルで売却(2)」2009 年 6 月 9 日
エーザイ	Ligand Pharmaceuticals の皮膚治療事業	・エーザイ株式会社ニュースリリース「米国子会社エーザイ・インクが「Targretin®」の米国における権利を Valeant 社へ譲渡」2013 年 2 月 21 日
キリン	National Foods	・キリンホールディングス株式会社ニュースリリース「減損損失の計上及び業績予想の修正に関するお知らせ」2010 年 12 月 20 日 ・『日本経済新聞』（電子版）2019 年 4 月 26 日 ・キリンホールディングス株式会社 IR リリース「豪州子会社の株式譲渡に関するお知らせ」2020 年 11 月 26 日
アステラス製薬	Agensys	・アステラス製薬株式会社ニュース「アジェンシス社研究活動の終了のお知らせ」2017 年 7 月 27 日 ・アステラス製薬株式会社ニュース「アジェンシス社の研究に関する施設等の Kite 社への譲渡のお知らせ」2018 年 04 月 18 日
ソニー	Gracenote	・ソニー株式会社「2009 年度有価証券報告書」 ・ソニー株式会社「ソニー米国子会社による米国グレースノート社の売却について」2013 年 12 月 24 日
第一三共	Ranbaxy	・第一三共株式会社「決算説明会——業績概要・経営方針 2008 年度決算」2009 年 5 月 13 日 ・『日本経済新聞』2014 年 4 月 8 日
第一三共	U3 Pharma	・第一三共株式会社プレスリリース「研究開発体制に関するお知らせ」2015 年 12 月 1 日
帝人	Braden Partners	・帝人株式会社ニュース「米国在宅医療事業からの撤退について」2017 年 4 月 28 日
NTT ドコモ	MagiNet	・株式会社 NTT ドコモ説明会資料「アナリスト向け説明会質疑応答（2016 年 3 月期 第 2 四半期決算説明会）」2015 年 10 月 30 日

買収企業	対象企業	出　所
オンワード	JIL SANDER	・株式会社オンワードホールディングス IR ニュースリリース「繰延税金資産および特別損失の計上について」2019 年 4 月 5 日 ・株式会社オンワードホールディングス「連結子会社の異動（株式譲渡）に関するお知らせ」2021 年 3 月 5 日
ニコン	Metris	・株式会社ニコン「2019 年 3 月期決算報告　2020 年 3 月期見通し」2019 年 5 月 9 日 ・『日本経済新聞』2018 年 2 月 8 日
ニプロ	Home Diagnostics	・ニプロ株式会社ニュースリリース「連結子会社の株式譲渡に関するお知らせ」2015 年 10 月 27 日
シャープ	Recurrent Energy	・『日本経済新聞』（電子版）2015 年 3 月 31 日 ・『日本経済新聞』（電子版）2016 年 8 月 13 日
NTT ドコモ	Packet Video	・"PacketVideo, a Subsidiary of NTT Docomo, Announces Acquisition of Japan Connected Home Operations by Lynx Technology", Lynx Technology, May 10, 2016
DeNA	ngmoco	・『日本経済新聞』2016 年 10 月 18 日
キリン	Schincariol	・キリンホールディングス株式会社ニュースリリース「ブラジル子会社減損損失の発生、通期連結業績予想の修正、及び単体業績に係る関係会社株式評価損の発生に関するお知らせ」2015 年 12 月 21 日 ・『日本経済新聞』（電子版セクション）2017 年 2 月 13 日
ソニー	Suzhou Epson	・株式会社ジャパンディスプレイ『2018 年有価証券報告書』
Gree	OpenFeint	・グリー株式会社 IR ニュース「第 11 回定時株主総会招集ご通知に際してのインターネット開示事項」2015 年 8 月 31 日 ・グリー株式会社 IR ニュース「平成 27 年 6 月期 第 2 四半期決算短信」2015 年 2 月 4 日
みらかホールディングス	Caris Life Sciences	・『日本経済新聞』2017 年 9 月 22 日
東芝	Vital Images	・『日本経済新聞』（電子版）2016 年 12 月 19 日 ・『日本経済新聞』（電子版）2017 年 4 月 11 日
東芝	Landis＋Gyr	・『日本経済新聞』2017 年 4 月 11 日 ・東芝株式会社 IR ニュース「ランディス・ギア社のスイス証券取引所への上場による当社連結子会社の異動を伴う株式売却のお知らせ」2017 年 7 月 21 日
LIXIL	Permasteelisa	・株式会社 LIXIL グループ IR ニュース「海外子会社における損失の計上に伴う通期業績予想の修正、および国内子会社での特別損失の計上に関するお知らせ」補足説明資料、2019 年 4 月 18 日 ・『日本経済新聞』2020 年 5 月 1 日
KDDI	CDNetworks	・KDDI 株式会社ニュースリリース「子会社株式の譲渡について」2017 年 3 月 24 日

表 2-3 出所一覧

買収企業	対象企業	出　所
オンワード	Project Sloane	・株式会社オンワードホールディングスIRニュースリリース「特別損失の計上および業績予想の修正等に関するお知らせ」2009年4月9日
日本板硝子	Pilkington	・日本板硝子株式会社「平成28年3月期決算短信〔IFRS〕（連結）」平成28年5月13日
リコー	IKON Office Solutions	・株式会社リコーニュースリリース「通期連結業績予想の修正および減損損失の計上に関するお知らせ」2018年3月23日
富士通	Fujitsu Siemens Computers	・富士通株式会社プレスリリース「特別損失の計上に関するお知らせ」2013年2月7日
KDDI	DMX Technologies Group	・KDDI株式会社IRニュース「当社連結決算における特別損失計上及び外部調査委員会設置のお知らせ」2015年5月12日
久光製薬	Noven Pharmaceuticals	・久光製薬株式会社ニュースリリース「米国子会社Noven Pharmaceuticals, Inc.の特別損失（減損損失）計上に関するお知らせ」2017年年3月29日
楽天	Buy.com	・楽天株式会社プレスリリース「特別損失の計上に関するお知らせ」2013年2月12日
楽天	PriceMinister	・楽天株式会社プレスリリース「特別損失の計上に関するお知らせ」2016年2月12日
資生堂	Bare Escentuals	・ロイター日本版、2013年4月24日 ・『日本経済新聞』2017年11月1日
アシックス	Haglöfs	・株式会社アシックス「2018年12月期決算補足説明資料」2019年2月13日
キヤノン	Oce	・キヤノン株式会社「2017年12月期決算説明会」2018年1月30日
NTT	Dimension Data Holdings	・日本電信電話株式会社ニュースリリース「2017年3月期 第3四半期決算について」社長記者会見、2017年2月10日
タカラトミー	RC2	・株式会社タカラトミーIRニュース「特別損失の計上、通期業績予想の修正及び個別業績予想と前期実績との差異に関するお知らせ」2016年2月9日
東洋製罐	Stolle Machinery	・東洋製罐グループホールディングス株式会社IRニュース「特別損失の計上および業績予想の修正に関するお知らせ」2018年3月7日
第一三共	Plexxikon	・第一三共株式会社プレスリリース「当社連結子会社Plexxikon Inc.の抗悪性腫瘍剤Zelboraf営業権減損に関するお知らせ」2015年4月28日
日清紡	TMD	・日清紡ホールディングス株式会社IRニュース「特別損失（連結・個別）の計上及び業績予想の修正に関するお知らせ」2020年1月30日

第2部

買収の役割を問い直す

第3章 買収と経営

日本企業による海外Ｍ＆Ａの成否は発展期に入って改善しているが、まだ、失敗のほうが多い。日本企業は買収を重ねながら、それを有効に活用する経営を模索しているのが現状ではないだろうか。買収は、他社の経営支配権を獲得し、その事業を自社の既存の事業と結合して経営することである。本章では、この「結合」をキーワードに、学術理論を用いて買収の役割を問い直し、従来の海外Ｍ＆Ａに関する考え方に新たな視点を示したい。

日本企業が海外での買収に本格的に取り組み始めたのは１９８５年のプラザ合意以降で、まだ35年の歴史しかない。買収後の経営成績を見て成否を検証できるデータがようやく揃いつつあるという状況で、海外Ｍ＆Ａについて有用な仮説や理論を構築するのはまさにこれからの作業である。

Ｍ＆Ａの研究はこれまで、おもに欧米においてファイナンスの分野で買収と株価の関係に注目して、買収が株主に利益をもたらしたかという観点から成否を検証してきた。その代表的な手法であるイベントスタディは、買収公表前後の買収企業株主と被買収企業株主、そして株主全体の短期株価超過収益を測定することで、買収の成否を検証する。この手法は、被買収企業株主のパフォーマンスを測定するには適しているが、買収企業の成否を判定するには必ずしも適切ではない。なぜなら、買収の成否は、買収企業が対象会社の経営を始めてからでないと判断できず、買収公表時における株式市場の期待や失望と実際の経営成績は異なることがあるからだ。２０２０年8月3日にセブン＆アイ・ホールディングスが米国のコンビニエンスストア事業を２１０億ドルで買収することを発表すると同社の株価は急落したが、大きな投資に見合う相乗効果が実現するかどうかは、実際に経営を始めてからの話である。買収が好感されて、公表直後に買収企業の株式がストップ高となったにもかかわらず、その後、業績が低迷する例も多数ある。欧米企業の買収にも失敗は多い。企業買収は経営学において、発展途上の研究領域のひとつなのである。

企業経営において買収とは、事前に計画した投資ではなく、既存のオペレーションや組織の延長線上にはない行動である。企業は買収で獲得した新たな経営資源の結合から相乗効果を創出し、加速度的に成長することを目指す。この結合こそが企業経営者にとって腕の見せ所となる。

本章では、企業家による新結合の遂行こそが経済発展の原動力であると説いたシュンペーターの『経済発展の理論』を吟味するところから始めたい。

１　シュンペーターの「新結合の遂行」に学ぶ

シュンペーターは、今から１０９年前の１９１２年に出版された代表的な著書『経済発展の理論』の中で、資本主義経済の過程を循環と発展の二段階で捉え、資本主義を資本主義たらしめるのはこの発展であると説いた（伊東・根井　１９９３）。そして、経済発展の理論を「循環軌道の変動の理論であり、国民経済がある与えられた重心から他の重心へ移る転換の理論であって、経済の循環そのものの理論、またこれらの変転のもたらす影響の理論とはまったく対立するものである」とした（シュムペーター　１

977（上）、179頁）。既存の産業構造を変革することが、新たな経済の循環を生み出すとする理論で、経済の発展は産業や商業の場面で表れ、その変化が新たな購買力を引き出して好況の波を引き起こすと指摘している（シュムペーター 1977（下）、214頁）。そして、この経済発展をもたらすのが、企業家による非連続な新結合の遂行であると説いた。この新結合の遂行をシュンペーターは後にイノベーションという言葉で表現するようになるが、『経済発展の理論』の中ではイノベーションという言葉は使われていない。その後、シュンペーターは『資本主義・社会主義・民主主義』を著わし（シュムペーター 1995）、資本主義の行く末を案じていたが、経済理論に関する考察は他に譲ることとし、ここでは、シュンペーターが経済発展の形態として定義した新結合の遂行に着目して、買収と経営を考えてみたい。

この新結合（neue Kombination）の遂行とは何か。シュンペーターはそれを従来の生産や生産方式の変更といった旧結合に連続的な適応を加えたものではないとしている。このような旧結合の変化は成長をもたらす可能性はあるが、循環論にある均衡的考察方法の力の及ぶ範囲の現象であって、発展とは異なると指摘する（シュムペーター 1977（上）、182頁）。今日、イノベーションというと技術革新や新製品の開発を想起する向きが多い。しかし、そのイノベーションのもとになった新結合を、シュンペーターは、企業が「違ったやり方でことを運ぶこと」と表現し（シュムペーター 2001（1）、121頁）、その概念を以下の5つの場合として提示している（シュムペーター 1977（上）、183頁）。それは、新しい財貨、すなわち製品やサービスの開発、新しい生産方式、新しい販路の開拓、原料あるいは半製品の新しい供給源の獲得、新しい組織、すなわち独占的地位の形成、独占の打破、の5つで、技術革新だけにとどまらない。

1　新しい財貨
　消費者の間でまだ知られていない財貨、あるいは新しい品質の財貨の生産
2　新しい生産方法
　当該産業部門において実際上未知な生産方法の導入。これは科学的に新しい発見にもとづく必要はなく、また商品の商業的取り扱いに関する新しい方法を含む
3　新しい販路の開拓
　当該国の当該産業部門が従来参加していなかった市場の開拓。この市場が既存のものであるかは問わない
4　原料あるいは半製品の新しい供給源の獲得
　供給源が既存のものであるか、単に見逃されていたのか、その獲得が不可能とみなされていたのか、あるいは初めてつくり出さねばならないかは問わない
5　新しい組織の実現
　独占的地位の形成（例えばトラスト化による）、あるいは独占の打破

シュンペーターはこの新結合の特徴について次のように説明している。まず、この新結合は非連続的にのみ現われる。そして、新結合は、単に旧いものにとって代わるのではなく、一応、これと並んで現われる。旧いものは概して、自分自身の中から新しい躍進を行う力を持たないからである。蒸気機関車の鉄道を建設したのは、当時の駅馬車の持ち主ではなかったことを見ればわかるように、新結合が循環

軌道を変更し、発展の担い手を新たにするのだ。このことが、旧結合の淘汰によって新結合が遂行される競争経済では、一方に社会的地位の上昇、他方に下落をもたらしていく過程を説明する（シュムペーター　１９７７（上）、１８４頁）。

また、新結合を遂行するためには、必要とする生産手段を旧結合の生産者に高い価格を支払い奪い取ってこなければならないという。シュンペーターはこれを発展の道具として、「生産手段の吸引」および「生産手段の転用」と呼んだ（シュムペーター　１９７７（上）、１９２頁）。この転用に必要な資金を融通するのが銀行家の役割であるとする。

そして、この新結合の遂行、すなわち経済発展を担うのは企業家（Unternehmer）であるとし、この企業家を、日常のオペレーションを慣行に従い循環的な経営を行う経営管理者と区別している（伊東・根井　１９９３、１２９頁）。シュンペーターは、この企業家の存在と新結合の遂行、そして信用創造による資金調達が、経済発展に不可欠な３つの要素だと説いた。

経営における買収の役割は、シュンペーターが示したこの新結合の遂行ではないかと筆者は考えている。企業は買収で、新たな販売市場を開拓し、供給連鎖の上流にある材料や部品の供給源、そして下流にある販売会社を傘下に収めて、新たな製品の開発や生産方式を試みる。そして、新たな事業の結合で、業界構造を揺さぶり、その再編を導くことで自ら独占的地位、今日では寡占の形成を目指す。

シュンペーターが示した新結合の特性は、買収に当てはまる。企業にとって買収は、非連続的な企業行動と言ってよいだろう。自社が保有する経営資源とは別に、予測できないタイミングで外部の事業を取り込むことに連続性はない。また、生産や販売手段を備える会社を、プレミアムを支払って奪取し発展の手段とするのがまさに買収であって、結合後には、その対価を超える価値の創造が求められる。買収も、既存事業の漸次的な変更や改善とは異なる企業行動である。

シュンペーターが、経営管理者と企業家を区別して、前者の役割を、慣行に従い予見可能な環境の下、主として連続した適応をする循環型であるとする一方、後者の役割を非連続な新結合の遂行の担い手として創造を主とするものと定義している点も興味深い。大企業の買収は、有能な管理者としての顔を持つ企業経営者が、企業家としての能力を試される行動とも言える。優秀な管理者を多数揃え、資金も豊富な大企業が、買収後の経営で必ずしも成功していない理由が、このあたりにありそうだ。

企業にとって買収の最終的な目的は、既存事業の延長線上にある成長ではなく、非連続的な結合による業界構造の変革と寡占の形成と定義できるのではないだろうか。海外の同業者を買収して世界市場の占有率を高める試みも、自社製品の原材料のサプライヤーを買収する垂直結合も、また成熟した大企業がベンチャー企業に投資するのも、経営者が企業家としての能力を発揮して新たな自社の発展を企図する取り組みなのである。

ＧＡＦＡやマイクロソフトはイノベーションを体現した代表的な企業と賞賛されるが、アップルは１００件、マイクロソフトとグーグルは２００件を超える買収と結合を重ねた結果、現在の姿がある。これらの企業の躍進は、成長よりも発展と呼ぶにふさわしく、まさに新結合が新たな経済の循環を作り出した。

シュンペーターが１００年以上前に描いた企業家による新結合の遂行と現代の買収を照らし合わせて、買収の役割について議論を深めていこう。

2　買収と両利きの経営

買収が新たな事業の結合で、その目的が業界構造の変革と寡占の形成にあるとすれば、シュンペーター後のイノベーションマネジメントに連なる研究は、買収後の経営にヒントを与えてくれるのではないだろうか。

大企業が新興企業から新しい製品やサービスによる挑戦を受けたとき、自社既存事業の組織能力が高いことが足かせとなって、技術力で勝っているにもかかわらず、挑戦者による破壊的イノベーションの前に敗れ去ってしまう姿を、クレイトン・クリステンセン氏が『イノベーションのジレンマ』に著したのは１９９７年のことである（クリステンセン　２００１）。企業経営において、社内で育成した製品や事業を漸進的に改善していく深化（Exploitation）と、新たな事業や製品の探索（Exploration）を追求するとき、社内で矛盾や相反が生じることがある。両方を求めた結果、新事業が既存事業に取って代わることもあれば、既存事業の深化を優先して新事業が育たないこともある。

例えば、従来型の掃除機を製造する電機メーカーにとって、ロボット掃除機の開発は悩ましかったに違いない。ロボット掃除機の開発を探索、従来型掃除機の機能や品質の改善を深化と捉えると、その２つの間には矛盾と相反が生じる。ロボット掃除機の製品化と販売は、従来型掃除機の生産や製品開発部門の縮小や業務の変更を求めることになるからだ。

長い歴史を有する企業ほど、既存事業には実績と知見が蓄積し、その品質や機能の漸進的な改善による効果はある程度、予見することができる。一方、将来の新規事業に関する機会を社内で実証するのは容易でない。特に、既存製品の生産能力が大きい場合は、その稼働率を下げかねない探索に経営資源を投入することには躊躇する。しかし、その間に、従来型掃除機を持たない新興企業がロボット掃除機で市場を侵食していく。

おそらく、読者の皆さんの周りにもこのような事例はたくさんあるに違いない。要するに、企業経営者が逡巡していようと、社内で矛盾があろうと、顧客の間には良い製品や便利なサービスはどんどん普及していくのだ。既存事業の深化を優先するあまり、新しい事業がいつまでも育たない状況に陥る企業は多い。一方で、イノベーションが大切だからといって探索に傾倒し、既存事業の深化を怠ってしまっては顧客が離れてしまうことになる。企業が長期に持続的な経営を実現するには、この矛盾や摩擦を克服し、深化と探索の両方の能力を備える必要がある。

買収後の経営においても、矛盾や摩擦を抱えることは多い。実際に、矛盾が大きくなって対象会社との関係に軋轢が生じることもある。例えば、対象会社の経営陣に自主性を尊重するといいながら、設備投資や製品開発などは細かなところまで買収企業の承認を求めたり、日本の長期経営の良さを伝えながら、買収後にすぐリストラクチャリングを遂行し生産や販売の機能統合を行ったり、また、海外事業に高い目標を課しながら、利益率の低い国内事業を温存したり、といった具合である。どれも、買収企業の側から見れば正当化できるかもしれないが、対象会社は矛盾を感じるだろう。特に海外での買収は、この矛盾や摩擦が生じることが多い。

実際に買収後の経営は、対象会社の経営資源と新たな事業機会を探索することから始まる。この新たな事業の探索と既存事業の深化を同時に推し進めて、さらにその間に、相乗効果の創出を追求するのだから買収は難易度が高い。それを実行するには、どのような組織設計が適切であるのか、企業経営者は買収後、頭を悩ますことになる。以下では、イノベーションマネジメントにおいて深化と探索をバランス良く試みる、両利きの経営に関する研究を、買収と経営の視点から考察してみたい。

組織論の著名な研究者であるジェームズ・マーチ氏によると、企業経営において、深化は効率性、実装、確実性、生産、そして洗練などの言葉と関連し、探索は発見、柔軟性、実験、リスクテイク、そしてイノベーションといった言葉と関連するという（March 1991）。そして、企業にとって重要なことは、既存事業の深化で生き残りを図ると同時に、将来の成長の可能性を見据えた探索にも経営資源を十分に配することであり、それによって長期的な繁栄を実現することができると指摘している。タッシュマンらは、自社の中で複数の矛盾する構造やプロセス、そして相容れない文化などを抱えながらも、漸進的なイノベーションと非連続的なイノベーションを同時進行で追求する力を備える組織的能力を両利きと定義している（Tushman and O'Reilly 1996）。この両利きの経営と企業業績との関係については、米国を中心に、企業体、事業部門、そしてプロジェクトなどの各単位を対象に実証研究が行われている。そして、両利きの経営が、売上高の成長や株価、企業の寿命、そしてイノベーションなどのパフォーマンスに良い影響を与えてきたとする結果が数多く報告されている。

事業環境の不確実性が高い状況では、この両利きの経営が有効であるが、現実には既存事業の深化のほうが短期的に目標を達成できる確度が高いことから、新しい事業の探索より優先されてしまう。これが、外部環境の変化に直面したときに企業経営が立ちゆかなくなる原因のひとつだとの指摘もある（Tushman and O'Reilly 1996）。深化と探索は社内で利益が相反することもあるが、それをバランス良く追求することが、持続的な経営を実現するには欠かせないのだ。

企業にとって買収は、大きな探索の機会であると言える。だが買収後に事業の結合が進むと、今度は自社の経営資源と合わせて、その深化を実現させなくてはならない。よって、買収後の経営においても、この深化と探索を器用に操作する能力を備えることが不可欠となる。

（1）組織設計

両利きの経営を実行するために、企業はどのように組織を設計すべきか。長年にわたって自社で磨きをかけてきた製品の漸進的な改善や生産の効率性を高めることと、新たな領域でリスクを取りながら製品やサービスの探索を行うことは、その目的が大きく異なる。そのため、それぞれの課題や必要な人材もまた異なることになる。企業経営において、目的の異なる複数の事業を社内で管理すること、さらには経営資源を共有し、連携を促すのは容易なことではない。新たに立ち上げた製品やサービスを、既存顧客に提供することが全社レベルで必要であることはわかっていても、現場では、みな自分たちの業務を優先する。

例えば、大手の証券会社は、これまで全国をカバーする強大な対面販売の組織を作り上げて、その顧客基盤を収益の柱としてきた。顧客にインターネットによる株式売買を推奨しながらも、それは同時に、営業店が自らの存在意義を問うことでもあるため、ジレンマに陥る。実際にオンライン証券取引の普及を牽引したのは、中堅や新興の証券会社で、大手証券会社ではなかった。そして、今、大手証券会社の国内営業店では統廃合が進み、銀行や旅行代理店などでも同様のことが起きている。対面営業がなくなることはないが、深化と探索の両方が機能する組織の設計には工夫を要することがわかる。

これまでの研究は、両利きの経営の実行とその組織設計について、シーケンシャル（逐次）型と同時進行型の２つを提示してきた。シーケンシャル型は、企業は成長の過程において時間の経過とともに、その事業構造と組織を戦略に合わせて転換し、深化と探索を同時ではなく逐次に実行するという考え方である。このアプローチは、事業環境が比較的安定し急激な変化の少ない業界で有効とされる。一方、同時進行型は、深化と探索という目的の異なる事業を効率的に同時に行う設計で、技術革新など市場環境が大きく変化する業界では、この手法がより適切となる。

　同時進行型の組織設計は、さらに同時分離型と同時非分離型の2つに分かれる。分離型では、既存事業の改善や効率化を行う部門と、新たな製品やサービスを探索する部門を社内で分離して管理する。それぞれの部門が目的に沿った人員配置と業務プロセスを設計して成果を挙げる手法で、「構造的アプローチ」と呼ばれる（Tushman and O’Reilly 1996）。この分離型は、企業全体として複眼的な経営を試みながらも、深化と探索はそれぞれ分離した組織で行うものである。構造的アプローチが機能するのは、分離した目的の異なる組織が自発的に独自の業務プロセスやインセンティブ制度、そして文化を築きながらも、会社全体として同一のビジョンや戦略を共有して価値を高めていく場合である。よって、分離した部門の間で、技術や顧客基盤など経営資源を共有する互助の関係を構築することが課題となる。実際に、分離型では、探索の組織が成果を挙げた後、他の組織との統合を図り全体の成長を加速する手法が多く試されている。例えば、新規事業部門で新しい製品やサービスの開発が実現した後、既存の組織と統合し、販売網や生産能力を活用できるようにする場合である。

　一方、非分離型とは、企業内で深化と探索を行う部門を分離せず、組織の構成員それぞれが、深化と探索という異なる目的を達成するために、自ら判断して業務の遂行とその時間配分を行うことができる組織の設計を指す。これは、組織を構成する従業員が自ら整合性と適応性を発揮することで両利きの経営を実現する手法で、「文脈的アプローチ」と呼ばれる（Tushman and O’Reilly 1996）。

両利きの経営に関する研究では、シーケンシャル型と同時進行型の組織設計それぞれの限界についても指摘している。

シーケンシャル型は、企業の長期的な成長過程を分析して、その戦略と外部環境への適応の変遷を捉えたものである。しかし、実際に企業がどのように深化から探索、また探索から深化に、組織を構造的に転換させるのかは明らかでない。そもそも、環境の変化への適応を試みるたびに組織構造の転換を図ることは、両利きの経営とは異なるという指摘もある。

同時進行型の分離型である「構造的アプローチ」では、既存製品と新製品の間でカニバリゼーションが起こりうる場合、深化に携わる部門が探索を行う新規事業部門に協力することは想定しづらい。また、そのような状況を放置しておくと、それぞれの組織が反目することも考えられる。すなわち、深化と探索の目的で分離した部門が自発的に企業内で整合性を図ることは期待できない。また大企業であるほど、予見可能な確度の高い事業への投資を正当化し、探索よりも深化のほうを優先する傾向がある。よって、この同時進行分離型は、単なる組織設計だけでは十分でなく、探索への経営資源投入を正当化する、強いリーダーシップが不可欠となる。

組織構成員、すなわち、個人のレベルで深化と探索を遂行する同時進行非分離型、すなわち「文脈的アプローチ」では、整合性と適応性を備えた組織が求められる。そのため、組織内の信頼関係を醸成するとともに、高い目標を掲げて訓練を施し、従業員の能力を引き出すことに努めるようになる。しかし、技術革新など、外部環境が大きく変化する状況では、個人レベルの探索では適応できないこともある。例えば、電力が再生エネルギーに大きくシフトする局面で、石炭火力発電所の設計者に洋上風力発電の技術的な探索を求めることは現実的とは言えない。よって、経営者のリーダーシップによる投資や戦略の変更、それに伴うリストラクチャリングや部門間の調整が不可欠で、それなしに従業員に柔軟性を備えた適応を期待しても効果は上がらない。個人レベルで深化と探索の能力を併せ持つことを前提にした同時進行非分離型による両利きの経営は、事業領域の限定された部門やプロジェクトでのみ有効ではないかとの指摘もある（Kauppila 2010）。

両利きの経営については、これまで定量的、そして定性的な研究が行われ、企業が両利きの経営を試みる様子やその組織設計を理論化することが行われてきた。深化と探索は、常に競争してどちらか一方が優位性を持つという性質のものではなく、企業経営全体を俯瞰すれば互いに補完し合うこともある。また、企業が成長する段階の組織設計では、同時進行型の分離型と非分離型のどちらか一方を選択するのではなく、その組み合わせで成果を挙げている例があることも付け加えておく。

以上を踏まえて、買収後の経営にはどのような組織設計で臨むべきなのか。買収ごとにシーケンシャル型の組織設計で臨むのか、それとも同時進行型で組織を設計するのか、成果を期待できるのはどちらなのか。買収後の経営でも、対象会社を存続させて、既存のオペレーションとは切り離して経営を行う、同時進行分離型、すなわち構造的アプローチの採用が考えられる。この場合、同一のビジョンや戦略の下、全体の価値を高める相乗効果を期待するのであれば、技術や顧客基盤など経営資源を共有する関係の構築が欠かせない。あるいは、買収後、同時進行非分離型を採用し、対象会社を丸ごと吸収した後、販売や生産など機能ごとに統合してひとつの組織とする文脈的アプローチによる設計も考えられる。この場合、同一組織の中で信頼関係の醸成に努めて、従業員の能力を引き出すことで、整合性と適応性を備えた組織を追求することになるだろう。

米国企業を対象とした研究によると、両利きの経営が最も必要とされるのは、企業が戦略的に重要な新しい事業機会を狙うときに、その事業が既存の中核的な資産やオペレーションの組織能力から恩恵を得られる場合であるという（O'Reilly and Tushman 2013）。そして、成功した両利きの経営に共通するのは、探索を目的とする組織が、深化を目的とする既存組織の資産を活用して、それを競争優位につなげたことだという。企業が探索を行うにあたって、競合他社が保有していない資産や組織能力を自前で用意し、それを提供できるかが、成否に影響を与えていた（Tushman and O'Reilly 1996）。

買収後の経営では、新たな事業機会を探索し、自社の経営資源をもとに対象会社との相乗効果を狙う。まさに両利きの経営と共通する点が多い。日本企業には今後、買収を重ねる中で、対象会社の統合（Post-Merger Integration：ＰＭＩ）とは次元の異なる全体最適の組織設計を行うことが求められるのではないだろうか。

（２）能力の罠と失敗の罠

両利きの経営は深化と探索という目的の異なる複数の事業を実行することであるが、この深化と探索には、それぞれ企業が陥りやすい罠が存在することを、買収を考えるうえでは知っておくべきだ。

既存製品の性能や品質などを漸進的に改善して効率化を図る、つまり深化を目的とする事業部門には、すでに顧客基盤、技術の集積、そして生産設備などが整っていて、それを組織として運用する能力も高い。それゆえに、市場や生産管理などのデータが存在し、将来の事業計画を立案する場合、ある程度、予見可能な計画を立てることができる。

一方、新規事業の探索を目的とする事業部門は将来の予見が困難で、計画は存在しても深化と比べて精緻ではなく、その確度は高くない。また、新たな製品の計画売上高は、既存製品の売上高と比べてはるかに小さい。よって、社内で、深化と探索の両方の組織から投資事案が出てきた場合、大企業であるほど、確実性が高く計画売上高の大きい提案が採用される傾向にある。これを能力の罠（Competency trap）という（Levitt and March 1988）。

既存事業の歴史が長く、営々と築いてきた技術や生産の知見、それに顧客基盤を抱えた事業を保有する企業では、特にこの傾向が強い。そして、革新的な製品やサービスを備えた新興企業の参入の前に、既存事業への固執によって敗れ去る、クリステンセン氏の言う「イノベーションのジレンマ」に陥ってしまう。これは、高い能力が自らの衰退を招く罠である。

一方で、探索の事業を行う部門は、新しい製品やサービスの開発に長い時間を要することが多く、結果的にはうまくいかないことも多い。新しい製品が顧客の支持を得て新たなブランドとして育つまでに、企業には長期的な取り組みが求められる。また、探索を目的とした事業には失敗が多いので、企業経営者は探索部門で成果が挙がらない場合でも、新規事業であるから仕方ないと考える傾向があり、失敗に驚かなくなってしまう。つまり、過去に長い年月をかけて製品開発をした経験があると、それと比較して探索部門に対する規律が緩むことになる。成果を出すまでの時間や、失敗を繰り返すことに対して問題を感じることがなくなって、経営資源の浪費を繰り返してしまうのである。これを失敗の罠（Failure trap）という。

買収を実行する際にも、既存事業の深化で陥りがちな能力の罠と新たな事業の探索で見られる失敗の罠には留意すべきである。買収の検討段階で、対象会社の事業が将来有望であることを確信しつつも、社内の議論で既存事業の確実性を重視するあまり、買収機会を逸してしまうことがある。深化の能力が高いことが、既存事業への投資を優先し、探索機会である買収の実行を妨げてしまう。また、買収後の経営においては、対象会社に本来必要な機能への投資ではなく、自社が得意な機能への投資を優先することがある。例えば、モノづくりに秀でた買収企業が、対象会社の生産の効率性を高める設備投資を優先した結果、投資回収コストがかさみ、現地での価格競争力を失う場合である。

買収における失敗の罠には、過去の買収で業績を改善するまでに時間と資金を要した経験があると、次の買収で、計画どおり進んでいないにもかかわらず、それを放置し、改善の手立てを打つことなく保有を続けてしまうケースが相当する。また、買収で何度も失敗を繰り返すことで、社内の規律が緩んでしまうこともある。例えば、NTTドコモは、2000年代初めにオランダのKPNモバイル、英国のハチソン3G、米国のAT&Tワイヤレスに投資したが、成果を挙げることができず約1兆5000億円の損失を計上し海外事業から撤退した。その後、インドでも、タタグループとの合弁事業から撤退するなど、海外企業との資本提携に巨額の資金を投入して何度も損失を重ねている様子は、失敗の罠に陥ってしまったように見える。

買収においても、このような罠を回避する組織設計を考慮する必要がある。最近では、社内にコーポレート・ベンチャー・キャピタル（CVC）を設けて別動隊を組織し、新たな事業領域の探索機能強化に乗り出す企業も出てきた。これは、ベンチャー企業の買収を既存の事業部門とは切り離して実行することで、能力の罠を回避する試みでもある。

（3）アライアンスを活用した深化と探索

深化と探索の実行を自社組織内で完結するのではなく外部に経営資源を求め、他社との提携（アライアンス）によって両利きの経営を試みる企業もある。生産や販売機能を他社と統合することで自社の事

◉表 3-1　アライアンスにおける深化と探索の選択

選択	提携の対象機能	提携のストラクチャー	提携相手の属性
深化型 活用能力	販売、生産など 価値連鎖の下流	既存提携相手と アライアンス継続	業界内で、過去の提携相手と 類似した特性の企業
探索型 吸収能力	研究開発など 価値連鎖の上流	新たな提携相手と アライアンス構築	業界外で、過去の提携相手と 異なる特性の企業

出所：Lavie and Rosenkopf（2006）をもとに筆者作成

業の活用を図る、新事業の探索の手段として自社が持ち合わせていない技術や製品を他社との提携によって吸収する、などだ。アライアンスは、独立した企業間で自発的に協業を行うことが前提であるが、それが成熟すると買収に発展することもある。

企業がアライアンスに乗り出すとき、提携の対象とする機能、提携のストラクチャー、そして提携相手の属性を選ぶことになる（Lavie and Rosenkopf 2006）（表３－１参照）。

まず、提携の対象とする機能では、企業経営者が既存の知見を活用することを目的とするか、それとも、新たな技術や知識を探索することを目的とするかを選択することになる（Koza and Lewin 1999）。例えば、価値連鎖の下流に属する生産や販売機能において相手と知見を共有し、効率化を図るのは深化型の機能選択となる。そして価値連鎖の上流にある研究開発機能で、自社が保有しない知見を提携相手に求めることは探索型のアライアンスに該当する。

次に、提携ストラクチャーの選択では、過去に提携した相手と継続的にアライアンスを組んでそれを活用する深化型の手法と、新たな相手と従来とは異なるストラクチャーを標榜する探索型の手法がある。深化型は、自社が選んだ複数の企業群とネットワークを構築し、各社の知識や情報をフローさせることで、提携対象の機能を高めていくことになる。この場合、提携の実績があり、互いによく知っている相手であることから、計画を実現できる範囲を予見しやすい。一方で、探索型は、新たな事業機会を生み出す可能性はあるが、どの程度の成果を挙げるかについては不確実でリスクも高い。

そして、提携相手の属性選択には、同じ業界で自社と類似した相手を選ぶ深化型と、異業種の企業を選択する探索型の2つがある。このように、企業が外部企業とのアライアンスを用いる場合、提携対象とする機能、提携のストラクチャー、そして提携相手の属性を選択するときに、それぞれ深化か探索かのアプローチ法を選ぶことになる。

企業をアライアンスに駆り立てるものは何か。企業経営者は自社事業の成熟とともに、その深化を求める圧力と、新たな事業の探索を求める圧力に対峙することになる。企業経営に対して圧力が高まるのは、組織が惰性的な状態にあり、業界を取り巻く環境変化のスピードに自社の組織再編が追い付いていない場合に見られることが多い。このような状態に陥るのは、企業の長い歴史から生まれた不可逆的な方針と、そこから確立された日常業務とスキルが経営の決定に埋め込まれ、外部からの刺激にも自動的に応じてしまう場合である。自社内の組織で解決が容易ではない圧力があるとき、企業は社外に経営資源を求めてアライアンスを選択肢のひとつと考えることになる。

深化能力に対する圧力の下では、企業は原材料の購買や製品の生産などの分野を選択する傾向にある。生産、購買機能は研究開発などと比べ、自社を変革する負担なく提携を実行できるからで、同じ企業群と継続してアライアンスを進めることが多い。信頼関係がすでに構築されている提携相手を選択し、それを継続することで、自社の特質を維持し、効率性を上げるアライアンスを指向する。

一方、探索に注力する圧力が高まると、自社に存在しない新たな事業を吸収する能力に期待がかかる。

吸収能力とは対象事業の価値を評価して、自社に取り入れて新市場の開拓に適用することである。研究開発など価値連鎖の上流領域では、過去に提携した企業群とは異なる相手が魅力的となる。この探索への圧力によって、経営者が起業家精神を取り戻して、企業が新たな事業機会を求めることになるとの研究報告もある（Deeds 2001）。

吸収能力が高まることで、企業は新しい技術や知識の導入に積極的になり、製品開発など探索領域でのアライアンスを奨励していくことになる。この場合、技術を保有する企業の買収や技術者の採用による吸収もひとつの方法であるが、アライアンスはコスト負担が小さく、また有期限で柔軟な運用が可能であるところに魅力がある。さらに、従来の提携相手ではなく、自社業界に属さない新たな相手を提携ストラクチャーに加えることで、独自の技術や経験を持つ多様な企業群との協働が可能になる。

自動車業界では現在、まさにこの探索の圧力が高まっている。トヨタ自動車がソフトバンクグループと、ルノーと日産自動車がアルファベットと、フォルクスワーゲンがインテルと、それぞれ自動運転分野で提携を始めた。トヨタは、垂直離着陸の空飛ぶタクシーを開発する米国のジョビー・アビエーション社に４３０億円を投じるなどベンチャー企業とのアライアンスを拡大している。これまで自動車メーカーは、生産や購買機能の深化を目的に同業者とのアライアンスを利用して経営の効率性を高めてきたが、今ほど、その吸収能力を試される時代はない。

企業における既存事業の惰性経営への対応と新規事業の吸収は、どちらかに偏重すると企業経営のリスクが高まることになる。探索を重視して吸収能力の強化に舵を切ると、既存事業の効率化への取り組みが後回しになって、その衰退を招くことにもなりかねない。この深化と探索の両方をバランスするアライアンスを構築する手立てはあるのだろうか。

企業はアライアンスに臨んで、対象機能、ストラクチャー、そして相手の属性の組み合わせを工夫することで偏重を避けることができる。例えば、探索機能である製品開発での提携は、過去に提携実績のある企業を選択することで、バランスを取ることができる。対象機能、ストラクチャー、提携相手の属性すべてを探索型とするアライアンスでは、不確実性が高まるからだ。ラビらが１９９０年から２００１年の間に米国ソフトウェア企業３１４社のアライアンスを調査したところ、ストラクチャーの選択では探索型、すなわち新たな提携企業を求めながら、属性では、これまでの提携企業と類似した相手を選ぶ、すなわち深化型が多いと報告している（Lavie and Rosenkopf 2006）。新たな技術にアクセスする道を拡げながら、過去の提携企業と類似した相手を選ぶことで、これまでの経験を活用してリスクを制御する姿勢が見て取れる。一方で、生産機能など自社が得意とする事業の深化に偏重し、従来の提携相手と継続的なアライアンスを行うことは、新たな技術や市場を探索する能力に、自ら制限を加えてしまうことになりかねない。アライアンスの対象機能、ストラクチャー、相手の属性の組み合わせには深化と探索のバランスを図ることが肝要で、それによって両利きの成熟を図ることができる。

あるいは、時間をかけて徐々にアライアンスの領域を移行していく手法も考えられる。例えば、探索機能である製品開発で新たな相手とアライアンスを始めた後、その製品の販売に事業の重点が移るときに、深化機能である販売においても同じ相手とのアライアンスを領域を移行する形で維持していくか、または、販売で実績のある別の企業とのアライアンスに切り替えていくかを選択することになる。その他、これまでアライアンスによって成果を挙げた企業群に新たな提携相手を組み入れることで、アライアンスのストラクチャーと相手の属性を徐々に深化から探索に転じることも考えられる。このように、逐次、アライアンスの修正を繰り返し、外部企業の資源を活用して深化と探索の両利きを実現することができる。そして、アライアンスが成熟していく過程で、一方の経営資源が、他方の深化または探索に不可欠となった場合に、支配権の獲得による組み入れ、すなわち買収に発展することになる。

例えば、日産自動車とルノーの20年に及ぶ資本・業務提携を見てみよう。このアライアンスは、同じ業界に属する同じ相手と継続的かつ、固定的ストラクチャーによって運営されている。また、提携の対象は生産や購買などの深化機能が中心であることから、相手の属性、ストラクチャー、そして対象機能すべてが深化型であることがわかる。

日産自動車とルノーは深化能力をさらに高めるために、新たに三菱自動車をアライアンスに招き入れ三社連合の新たなストラクチャーを構築した。さらに、自動運転技術の探索には異業種で属性の異なるアルファベットを提携相手に選び、その子会社で自動運転車開発を手掛けるウェイモと協業を始めている。ルノー株主のフランス政府は、アライアンスの成功を見て日産自動車の支配権獲得に動いた。

自動車メーカーは業界内の深化型アライアンスによる事業の効率化で実績があるが、異業種の企業と新たなサービスを創出する探索はこれまであまり実例がない。この探索型のアライアンスでは、自社の吸収能力が低いと逆に提携相手に技術を吸収される側に立たされることになる。そのような課題はあるが、現在、自動車業界は、アライアンスを利用した両利きの経営が最も求められる業界のひとつである。

3　相乗効果の理論

買収後、いかに目に見える成果を挙げることができるか、しかも、迅速に。大型買収であるほど、経営者にとって、それは時間との闘いでもある。シュンペーターの理論にあったように、企業家による新結合とは、高い対価を払い旧結合から生産手段を奪取することであることから、結合後にはそれを上回る効果を生み出さなくてはならない。

企業には、深化と探索という目的の異なる事業を、バランスよく経営する能力が求められることを述べてきたが、この両利きの経営で最も成果が期待できるのは、新たな事業の探索にあたる事業部門に対して、既存事業部門がその技術や営業を駆使して支援するケースである。買収後の経営も同様に、支配権を獲得した新たな事業と、既存事業との間の相乗効果を追求することになる。

経営における相乗効果の考えはイゴール・アンゾフ氏によって紹介された（Ansoff 1965）。買収による相乗効果についてはマーク・シロワー氏が、買収企業と対象会社がそれぞれ単独で生み出す利益の和と比べ、買収後の統合会社がそれを超える利益を創出することと定義している（Sirower 1997）。また、企業価値評価の視点では、マイルズ・シェイバー氏が、対象会社が買収後の統合を通じて生み出す将来利益の現在価値とスタンドアローンで生み出す将来利益の現在価値の差を、相乗効果の定義としている（Shaver 2006）。ここでは、この相乗効果を買収の目的と結合型から整理しておきたい。

（1）買収の結合型と効果

個々の買収案件によって企業が企図する効果とその結合型は異なる。ここでは多角化型、垂直型、水平型、そして混合型に分類して説明しよう（表３－２参照）。

多角化を目的とする買収は、既存事業と関連のない事業を新たに自社ポートフォリオに加える試みで、新規事業参入の手段として用いられることが多い。この多角化型では、買収企業の資金調達能力が対象会社に勝る場合、買収後に事業の資本コストを節減する効果はあるが、事業関連性がないためオペレー

◉表 3-2　買収目的と結合型の分類

買収目的	買収対象	結合型	相乗効果
新規事業参入	異業種事業者	多角化	オペレーション上の効果は限定的
供給連鎖の内製化（上流）	供給者	後方垂直	供給の安定、供給連鎖の効率化
供給連鎖の内製化（下流）	購買者	前方垂直	販売の安定、供給連鎖の効率化
市場占有率の拡大	同業者	水平	重複解消による固定費削減
製品群の補完	隣接事業者	混合	製品群の組み合わせによる売上増

ション上の相乗効果は期待できない（Chatterjee 1986）。日本企業の例では、１９８０年代後半のソニーによる米国コロンビア・ピクチャーズ買収や松下電器産業（現パナソニック）によるＭＣＡ買収は、エンターテインメント事業を新たに加える多角化型であった。当時、ソニーと松下電器は、ハードとソフトの融合という事業上の相乗効果を期待したが、結果を見ると、その効果は限定的だった。その結果、松下電器はＭＣＡを売却、ソニーは現在も保有するが、エンターテインメント事業は金融事業と並び、グループ内で経営の独立性が高い。近年、米国のアクティビスト・ファンドがソニー経営陣に、コングロマリットディスカウント解消のためエンターテインメント事業のスピンオフと上場を求めたのは、エレクトロニクス事業との間に相乗効果がないことが背景にある。ソニーは金融事業を完全子会社化し２０２１年には社名をソニーグループに変更するなど、事業間の融合を実現する試みが続いている。

１９７０年代以降、米国大手企業33社が実行した多角化型買収の多くが失敗に終わった実態を検証したマイケル・ポーター氏も、多角化型では、知識や技術を移植する機会が限られ相乗効果が実現しなかったことを指摘している（Porter 1987）。

垂直型の買収には、自社サプライチェーンにおける上流領域の事業を内製化する後方垂直結合と、販売など顧客に近い領域の事業を自社内に取り込む前方垂直結合がある。石油元売り企業が油田開発事業に投資するのは後方垂直結合の代表例である。また、台湾の鴻海精密工業によるシャープ買収は、米国アップル社のＰＣやスマートフォンの組み立て受託を主事業とする鴻海が、その主要構成部品であるＬＣＤ（液晶ディスプレイ）事業を垂直結合する試みでもある。後方垂直結合の利点は、素材や基幹部品の供給を安定的に確保し、市況による購買費変動のリスクを抑えるところにある。

一方、三菱商事によるコンビニエンスストアのローソン買収や、伊藤忠商事によるファミリーマート買収は前方垂直結合の例である。国内外から食材を調達し、食品卸や加工を手掛けてきた商社が、小売り、すなわち、供給連鎖の下流領域にある事業を新たに組み入れた。

後方と前方、どちらの垂直結合も供給連鎖の全体にわたって関与を拡げることで相乗効果の創出を企図するものである。

水平型の買収は、同一製品やサービスを提供する事業を一体化し、規模を拡大することで市場での影響力を高めることを目的とする。２０１７年に日本郵船、商船三井、川崎汽船の3社は定期コンテナ船事業を統合し、新会社オーシャン・ネットワーク・エクスプレス（ＯＮＥ）を発足させた。これは水平結合の例である。この海運3社は、事業統合によって世界のコンテナ船市場で第6位、７％のシェアを占めることとなり、合理化などで年間１１００億円の相乗効果が見込まれると発表している[1]。これは重複の解消によって固定費を削減する水平結合の典型的な相乗効果のモデルである。規模の経済性を活用するため、重複が多いほど固定費削減の余地が大きく、その効果を短期間に実現することができる。

混合型の買収とは、自社の製品やサービスと隣接する事業を買収することで品揃えを充実させ、それらを組み合わせることで販売の拡大を狙うものである。２０１９年にヤマダ電機が発表した大塚家具の買収はこの混合結合の例である。ヤマダ電機は、買収後、池袋など都市部にある自社の4店を、大塚家具の商品を展開する店舗としてリニューアルした。池袋店では、消費者からは「家電も家具もここで買えてうれしい」との声が聞かれたという。[2] 混合型は、自社にすでに有力な顧客基盤が存在する、または特定の分野で技術優位を確立している場合に有効な手段となる。

このように、買収による相乗効果とその源泉は、結合のタイプによって異なる。

（2）水平型と混合型の戦略性

買収後の事業統合について、対象会社の自主性を尊重すべきか、それとも自社への吸収を優先すべきか、経営者は思案することになる。

米国の研究では、被買収事業の類似性が高いと吸収による統合の程度が高くなり（Larsson and Finkelstein 1999）、対象会社に与える自主性の程度は低くなる（Datta and Grant 1990）。重複を相乗効果の源泉とする買収では、迅速なリストラクチャリングが欠かせず、そのため、買収後の経営では統合の程度が高くなるということだ。

次に経営者は、対象会社の経営資源を利用して相乗効果を創出するのか、それとも対象会社に自社の経営資源を活用させるのか、という選択に迫られる。相乗効果は双方の強みを持ち寄ってウィン・ウィンの関係を築く印象があるが、実際は、買収企業、または対象会社が他方の経営資源を利用、あるいは削減することで創出される。例えば、１９８１年から２０００年までの米国製造業を対象にした、１万２８９３の工場を含む１４８３の買収案件についての調査では、買収後、３年以内に27％の工場が売却、

19％の工場が閉鎖され、5年間では30％が売却、27％が閉鎖されたと報告している（Maksimovic et al. 2011）。この調査によると、買収から5年後に、継続保有されている工場は半数にも満たなかった。

水平結合後における経営資源の活用手法と業績について、欧米の２５３案件を長期評価した研究では、買収企業の経営資源を利用するほうが相乗効果の実現可能性が高いと報告している（Capron 1999）。その理由として、買収時に情報の非対称性が存在するため対象会社の経営資源を理解するまで時間を要すること、そして、その活用に対象会社の経営者が抵抗することを挙げている。それに対して自社の経営資源は細部まで管理していることから、自ら相乗効果創出の環境を提供するほうが容易なのである。

事業の重複を解消する場合、自社側の資産を削減したほうが相乗効果も大きいが、実際には対象会社の資産を売却、閉鎖するケースが、その3倍から5倍に上るという。自社よりも競争力のある事業を買収した場合、自社事業を温存すれば大きな相乗効果は望めないだろう。売却や閉鎖のリストラクチャリングは自社事業を対象とするほうが混乱は少なく、相乗効果創出の確度を高めることになる。

この水平結合の持続的な効果については、ハリソンらが１９９０年代に米国企業が実行した類似性の高い国内の買収を対象に検証している（Harrison et al. 2001）。そして、事業の重複を源泉とする水平型では、規模の経済性を活用した相乗効果を短期間で実現できる反面、市場の独占に近い状況に至らなければ、持続的な利益成長は期待できないことを指摘している。例えば、石油業界のエクソンによるモービル買収では、製油所やサービスステーションの統廃合で短期間に相乗効果を実現した。しかし、この買収には経営の合理化や市場占有率といった規模の経済性を超える付加価値創造の源泉は存在せず、長期の成長を支える効果は得られなかった。

一方、混合結合による製品や技術の補完性に注目し、86の買収案件を考察したザヒールらは、買収企

◉図 3-1　水平結合と混合結合の相乗効果

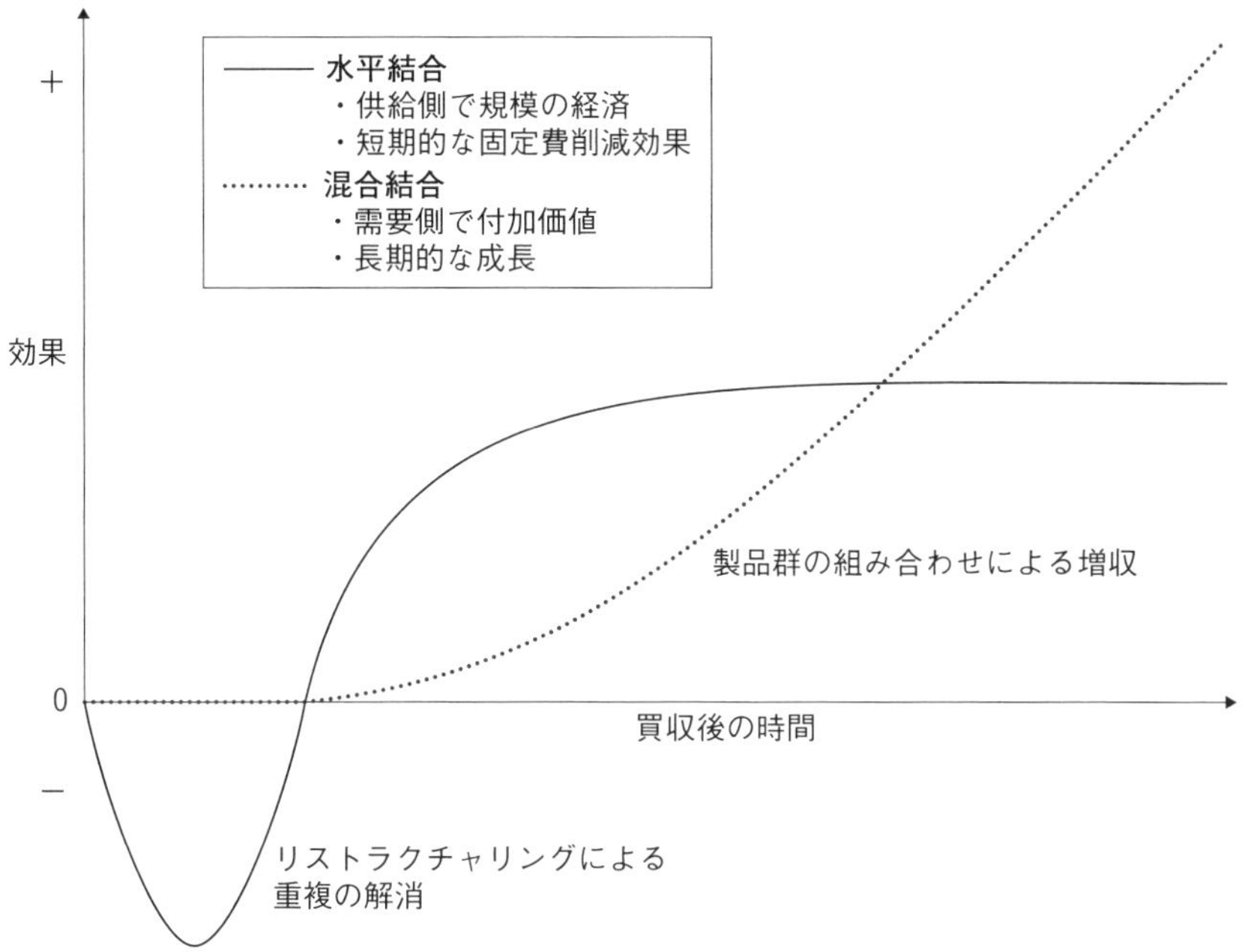

業が補完性を相乗効果の源泉として見出したとき、高いレベルの自主性を対象会社に認めつつ、緩やかな組織の統合を進めていることを報告している（Zaheer et al. 2013）。買収による補完とは、類似性が低いわけではなく、独立した事業を結び付けることで高い価値を創造することと定義されている（Lewellen 1971）。実際の買収では、買収会社と対象会社の間に類似性と補完性が共存することもあり、その場合は事業の吸収と自主性尊重の両方を買収後の経営で実践することになる。

水平型と混合型の相乗効果を比較してみると、以下のような特色が見えてくる（図3－1参照）。

水平型は市場占有率を高めて、事業の重複解消や購買の共同化などで、経営の効率性向上を追求する。この水平結合における規模の経済による効果は、おもに供給側において実現されることになる。水平型は対象会社の吸収を優先するため、リストラクチャリング実行の負担は大きいが、その効果を短期間で実現することができる。しかし、長期的な成長を支えるという面では限定的な効果しかない。

一方、混合結合は、既存製品と買収で得た新たな製品の組み合わせに顧客が価値を見出すことで、製品群全体の増収効果が期待できる。さらに、需要側である顧客の間で規模の経済が働いて、ネットワーク効果、すなわち製品群の中のひとつの製品を購入する顧客が増加するほど、別の製品の供給が促進され、結果としてその製品の価値が上昇する効果も狙うことができる。混合型の場合、取り扱う製品が増え、共通費が生まれる範囲の経済は期待できるが、供給側での効果は水平結合と比べて小さい。

混合型は、対象会社の自主性を尊重するため、新たな製品の組み合わせに付加価値を提供するまで時間を要することもある。しかし、いったん市場で価値が認められると、その効果は長期の成長に貢献することになる。

どちらの結合手法も相乗効果の創出には、買収企業側に豊富な経営資源が備わっていることが前提となる。

4　買収について再考すべき５つのこと

最後に、第一部で行った成長戦略の現状分析と本章で考察した学術理論を踏まえ、海外Ｍ＆Ａに関する論点を整理しておきたい。

日本企業の海外Ｍ＆Ａは、今世紀に入り成否割合が改善した。海外での買収を短期間で加速度的に利益成長に結び付ける企業も出てきた。また買収の目的も、海外進出そのものから製品群の補完や新事業の探索などに拡がってきている。日本企業の買収と経営は新たな段階に入りつつある。今後、さらに海外Ｍ＆Ａで成果を挙げるためには、買収の役割や組織設計などについて従来の考え方を新たにしておくべきではないだろうか。

●買収の役割

草創期の海外Ｍ＆Ａは海外進出の時間を買うことや、経営のグローバル化など規模の拡大そのものに主眼を置いてきた。しかし、経営における買収の本来の役割とは、新たに事業を増やすことではなく、既存事業との結合ではないか。そして、その新たな結合によって、成熟した業界の再編を主導する、または新市場を形成することで、競合他社の独占を阻み、自ら寡占を形成することがその目的だと考えられる。

シュンペーターは『経済発展の理論』の中で、企業家による新結合の遂行を、旧結合から経営資源を奪取し、新たな市場や生産方式を求め、また原料などの新たな供給元を獲得して、現況の独占を打破し、自ら独占的地位を形成することと定義している。

●買収の評価

買収の成否は、買収公表時の短期的な株価上昇の効果よりも、買収後の業績を長期的に評価することが適切ではないか。従来の研究では、買収を個別のイベントとして捉え、その株価効果を評価するのがおもな評価手法であった。しかし、株式市場が買収発表を好感してストップ高になったとしても、買収後、失敗に終わることもある。買収を企業行動の一環と位置付けて、買収が影響を与えた事業や地域のセグメント業績を測定し、評価することが、より経営の目線に近い。買収の役割が業界構造の変革にあるなら、その成否にも長期的評価が求められる。

●結合型の選択

海外での買収で、多様な結合型を活用すべきではないか。これまで日本企業の買収は、成熟市場における占有率拡大を目的とした同業者の水平結合が主流だった。また、サプライヤーや販売会社を対象に供給連鎖を現地で拡げる垂直結合も多かった。

一方、今世紀に入って、自社と補完関係にある事業を買収し、製品やサービスの新たな組み合わせを提案することで市場開拓を試みるケースも増えた。これは隣接事業者との混合結合である。現地で追加買収を実行する局面で、新たな結合型の選択が拡がりを見せている。

●相乗効果の創出

買収による相乗効果は、供給側だけでなく需要側での創出を模索すべきではないか。従来の買収は、生産や販売拠点の重複を解消し、購買や生産のコストを削減する供給側での効果創出に重きを置いてきた。リストラクチャリングによるコスト削減は供給側で短期間に成果を挙げることができるが、将来の成長を約束しない。一方、混合結合では新たな製品の組み合わせで増収効果を狙う。買収が顧客の利便性向上に結び付いてその評価が定まると、長期的な成長を期待することができる。規模の経済性を需要側、すなわち顧客側での効果創出に用いる工夫が求められる。

●買収後の組織設計

買収後の経営には、対象会社の統合（ＰＭＩ）にとどまらず、複数の買収を前提とした全体最適の組織設計が必要ではないか。

これには、両利きの経営に関する研究が示唆を与えてくれる。長期的な成長に求められる深化と探索という両利きはイノベーションマネジメントで論じられることが多い。その構造的アプローチと文脈的アプローチは、ときに対象会社との間で矛盾や相反を抱える買収後の経営に応用できる点が少なくない。それは、イノベーションの根源がシュンペーターの言う新結合にあることを考えれば、納得のいくことである。

前章に挙げた成功企業では、買収後に対象会社が新たな製品を生み出して、現地の顧客や政府から高い評価を得ていた。日本企業にはこれまで培った知識創造やモノづくりの能力を海外で応用する力が試される。

日本企業の買収は、失敗を重ねながらも進化してきている。ここで提起した5つの論点について、次章以降では具体的な事例をもとに掘り下げ、Ｍ＆Ａの新たな潮流を捉えていくことにする。

第4章 買収と寡占形成（1）――ＧＭ１００年の盛衰

シュンペーターは、資本主義経済に発展をもたらすのは企業者による新結合だと説いた。本章と次章では、20世紀に自動車で名実ともに世界一を誇ったゼネラルモーターズ（ＧＭ）の盛衰と、21世紀のデジタル市場を牽引するグーグルの経営を、そのＭ＆Ａの歴史を繙くことで、買収の役割、特に寡占の形成について明らかにしていきたい。

まずはその前に、寡占について考えておこう。

1 企業は寡占の形成を目指す

経済学では寡占を、少数の企業が同一の商品を生産し、その生産量の増減によって市場価格を上下させることができる、不完全競争の市場構造のひとつと定義している。多数の買い手と多数の売り手企業が存在することを前提とした完全競争と比較して、寡占市場では、市場支配力を有する企業が、互いの生産量や価格に影響を与えることになる。この寡占市場における競争モデルの研究は、数量競争（クールノー競争）、価格競争（ベルトラン競争）など、古くは19世紀にまで遡ることができる。また、米国の独占禁止法に相当する反トラスト法も、企業のカルテルや独占を禁じた１８９０年制定のシャーマン法がその始まりとなっているように、寡占における企業行動の研究や当局の規制には長い歴史がある(1)。

一方、今日の市場を見てみると、実際には多くの製品やサービスが、すでに有力企業による寡占の状態にある。自動車、自動車部品、鉄鋼、化学、石油、通信、海運、さらに生活の身近なところでも、コンビニエンスストア、銀行、保険、ＥＣ（電子商取引）、宅配便などの業界は、少数の企業が市場の過半を占有している。この寡占の傾向は以前と比べて顕著になっていて、大半の業界で、合併や買収（売却）、あるいは撤退によって企業数が減少し、市場占有の大勢はほぼ固まっている。石油では、日本石油、三菱石油、東燃ゼネラル、新日鉱が経営統合などにより、現在のＥＮＥＯＳになった。損害保険では、安田、大成、日産火災海上が合併した損保ジャパンと、興亜、太陽、日本火災海上が合併した日本興亜がさらに合併して、現在の損保ジャパンに、鉄鋼では、八幡製鐵と富士製鐵が合併した新日本製鐵と、住友金属工業の合併により、現在の日本製鉄に、というように企業数が減少することで寡占が進んできた。１９７０年の八幡と富士の合併は、当初、経済学者のグループが反対意見を表明し、公正取引委員会も競争の実質的な制限を理由に合併しないことを勧告するなど、日本の企業結合審査における歴史的な案件でもあった(2)。

しかし、経済学で言うところの不完全競争である寡占が、消費者など買い手に不利益な状況を作り出したかというと、必ずしもそうではない。寡占は進んだが、価格の高騰やサービスの低下は見られない。また、主要な産業が寡占の状態にあるのは、日本だけではなく米国も同様で、日本よりも長い歴史がある。米国では、有力企業と司法省の間で競争制限に関する争いは絶えないが、寡占によって米国の消費者が搾取されるような状況かというと、これもまた必ずしもそうではない。もちろん、日本では公正取引委員会、米国では司法省が競争制限に目を光らせて、消費者の利益を保護してきたからであるが、理由はそれだけではなさそうだ。実際に、寡占企業による買収は当局の審査の対象となっても条件付きで承認されてきた。

経済学者のジョン・ガルブレイスは著書『アメリカの資本主義』の中で、巨大企業が強大な支配力を有しながら、それを行使しないという矛盾を指して、アダム・スミスの時代以来、市場の同じ側に立つ企業の存在によって、その行動は抑制されるという競争モデルには重大な見落としがあるのではないかという議論を提起した。そして、競争者ではなく、市場の反対側、すなわち、強力な買い手との力の拮抗が、寡占企業の行動を抑制すると論じている。また、１９５０年代の米国企業と寡占を分析し、企業の数が少ない場合、その規模と市場支配力が企業の研究開発への投資を可能にして価格よりも技術が競争手段となったことを示した。そして、完全競争の市場と比べて、寡占の市場構造のほうが技術革新に有利にできていると指摘した（ガルブレイス ２０１６）。

翻って、企業経営者からは、昔も今も、市場占有率で上位に入らなければ生き残れないという声をよく耳にする。20世紀最高の経営者のひとりと称されるゼネラル・エレクトリック社（ＧＥ）のＣＥＯを務めたジャック・ウェルチ氏が、「市場で1番か2番の事業に集中し、それ以外の事業は収益が挙がっていても売却するか撤退する」と宣言し、ＧＥを再建したことを記憶する読者も多いと思う。これは言い換えれば、寡占の側に立たなければ事業として成立しないということで、企業にとって寡占は、自らが生き残るということと同義なのである。よって、買収の手段を用い、当局の結合審査の対象となりながらも寡占の形成を目指すことは、企業の本能だと言えるのだ。

企業による寡占形成の実態は、対象とする市場の成熟度によって異なっている。対象が成熟期を迎えた市場では、占有率が小さい企業や、低い利益率に甘んじることが許されない企業が市場から撤退していく。そして、その事業を拾っていく企業によって、寡占の市場構造が形成されていく。日本企業、特に専業の企業による買収は、この水平型のアプローチが多い。一方で、市場が成長期にあるときに寡占を形成していくには工夫が必要である。市場の成長期には参入者が多く、供給連鎖も安定していない。よって、同業者だけではなく、サプライヤーや販売会社、そして、隣接事業者などを対象に、水平、垂直、さらには、混合型の買収を動員し、群生する企業を新たに結合して、市場構造を固めていくことが求められる。

　また、寡占を形成することで期待できる効果も、市場の成熟度で異なる。市場の成熟期に同業者を買収すると、買収後、当分の間は重複を解消するリストラクチャリング効果を享受することができる。この場合、買収後に大きな追加投資の必要はないが、市場の拡大は望めず、大きな成長は期待できない。一方、市場の成長期に買収で寡占を形成して主導権を握ることができれば、その後、自ら市場の拡大を牽引することで長期的な成長が望める。しかし成長期の寡占は、市場構造と顧客基盤の安定と成熟のために、継続した投資が求められることになる。いずれにしても、企業は寡占を形成できなければ、長期的な展望を描くことができず、技術開発に十分な投資ができないことから、淘汰の対象となってしまう。日本、そして米国における主要な産業の寡占状態はその帰結であって、現在、業界にある少数の企業はその生き残りなのである。

2　20世紀の自動車市場における寡占形成と破綻

　ＧＭは、20世紀の米国を代表する企業と言っていいだろう。１９０８年創業のＧＭはその歴史の中で、傑出した経営者、そして経営手法を世に送り出した。なかでも『My Years with General Motors』の著者で１９２３年からＣＥＯを14年間務め、１９５６年まで会長の座にあったアルフレッド・スローン氏はＧＭを世界最大の製造業企業に育てた立役者である。ＣＥＯを務めていたユナイテッド・モーターズ社が１９１８年にＧＭの傘下に入ったことで、スローン氏はＧＭのマネジメントの一員となり、その後、経営に深く関わっていく。

　買収による寄り合い所帯であった当時のＧＭは、どの事業が会社にどれだけの損益をもたらしているかまだ把握できていなかった。それぞれの車種の生産計画は、需要を考えずに決められていたという。スローン氏は、社内各事業部の役割、そして本社の位置づけを定めた「組織についての考察」をＣＥＯに就任したばかりのピエール・デュポン氏に示し、１９２０年にそれはＧＭの新組織プランとして採用された（スローン ２００３、60頁）。この新組織は、シボレー事業部など、車種ブランドがそれぞれ、エンジニアリング、生産、販売の機能を持って自立することを前提としたものだった。ＧＭの事業部制はその後、20世紀の企業経営に影響を与え、それに倣った日本企業も少なくない。ＧＭの経営は１９００年代初頭の積極的な買収、そして先進的な経営管理手法の確立によって大きく発展していった。１９４１年からＧＭのＣＥＯを務めたチャールズ・ウィルソン氏が、１９５３年にアイゼンハワー大統領から国防長官に指名され、その議会承認聴聞会において、国防長官の職との間に利益相反はないかと問われ、「For years I thought that what was good for our country was good for General Motors, and vice versa. The difference did not exist. Our company is too big. It goes with the welfare of the country.（私は米国にとって良いことはＧＭにとって良いことで、またＧＭに良いことも米国にとって良いことだと考えてきた。２つの間に違いは存在しない。ＧＭはあまりにも大きく、米国の幸福とともにある）[3]」

と豪語したように、20世紀を通して、ＧＭの米国政財界への影響力は絶大であった。

１９００年代前半に自動車市場で寡占体制を築き、さらにそれを強固にするために重ねたＧＭの買収には凄みがあった。それはＧＭのその後、半世紀に及んだ繁栄の基礎となった。一方で１９７０年代以降、輸入車に母国市場の浸食を許して守勢に転じた後、情報通信などへの多角化や、ライバルである日本の自動車メーカーとのアライアンスによって競争力を取り戻そうとしたが、成功しなかった。ＧＭは凋落を止めることができず、自動車販売の不振、そして、累積した年金などのレガシーコスト[4]に耐えきれず、ついに２００９年に破綻、国有化に至った。

ＧＭの経営に関する研究は多数あるが、以下ではその１００年の盛衰を買収とアライアンスに着目して考察したい。

（１）水平・垂直結合による寡占形成（１９００年代初頭）

自動車メーカーにはフォードやトヨタ自動車など創業者の名を冠する企業が多い。ＧＭはそれとは異なるが、これは、創業当初の買収による事業拡大にも関係している。馬車の製造・販売で財をなしたウィリアム・Ｃ・デュラント氏が、経営建て直しを任され成功したビュイック・モーター社を土台にゼネラルモーターズを創業したのは１９０８年であった。その年に、オールズモビル社を買収、翌年の１９０９年にオークランド（後のポンティアック）とキャデラックを傘下に収めるなど、１９１０年までに合わせて11の自動車メーカーを買収した。そして１９１８年にはシボレーを買収している[5]。シボレーは現在、ＧＭの米国での全販売台数の７割近くを占め、キャデラック、ビュイックと合わせて１９００年代初頭に買収したこれらのブランドは、２０２０年現在も主力車種である[6]（表４－１参照）。成立しなかったが、当時、GMはフォードにも公開買い付けによる買収を提案していた。買収で異なる車種を取り揃え、顧客の多様な需要に応えようとしていた。

同時期に、フォードもリンカーンを買収するなど、1900年代初頭の米国自動車業界はM&Aによる再編が一挙に進み、GM、フォード、そしてクライスラーの事実上3社による市場の寡占が始まった。日本では今も、トヨタ、日産、ホンダ、マツダ、スズキ、スバル、三菱の7社(7)が乗用車市場で競争していることを考えると、20世紀を通して世界最大であった米国市場を3社による寡占にして得る利益が莫大であったことは容易に想像できる。GMの新車販売台数は、2008年にトヨタに追い抜かれるまで77年間、世界第1位であった(8)。

◉表4-1 米国におけるGM車種別販売台数内訳（千台）

車種	2018年	2019年
シボレー（乗用車）	476	341
シボレー（トラック）	969	933
シボレー（クロスオーバー）	591	685
キャデラック	155	156
ビュイック	207	207
GMC	556	565
合計	2,954	2,887

出所：General Motors 2019 Year-End Earnings

自社が手掛ける製品の市場が成熟期に入って、その成長が鈍化したとき、競合他社を買収し市場占有率を高めて利益を確保する業界内の水平結合はよく見られる。国内の銀行や保険、それに海運などの業界再編はこれに該当する。しかし、GMの買収で注目すべきは、米国の自動車市場が成長期の段階で、いち早く買収を繰り返したことである。そして、成長期に寡占を形成したことが、その後、半世紀に及ぶ成長と繁栄をGMにもたらした。

GMは自動車メーカーの水平結合だけではなく、部品事業の垂直結合にも注力した。1910年までに照明機器メーカー2社を含む自動車部品メーカーを14社（スローン 2003、8頁）、そして１９３７年までには合わせて40以上の部品メーカーを買収して内製化を実現した（スネル　１９９５、１３８頁）。この時期、フォードも同様に主要部品事業を傘下にしている。車体とエンジン部品の製造、そして組み立てを自社内で行うことで、他社が自動車事業に参入する障壁を高くし、強固な寡占体制を維持した。自動車産業が成長期にあった１９００年代初頭に、水平結合と垂直結合を同時に進めたことが、その後の躍進につながった。このＧＭの買収による新結合は20世紀の経済発展を主導したと言ってよいだろう。

一方で、創業と同時に進めた積極的な買収による事業拡大には、短期的な負の影響があったことも付け加えておきたい。創業者のデュラント氏は、買収に伴う財務状況悪化のため、創業から2年でＧＭを追われることになる。長期的には利益成長に有効であった買収もすぐに業績に貢献したのはビュイックとキャデラックだけで、短期的には負担のほうが大きかった。その後、投資銀行が後ろ盾となってＧＭの経営再建が進められた後、デュラント氏は１９１６年にＧＭのＣＥＯに返り咲いた。ＧＭはデュポン社から出資を受け入れて再び成長路線に舵を切ることになったが、デュラントは１９２０年に退任し、ピエール・デュポン氏が社長に就いた。

創業時に買収を主導したデュラント氏、そして、買収で獲得したブランドに先進的な経営管理手法を導入したスローン氏、この組み合わせがなければ寡占を築くことはできなかったであろう。買収後の経営には長期的評価が必要であることを示している。

（２）周辺多角化による防御（１９００年代前半）

ＧＭは水平結合と垂直結合によって、自動車市場の成長期に寡占を形成したが、その周辺事業においても多角化買収を行った。半世紀を超えるＧＭの繁栄と自動車市場での長期にわたる寡占体制の維持には、バスと鉄道の車両生産や運営会社の再編に深く関与したことが貢献している。

１９００年代初頭の米国では鉄道が陸上交通の主役であった。ペンシルベニア鉄道、ニューヨーク・セントラル鉄道、そしてニューヨーク・ニューヘヴン・ハートフォード鉄道など、有力な鉄道会社が旅客と貨物の輸送を担っていた。南カリフォルニアでは、１８９５年にロサンゼルスと郊外のパサディナを結ぶ電気鉄道がサービスを開始し、１９０１年に富豪のヘンリー・ハンティントン氏が電鉄事業に参入、パシフィック電気鉄道を創業した。その後、ロサンゼルス市内とその近郊で競合する鉄道会社が合併して、１９１１年に新生のパシフィック電気鉄道が誕生した。

このパシフィック電気鉄道は１９２０年代前半に最盛期を迎え、年間８０００万人の乗降客を輸送する、当時、世界最大の都市間電車交通体系を擁していた。１９００年代初頭のロサンゼルスは、オレンジと潮風の香りがする街で、人々はダウンタウンから郊外まで延びた電車を利用して移動していたという。ロサンゼルスは自動車ではなく、鉄道によって発展した都市なのである（スネル １９９５）。現在のロサンゼルスは空港の到着ロビーを出るとモータリゼーションの香りがし、市内にはフリーウェイがまさに縦横無尽に張りめぐらされている。今からは想像もつかないが、当時は大気汚染や騒音、それに渋滞とは無縁の街であったようだ。

この鉄道輸送の発展が自動車の脅威となること、少なくとも自動車の販売にとってプラスにはならないとＧＭが考えただろうことは想像に難くない。ＧＭは１９３６年にはスタンダード・オイルやタイヤメーカーのファイアストンとともにナショナル・シティ・ラインズ（ＮＣＬ）というバス運営会社を設立している。そして、１９３８年にＮＣＬの子会社としてカリフォルニアにパシフィック・シティ・ラインズを設立した。自動車と石油、そしてタイヤメーカーが株主であるこのバス運営会社は、カリフォルニアの鉄道路線を次々に買収して、線路を道路に置き換えていく。１９３９年には北カリフォルニアのフレスノ、サンノゼ、ストックトンにある3つの路線を買収し、１９４０年にはパシフィック電気鉄道からロサンゼルスと郊外を結ぶ電鉄の路線を1億ドルで買収した。さらに、１９４４年にはロサンゼルス中心部の路線も買収した（スネル　１９９５、73頁）。鉄道の路線がバス路線になって、その後、人々の移動手段は乗用車へと変わっていった。

ＧＭはバス路線の運営だけでなく、バス製造大手、イエローコーチ社を買収して、１９２５年にバスの生産にも乗り出している（スネル　１９９５、66頁）。その後、米国ではバス運営業界の再編が進み、グレイハウンド社が全国的なネットワークを持つバス運営会社として台頭した。グレイハウンドのバスはＧＭが製造するディーゼルバスであった。こうして、ＧＭはバスの運営会社、そしてバスの製造会社としても最大手となった。ＮＣＬが設立された１９３６年には、米国に4万の市電が走っていたが、１９５５年にはわずか５０００しか残っていなかった（スネル　１９９５、77頁）。

ＧＭは鉄道車両の生産にも進出した。まず、ディーゼルエンジン製造の大手であったウィントン・エンジン社とエレクトロ・モーティブ社を１９３０年に買収して（スローン　２００３、３９1頁）、本格的に鉄道用のディーゼルエンジンの開発を始めた。そして、１９３５年には鉄道会社のユニオン・パシフィックとバーリントンにディーゼルエンジンの出荷を始め、１９３８年にはイリノイ州ラグランジュで機関車本体とエンジンを含むすべての部品の生産、組み立てを始めた（スローン　２００３、３９4頁）。ＧＭはディーゼル機関車製造会社になったことで、旅客用機関車に加えて貨物用機関車にもディーゼルエンジンで攻勢をかけて、蒸気機関車メーカーを駆逐した。その結果、米国の鉄道はディーゼル機関車が主流となり、１９５０年代半ばには蒸気機関車の生産は終了となった（スローン ２００３、３９８頁）。GMは、買収の手段を用いて機関車ディーゼルエンジンの主力メーカーとなり、鉄道業界の支配にも成功した。

バス、そして鉄道事業の買収と並行し、GMは１９３２年に、自動車、石油、タイヤ業界の企業とともにナショナル・ハイウェイ・ユーザーズ・コンフェレンスを設けて、道路建設のロビー活動を始めている。このロビー活動が功を奏して、１９５６年には６万６０００キロメートルの州間高速道路建設を計画した連邦補助高速道路法が成立、同時に道路信託基金が創設され、ガソリン税等によって高速道路の建設費が賄われる制度が確立した[9]。その後、１９７０年までに政府予算の７００億ドルが高速道路建設に投じられたが、この間、鉄道に投入された予算はわずか７億９５００万ドルであった（スネル １９９５、１０１頁）。GMは圧倒的な資本力と政界への影響力で20世紀を自動車の世紀へと導いた。

GMの周辺多角化は陸上にとどまらず、航空業界にも買収の手段を用いて参入している。１９３０年にアトランティック・エアクラフト社、航空機部品のベンディクス社、アリソン・エンジン社を相次いで買収し航空機製造を始めた。アトランティック・エアクラフトはその後、ゼネラル航空機製造に社名を変更し、１９３０年にはグループ内にゼネラル航空を設立した。そして、１９３１年にはウエスタン航空を買収して傘下に収め、航空事業にも参入した。１９３３年にはゼネラル航空とノースアメリカン航空を統合、GMはイースタン航空とトランス・ワールド航空の主要路線も支配した（牧野 １９８２）。航空業界でも航空機生産と航空輸送の両方を買収することで業界の支配を進め、空の寡占も狙った。

さすがにこのときは、GMによる寡占に危機感を募らせた米国政府が、１９３４年に新航空郵便法を成立させて航空機生産と航空輸送の同時所有を禁じた（宇野 １９７３、29頁）。同法案の成立でGMの企ては阻止されたが、当時、航空業界の再編に乗じてＧＭの買収による業界支配が短期間のうちに進んでいたことがわかる。ＧＭは１９４８年にノースアメリカンとベンディクス両社の株式を売却して、航空事業から撤退した。

　ＧＭはバスと鉄道で、路線を保有する運営会社と車両製造会社の両方を買収して業界の支配を手にした。その手法は航空業界への参入でも試みられた。自社の自動車事業にとどまらず輸送業界全体を俯瞰した買収は、周辺に攻め入ることで本業の寡占を堅守する試みでもあり、ＧＭが米国の陸上交通業界に長期にわたって君臨することに大きく寄与した。

（３）多角化の失敗（１９８０～２０００年）

　１９７０年代後半から１９８０年代にかけて不況に陥った米国産業界では、大企業が新規事業に参入することを目的とする買収が増加した（Porter 1987）。ＧＭもそのひとつで、自動車事業の業績に翳りが見え始めた１９８０年代半ばに、大型買収を2件実行している。エレクトロニック・データ・システムズ（ＥＤＳ）社とヒューズ・エアクラフト社の買収である。

　ＥＤＳはロス・ペロー氏が１９６２年に創業した会社で、コンピュータによる事務処理サービスで成長し、州政府の医療扶助制度メディケイドの事務処理や、銀行や信用組合などの業務を受託して売上を拡大し、１９６８年にはニューヨーク証券取引所に株式を上場している（北山　２０１１）。その後、１９８０年代に入ると中小規模の銀行の情報システム部門を複数買収して顧客基盤を拡げ、さらには米国陸軍とも長期契約を締結して軍の情報システム構築のプロジェクトを受注するなど、システムの開発と運用能力を備える企業となった。

１９８１年から90年までＧＭのＣＥＯを務めたロジャー・スミス氏は、自社の生産性の向上と多角化による収益変動の緩和を目的にハイテク企業の買収を検討し、１９８４年にこのＥＤＳを24億ドルで買収した（小林 ２０１４）。当時、自動車の生産現場においてＣＡＤ（Computer-Aided Design）やＣＡＭ（Computer-Aided Manufacturing）の利用が始まっていたことから、ＧＭはＥＤＳ買収で製造工程のコンピュータ化をさらに進めようと考えていた。ＧＭの部品サプライヤーと自社の組立工場をコンピュータで結んで在庫管理を行い、販売ディーラーのためのオンライン発注システムや、従業員のための健康保険の事務システムなどをＥＤＳが請け負うことを買収時に協議している。

この買収でＥＤＳは、ＧＭに買収後も独立した企業体であることの保証を求め、報酬体系もＥＤＳ社員には、保険や年金などの手厚い福利厚生を得るＧＭ社員と異なる、株式による成果報酬制度を設けることを提案した。それはＧＭ全体の業績でなく、ＥＤＳの業績に連動する成果報酬で、「クラスＥ株」と呼ばれてトラッキング・ストックの先駆けとなった。このトラッキング・ストックの制度は、その後、他の米国企業も採用し、日本でもソニーが日本版トラッキング・ストックとして、子会社連動株式を発行した[10]。買収した企業の自主性を尊重して、買収後も被買収会社の社員のやる気を継続させる仕組みで、ＧＭはＥＤＳの社員にこの特別な報酬の仕組みを設定することで合意した。さらに、ＧＭはＥＤＳの創業者でＣＥＯであるロス・ペロー氏をＧＭの取締役に迎えた。

この買収で注目したいのは、ＧＭがＥＤＳにとって最大の顧客になった点である。買収で子会社となった後も、ＥＤＳがＧＭに業務のコンピュータ化による効率化を提案し、ＧＭにそのサービスを提供するという、いわば、情報システムサービス会社と顧客の関係を残した。そして、ＥＤＳがＧＭから得た対価は、ＥＤＳ従業員の報酬に連動する業績の一部となった。ＧＭも自社のコンピュータ部門の人員を

ＥＤＳに異動させるなど、自社組織の効率化を図ろうとしたが、ＧＭのコンピュータ部門の従業員の中にはＥＤＳへの転籍を拒否する者もいた。買収して傘下に収めた新興の情報処理サービス会社から自らの業務改善を迫られるような事態に、世界一の自動車メーカーであるＧＭの社員は十分準備ができていなかった。ＧＭの業務コンピュータ化のプロジェクトには、ＥＤＳ本社から数百人、ＧＭからの転籍者が７０００人、そして新規採用５０００人が寄り合い所帯で業務にあたったが、思うように業務改善を進めることはできなかった。対象会社の自主性を尊重しながら機能統合を進める取り組みは行き詰まり、ＧＭは自主性尊重の象徴であった業績に連動したＥＤＳ社員へのトラッキング・ストック制度を見直すことになった。そして、ＧＭによるヒューズ・エアクラフト社買収をめぐりスミス氏との対立が決定的となったペロー氏は、１９８６年にＧＭの取締役とＥＤＳのＣＥＯを退任した。買収から2年後のことである。ペロー氏は取締役会で、「クライスラーが小型車で挙げている利益の半分を獲得する方法も見出せないのに、なぜ自動車事業に役に立たない買収を正当化できるのか」と買収への反対を訴えた（高浦 ２０００）。買収後、ＥＤＳはＧＭのことを「スポンサー、顧客」と考え、ＧＭはＥＤＳのことを「子会社、下請け」と考えていたことが表面化した。ＥＤＳは高い利益率の経営を維持したが、トラッキング・ストックの制度などで、利益は一部の株主とＥＤＳの経営幹部に分配されていた。自主性尊重と親子関係の微妙なバランスが崩れ、１９９６年にＧＭはスプリットオフの手法でＥＤＳをグループから分離した。

　結果的にＧＭは、ＥＤＳの能力を持て余して、情報処理サービス事業への多角化は実らなかった。また、情報システム事業の統合を通じて社内の業務改善を試みたが、道半ばで事業を切り離すことになった。ＥＤＳ買収で、情報処理サービスという新たな事業の探索と、自動車の製造や部品発注のコンピュータ化という既存事業の深化を狙った両利きの試みはうまくいかなかった。買収した会社の自主性尊重と機能統合の両方を実現することが容易でないことを示す事例でもある。

　GMは１９８５年にヒューズ・エアクラフト社を５億ドルで買収して、軍需産業にも進出している。買収後、自社グループの部品メーカーであったデルコ・エレクトロニクスとヒューズを合併させている。合併後の新会社は、商用人工衛星や衛星放送サービス事業など次々と新規事業を始めたが、１９９０年代後半に自動車事業の業績が悪化したことに伴い、GMはこの事業を切り売りした。軍需事業は１９９７年にレイセオン社に、人工衛星事業は２０００年にボーイング社に、[11] そして、衛星放送サービス事業は２００３年にニューズ・コーポレーションに売却している。

　EDSもヒューズ・エアクラフトも将来性のある事業であった。EDSをGMグループから分離したときの価値は２１０億ドルで、GMが買収した25億ドルを大きく上回っていた。[12] だがGMは、自社の自動車事業との相乗効果を優先し、本格的な多角化を実行することはなかった。１９９０年代に入り、本業の業績が振るわず、それどころではなかったのだ。買収した事業の将来性を資金に換え、自動車事業の赤字補填に投じた。

　マイケル・ポーター氏は、１９７０年代後半から１９８０年代にブームとなった米国大手企業による多角化を目的とした買収は、その後、その多くが撤退、売却に至り失敗に終わったと報告している(Porter 1987)。１９８０年代の多角化買収による新規事業参入の失敗は、GMだけではなかった。

（４）不発に終わったアライアンス（１９７０～２０００年代初頭）

　GMはその長い歴史の中で、日本の自動車メーカーとの提携にも積極的に取り組んできた。それは買収ではなく、資本参加の形でアライアンスを展開した。１９７０年代以降、日本からの輸入車が急増する中、ＧＭは小型車事業の強化が課題となり、日本企業とのアライアンスでそれを克服しようとした。１９７１年に、当時経営危機にあった、いすゞ自動車に33・４％を出資したのが最初で、１９９８年には49％まで出資比率を上げた。いすゞとの提携は、商用車や小型ピックアップトラックの共同開発・生産、欧州乗用車向けと北米ピックアップトラック向けディーゼルエンジンの開発・生産など、多岐にわたった。この提携はＧＭが破綻した２００６年まで35年間に及んだ。

ＧＭはスズキとも小型乗用車の開発を目的に資本提携を行った[13]。提携は１９８１年に始まり、１９９８年にＧＭはスズキへの出資比率を10％に引き上げた。ＧＭとスズキは欧州向け共同開発車を生産、ＧＭアルゼンチン社でスズキ車の生産を行った後、ＧＭのシボレーをもとにアジア向けの小型乗用車シボレーＹＧＭ－１を共同で開発した。２００１年には、スズキへの出資比率を20％に引き上げて、ＧＭのスミス会長がスズキの取締役に就任した。ＹＧＭ－１は、新型シボレーのブランド「クルーズ」として開発を行い、小型車の生産を得意とするスズキが基本設計を担当し、生産は静岡県にあるスズキの湖西工場で行うなど、互いの強みを持ち寄って補完を試みた[14]。このスズキとの資本提携も28年間続いたが、資金繰りに行き詰まったＧＭは２００８年に保有していたスズキ株をすべて売却して、提携は解消になった。

ＧＭは富士重工業（現スバル）とも２０００年に20％を出資して資本業務提携を開始し、共同開発や共同購買で相乗効果創出を計画した。２００３年にはＧＭが買収したスウェーデンのサーブ・オートモービル社と富士重工業との間で、北米市場向けのサーブ９－２をスバルのプラットフォームを活用して共同開発し、日本のスバル販売特約店でサーブ車の販売を行うことに合意している[15]。この提携は軌道に乗るかと思われたが、ＧＭが２００５年に富士重工業の株式をトヨタに売却することで、資本提携は解消された。この解消に伴い、富士重工業はＧＭとの共同開発費用の一部、50億円を特別損失に計上している。[16]

ＧＭは日本の自動車メーカー３社と資本業務提携を行ったが、十分な成果を挙げることはなかった。そして、自社の経営不振によってその進退が窮まりつつあった２０００年代半ば、３社への出資株式を現金に換えざるをえなかった。

ＧＭが小型車で巻き返しを図るために行った提携の中には、トヨタ自動車との米国での合弁事業もある。[17]１９８０年代の初めは日米の自動車貿易摩擦が激化し、日本車の対米輸出自主規制という事態にまで及んでいた。当時、ＧＭは、前述のいすゞとスズキから小型車の供給を受ける計画をしていたが量的に不十分だったため、トヨタとの共同生産により量を確保するとともに、トヨタの小型車生産のノウハウを吸収することを狙って、合弁会社設立に動いた。

ＧＭがトヨタと１９８３年に調印した合弁生産覚書の概要は、次のとおりである。

1　新型小型乗用車を生産する新会社を合弁で設立することが目的であり、それ以外の協力関係の樹立を意図するものではない。
2　新会社への出資比率は、トヨタ・ＧＭそれぞれ50対50とする。
3　新会社はトヨタ・ＧＭ双方から半数ずつ任命される取締役により運営され、業務執行責任者である社長はトヨタが選出する。
4　生産はカリフォルニア州フリモントの元ＧＭの組立工場で行い、生産する小型乗用車は前輪駆動方式の新型車とする。

５　生産は１９８５モデルイヤーのできるだけ早い時期に開始し、年産約20万台とする。

６　合弁の期間は生産開始後12年以内とする。

ＧＭは１９８４年2月にトヨタと折半出資で、資本金2億ドルのニュー・ユナイテッド・モーター・マニュファクチャリング社（ＮＵＭＭＩ）を設立した。ＮＵＭＭＩはＧＭのフリモント工場の元従業員を引き継いで操業を始めた。ちなみに、フリモント工場はＧＭの中で最も生産性の低い工場のひとつで、１９８３年2月に閉鎖したばかりだった。

ＮＵＭＭＩの最初の生産車種は、トヨタのスプリンターをベースにしたＧＭブランドのシボレー「ノバ」で、１９８４年12月にその1号車がラインオフした。ＮＵＭＭＩでは、１９８６年9月にはカローラＦＸを手始めにトヨタ車の生産にも着手した。合弁会社が20周年を迎えた２００４年2月時点で、ＮＵＭＭＩの総投資額は25億ドル、生産能力は年40万台まで拡大していた。その後、ＧＭが破綻し、２００９年に「ポンティアック・ヴァイブ」のＮＵＭＭＩでの生産を打ち切った。トヨタもＮＵＭＭＩへの「カローラ」と「タコマ」の生産委託を取りやめたことから、ＧＭとトヨタの合弁は２０１０年、合弁会社発足から25年で幕を閉じることになった。ＮＵＭＭＩのフリモント工場はその後、テスラが買収して電気自動車を生産している。

ＧＭが１９７０年代から始めた日本の自動車メーカーとの小型車の共同生産は、いすゞ、スズキ、富士重工業、トヨタと4社に及んだが、結局すべて解消に至った。経営権に達しない株式の保有や合弁は永続的な枠組みではなく、最終的には、完全子会社化か提携解消のどちらかに帰結する。ＧＭは、小型車市場での守勢から転じるため、小型車の開発や生産の深化を目的に、日本企業とのアライアンスを始めた。複数の自動車メーカーと長期に、固定したストラクチャーで臨んだが、業績を回復させるほどの成果を挙げることはなかった。同業他社との協調と競争を同時に追求するのは容易ではないことを示す事例でもある。

また、ＧＭは海外自動車メーカーの買収と経営にも積極的に取り組んだが、成功しなかった。欧州では１９２５年に英ボクスホール社を買収、１９２９年にはドイツのオペル社の株式の80%を取得し、１９３１年に完全子会社化した。このボクスホールとオペルは、ＧＭにとって長らく欧州事業の要であったが、２０１７年にフランスのＰＳＡグループに譲渡し、ＧＭは事実上欧州市場から撤退した[18]。欧州では、２０００年にスウェーデンのサーブ・オートモービル社も子会社化したが、２０１０年にオランダのスパイカー・カーズ社に売却した。１９３１年に買収した豪州のホールデン社は、買収後社名をＧＭホールデンとして、これも長く現地での生産を続けたが、２０１７年にエリザベス工場を閉鎖した。豪州ではフォードとトヨタがすでに工場を閉鎖しており、ＧＭの工場は豪州最後の自動車組立工場となった。ＧＭは経営再建中もホールデンを保有し続けており思い入れがあったようだが、２０２１年までに販売も終了することを発表している[19]。

アジアでの動きを見ると、２００２年に破綻した韓国の大宇自動車を買収し、２０１１年に韓国ＧＭに社名を変更したが、５年連続で営業損失を計上し、２０１８年に群山工場を閉鎖した。２０１９年には韓国ＧＭの労働組合が国内全工場でストライキに入るなど、今も経営は安定していない。

また、インドのグジャラート州ハロル工場を合弁相手である中国の上海汽車に、マハラシュトラ州タレガオン工場を中国の長城汽車に売却し、インド市場からの撤退を２０２０年に発表している。タイのラヨーン工場も長城汽車への売却を決めた。ＧＭは中国での合弁事業を除き、アジア事業を大幅に縮小している[20]。

（5）100年の盛衰からの示唆

ＧＭは２０００年代半ばに入って米国市場での販売が落ち込み、従業員の退職年金や医療費などのレガシーコストに経営を圧迫されたことから、２００９年に経営破綻し、国有企業となった。垂直に結合した部品事業も経営の重荷となっていたため、１９９９年に固定費の削減を狙ってスピンオフしデルファイ社を設立したが、これも２００５年に破綻した。ちなみに、破綻した時点でデルファイは世界各地に約１６０の部品工場があり、総従業員数は18万５０００人に上っていた[21]。その後、当時のオバマ政権が５００億ドル近い公的資金を投入してＧＭ再生に乗り出し、不良資産を切り離して、破綻翌年の２０１０年に新生ＧＭが再上場を果たした。２０１３年には米国政府がＧＭ株をすべて売却したことでＧＭは公的管理を脱した。この救済で米国政府は１２０万人の雇用維持を果たしたが、ＧＭ株が低迷したため１０５億ドル（1兆円強）の損失を計上したと言われている[22]。

ＧＭの買収とアライアンスの歴史が示唆するところは大きい。１９００年代前半に実行したＧＭの水平、垂直に掛け合わせた事業の結合は、寡占の形成に大きな役割を果たした。買収の効果はおもに供給側において規模の経済が働くことで実現した。ＧＭの寡占は半世紀以上続き、77年間、世界販売台数首位を守った。

この成功で興味深いのは、ビュイックやキャデラックなど自動車メーカーを次々に買収してブランドを取り揃えたのは創業者であるデュラント氏で、事業部制を整えて買収後の経営を軌道に乗せたのはスローン氏であったことである。企業家と有能な経営管理者がそれぞれ役割を果たし、戦略が買収に、そして組織が戦略に従うことになった。

ＧＭは自動車市場が成長期であるときに、買収でいち早く主導権を握って寡占と成長の機会を摑んだ。さらには、周辺にあるバスと鉄道事業への多角化を買収で実行することで、陸上輸送全般に事業を拡げて自動車市場の寡占を堅守した。周辺市場に攻め入ることで、本丸の守りを固めた事例である。

一方で、狙いどおりにいかなかった買収やアライアンスも目に付く。１９８０年代後半、輸入車の急増で守勢にまわったＧＭは、情報処理サービスのＥＤＳ買収で、成長産業への多角化、および自動車の生産と販売のコンピュータ化を実現しようとした。買収後、トラッキング・ストック制度の設定など、先進的な経営を試みたが、多角化は成功せず売却している。ＧＭの情報処理事業の探索と自動車事業の深化を同時に追求する両利きの経営は、本業の業績に翳りが見え始めると後退し、探索への熱意も急速に冷めていった。

合弁事業ＮＵＭＭＩは、小型車開発で躓《つまず》いていたＧＭが、閉鎖した自社フリモント工場に競争相手のトヨタを迎え入れたアライアンスであった。結果的には、この競争相手と協調を試みるアライアンスでＧＭの業績が浮上することはなかった。逆にトヨタは、この合弁を足がかりに１９８０年代の後半から米国での現地生産を拡大していった。２００９年に合弁の解消を決めたとき、当時の新美篤志副社長（北米担当）は「ＮＵＭＭＩは、日米協業の事業として画期的なビジネスモデルであり、この合弁事業を通じアメリカでのモノづくりを勉強させていただいた。トヨタにとり大変貴重な25年間であり、従業員、組合、サプライヤー、そして地域の皆様方に深く感謝申しあげたい」とコメントしている。[23] 提携相手から知識を吸収し探索に成功したのはトヨタのほうだった。

　ＧＭの多角化買収とアライアンスの失敗は、買収企業側に相乗効果を引き出す能力と経営資源が備わっていない場合、どんなに意欲的な試みでも不発に終わってしまうことを教えてくれる。守勢に回って経営に綻《ほころ》びが出た後に、買収やアライアンスで弱点を補強し攻勢に転じるのは、並大抵のことではないのだ。

第5章 買収と寡占形成（2）――グーグルの勃興

1　21世紀のデジタル市場におけるグーグルの寡占形成

企業が自らの繁栄を実現するために市場での影響力を高めようとすることは、競争がある限り必然と言える。また、そのために、企業経営者が買収の手段を用いることは、１００年前のＧＭから現在まで変わらない。

米国ＮＡＳＤＡＱに上場するグーグルの持ち株会社アルファベット社の時価総額は２０２０年1月に1兆ドルを超え、さらなる成長への期待は大きい。そして、２０００年に１９００万ドルであったグーグルの売上高は２０１９年には１６１８億ドルになった。営業利益は同１５００万ドルの赤字から、同３４２億ドルの黒字になった[1]（図5－1参照）。世界の検索エンジン市場におけるグーグルの市場占有率は92％に上る[2]。ブラウザではグーグルクロームが世界市場の64％、スマートフォンのオペレーティングシステム（ＯＳ）のアンドロイドが74％、そしてデジタル広告が32・３％と、グーグルの市場占有率は高い[3]。

グーグルは、まさに米国のスタートアップ成功物語の代表格であるが、これだけの寡占を実現できた

◉図5-1　アルファベット社における営業利益の推移（2000～2019年、百万ドル）

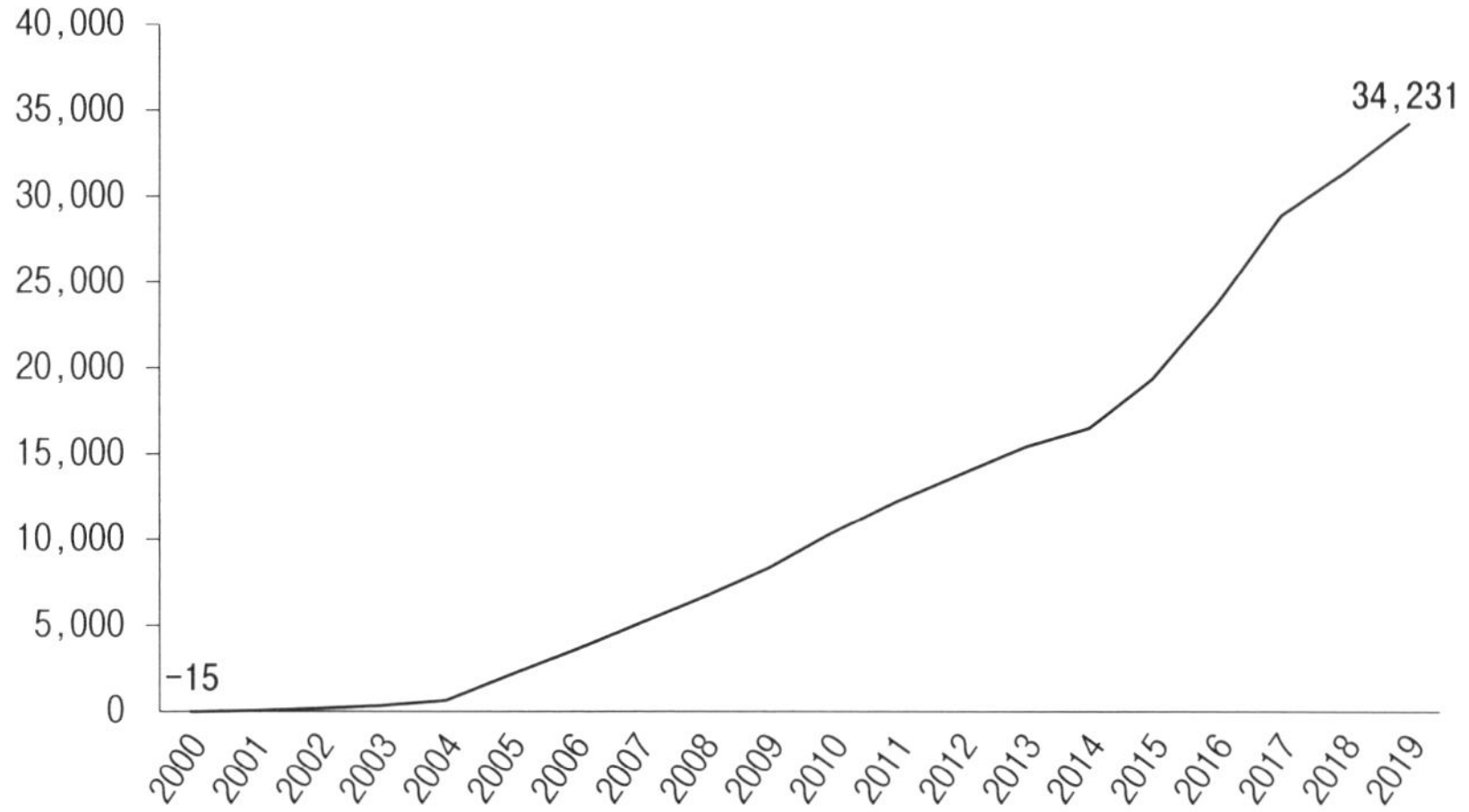

出所：Alphabet Inc. Annual Reportをもとに筆者作成

のは買収によるところが大きい。実際に、２０００年から２０１９年の20年間に、アルファベットは合計２３４件、すなわち1カ月に1件のペースで買収を実行してきた。買収による事業拡大と寡占形成はアルファベットだけでなく、アップル、フェイスブック、アマゾン、そしてマイクロソフトなど米国のＩＴ大手に共通している（表５－１参照）。

　アルファベットとはどのような企業なのか。グーグル共同創業者のラリー・ペイジ氏とセルゲイ・ブリン氏の「Google is not a conventional company. We do not intend to become one.（グーグルは従来型の会社ではない。そうなるつもりもない）」という言葉のとおり、１９９８年の創業から常に新しい事業に取り組んできた。グーグルはデジタル・プラットフォーマーと呼ばれるが、ここではまず、２０１９年度のアニュアル・レポートからアルファベット全体の事業構成を概観しておこう。

◉表 5-1　米国大手 IT 企業による買収の件数

企業名	Amazon	Apple	Facebook	Google	Microsoft
期間	1998–2019	1988–2019	2007–2019	2001–2019	1987–2019
買収数	83	108	77	234	221
年平均数	4	3	7	13	7

出所：内閣官房デジタル市場競争本部事務局「デジタル市場のルール整備」（第 2 回デジタル市場競争会議資料 1）令和元年 12 月 17 日

アルファベットは事業セグメントを、Google Advertising（広告）、Google Cloud（クラウド）、Google Others（その他）、そしてOther Bets（他のベット〈賭け〉）に分けている。

表５－２にあるように、広告事業の売上高は１３４８億ドルとアルファベット全体売上高の80％以上を占めている。アルファベットの広告収入はグーグルが保有し管理するグーグルサーチ、Ｇメール、グーグルマップ、グーグルプレイなどのアプリが９８１億ドルで、グーグル躍進の原動力となった検索連動型の広告がここに含まれる。そしてユーチューブの広告収入が１５１億ドルである。

もうひとつは、デジタル広告の仲介事業からの収入で、その売上高は２１６億ドルである。この事業には、アドエクスチェンジ（広告枠の取引市場のことで、リアルタイム入札〈ＲＴＢ〉の機能を含む）やアドネットワーク（複数のメディアサイトを配信対象としてネットワークを組み、広告受注を請け負う機能）、メディアが広告枠販売の効率化や収益の最大化を図るサプライサイドプラットフォーム（ＳＳＰ）、そして、広告主の広告出稿に関して掲載面、価格、ターゲットなどの最適化を行うデマンドサイドプラットフォーム（ＤＳＰ）が含まれている。[4] このように、検索や動画共有サービスなどのメディアを提供するだけでなくメディアと広告主を結び付ける広告仲介を手掛けることから、グーグルはデジタル・プラットフ

◉表 5-2　アルファベット社の全体売上高および広告売上高の内訳（百万ドル）

	2019 年
全体売上高合計	**161,857**
（内訳）	
広告（Google Advertising）	134,811
クラウド（Google Cloud）	8,918
その他（Google Others）	17,014
他のベット（賭け）（Other Bets）	659
ヘッジ（Hedge）	455
広告売上高合計	**134,811**
（内訳）	
グーグルサーチなど（Google properties）	98,115
YouTube（Google properties）	15,149
AdManager など広告仲介（Google Network Members' properties）	21,547

注：全体売上高の「その他」には、Google Play によるアプリ販売、Google Nest、Pixel の販売、YouTube の広告外収入（YouTube Music、YouTube TV、YouTube Premium）が含まれる。また、「他のベット（賭け）」には、Verily、Waymo、GV などが含まれる
出所：Alphabet Annual Report 2019 をもとに筆者作成

ォーム事業者と呼ばれる。

クラウド事業の売上高は89億ドルで、競合するアマゾンウェブサービスやマイクロソフトのアジュールには及ばないが、ここ数年、買収で大きく成長している。その他事業は、グーグルホーム、ネスト、クロームキャスト、そしてスマートフォン端末のピクセルなど、ハードウェア製品が中心で、売上高は１７０億ドルである。そして、自動運転自動車のウェイモ、グーグルX、コーポレート・ベンチャー・キャピタルのグーグル・ベンチャーズ、バイオサイエンスのヴェリリー・ライフ・サイエンシズ（旧グーグル・ライフ・サイエンス）などを含む、他のベット（賭け）の売上高は６億６０００万ドルとなっている。

デジタル市場で最大のプラットフォーマーとなったグーグルだが、その中核事業は買収で築いてきた（表５－３参照）。現在、世界で最も利用されているスマートフォンＯＳのアンドロイ

◉表 5-3　グーグルの事業ともとになった買収

現在の製品、サービス	買収した企業（事業）	買収年
OS、媒体、アプリ		
Google Map, Google Earth	Keyhole	2004
Android	Android	2005
Google Analytics	Urchin Software	2005
YouTube	YouTube	2006
Google Docs	Writely	2006
Google Voice	GrandCentral Communications	2007
Google Flights	ITA Software	2011
広告仲介		
Google AdSense (SSP)	Applied Semantics	2003
Google Marketing Platform Ad Manager (DSP)	DoubleClick	2008
Google AdMob(SSP)	AdMob	2010
クラウド		
Google Cloud Platform	Bebop Technologies	2015
その他		
Pixel（スマートフォン）	Motorola Mobility	2012
	HTC 携帯電話開発事業	2018
Wear OS by Google（ウェアラブル）	WIMM Labs	2012
Google Nest（スマートホーム）	Nest Labs	2014

注：2004 年には Where 2 Technologies も買収している。また、クラウド事業ではほかに、2016 年に Orbitera、2019 年に Looker を買収している
出所：Alphabet 社の Annual Report、News Release をもとに筆者作成

ド、動画共有サービスのユーチューブ、そしてグーグルマップなど地図情報サービスはベンチャー企業を買収して製品化したものである。ＳＳＰやＤＳＰなどデジタル広告仲介のプラットフォームも買収で揃えた。スマートフォン端末ピクセルの開発は、買収した台湾の宏達国際電子股份有限公司（ＨＴＣ）の旧携帯電話開発事業部門が担っている。また、アンドロイドをベースにスマートウォッチを開発したＷＩＭＭラボ社を買収してウェアラブル端末に進出し、ネストラボ社の買収で家電事業へ本格的に参入した。

（１）混合結合による新市場の形成

グーグルは創業から20年の間に、自社と隣接する製品やサービスの買収と結合を繰り返すことで、デジタル市場で寡占を形成することに成功した。グーグルの買収対象は、事業としてはまだ荒削りのベンチャー企業が大半で、２３４件中、買収価額が10億ドルを超える大型案件はユーチューブやネストラボ、モトローラ・モビリティなど7件と少ない[5]。

グーグルの特徴は、おもに創業間もないベンチャー企業が開発する製品やサービスの将来性を評価し、そのエンジニアチームごと社内に迎え入れて、資金と人材を投入して製品化し、自社のプラットフォームに結合してきたことである。まさに新結合を繰り返すことによって新たな市場を形成してきた。

今では世界中の人たちが目的地を目指して利用するグーグルマップの開発は、２００４年のキーホール社買収が発端となっている。買収当時、グーグルには地図情報サービスがなかった。買収後、キーホールの社員全員を迎え入れ、そのエンジニアたちがグーグルマップの開発で中心的な役割を果たした（キルデイ　２０１８）。衛星写真や航空写真による三次元地図デジタルデータで地図情報を提供するベンチャー企業だったキーホールの製品は、後にグーグルアースとなった。

スマートフォンやパソコンなど、どの端末からも書類の作成や編集ができるグーグルドキュメントは、2006年にアップスタートル社からウェブベースのワープロ・アプリケーション「Writely」の開発チームを買収して製品化したものである[6]。また、2007年に買収したグランドセントラル・コミュニケーションズ社は、電話サービスのグーグルボイス（米国、カナダのみ）になった。

2011年に7億ドルで買収したITAソフトウェア社のオンライン航空券検索システムは買収後、グーグルフライトの開発につながった。1996年に創業したITAは航空運賃やフライトスケジュール、航空チケットを検索・比較するソフトウェアを航空会社や旅行代理店、検索サービス会社に提供していた。当時、エクスペディアなど旅行検索企業が米国司法省にこの買収の差し止めを求めたが、司法省は、グーグルが買収後も他のサイトにソフトウェアを提供するにあたって適正な料金を維持することや、顧客情報の社内での不正な流用を防止するためにファイヤーウォールを構築することなどを条件に、買収を承認した[7]。

今や、世界で最も視聴者の多いメディアのひとつとなったユーチューブをグーグルが買収したのは2006年のことである。当時グーグルは、グーグルビデオという動画サービスの事業を始めていたが、自社開発から買収に方針を転換、ユーチューブを傘下に収めることで、一気に動画投稿サイト事業を拡大した。ユーチューブは2005年の創業で、グーグルはその翌年に買収している。「チューブ」とは、米国で「ブラウン管」、すなわち当時のテレビを指す言葉であった。アルファベットの発表によると、ユーチューブの2019年の売上高は広告収入全体の約11％を占めている（表5－2参照）。

この買収で注目すべきは、当時、ユーチューブは創業してわずか1年の会社であったこと、ユーチューブに対して訴訟が相次いでいたこと、そして、そのような会社に16億５０００万ドルの値段を付けたことである。２００６年に英国サッカー・プレミアリーグは、ユーチューブが「所有者の承認を得ることなく映像を再生、配信、公開、移転、普及している」として、ニューヨークで著作権侵害の集団訴訟を起こしており、さらにバイアコムは、ユーチューブがテレビ番組の一部を違法に掲載したとして、10億ドルの損害賠償請求を起こしていた[8]。当時のユーチューブは、簡単に手が出る会社ではなかったのだ。

グーグルは買収後、ユーチューブを「YouTube By Google」とせず、企業体を存続して自主性を尊重してきた。ユーチューブは、グーグルの傘下に入った後も６件の買収を実行している[9]。買収から10年後の２０１６年に、１日あたりのユーチューブ動画視聴時間が10億時間を超えた[10]。グーグルはユーザーの視聴履歴にもとづいて動画を勧める機能を付加することで、視聴時間の伸長を実現した。この視聴時間は、デジタル市場での膨大な広告スペースを意味する。ユーチューブの２０１７年における世界の月間視聴者数は19億人で、今では、ユーチューブを活用して自社の番組の視聴率を上げようとする放送局や映画会社も多数ある。

ユーチューブの動画に広告を掲載する場合、広告主は、広告対象を特定の興味や関心、視聴者の属性などで絞り込むことができ、また特定の題目やキーワードを動画広告の対象に指定し、パソコンやスマートフォンなど、デバイスごとにユーザーのターゲットを設定することもできる。ユーチューブは、動画の投稿者（ユーチューバー）、動画の視聴者、そして広告主という３つの異なる顧客グループにサービスを提供している。グーグルはユーチューブを多面市場のプラットフォームに育て、グループの屋台骨のひとつにした。

このように、グーグルは隣接する製品やサービスを開発するベンチャー企業を買収し、製品化する混合結合を繰り返してきた。アプリの利用は無料で、その利便性が高まることでユーザー数が増加し、広告収入が増大した。グーグルの傘下となったベンチャー企業のエンジニアたちは、資金調達や製品化後の販売を心配することなく、製品開発に専念することができるようになったのだ。

（２）垂直結合によるデジタル・プラットフォームの構築

グーグルの広告仲介サービスも２０００年代に実行した買収が礎となっている。デジタル広告には検索連動型とディスプレイ型があり、グーグルは検索連動型広告の最大手である。それに加えて、ＳＮＳやウェブサイトのコンテンツに表示される静止画や動画などのディスプレイ型の仲介事業も手掛けている。グーグルがデジタル・プラットフォーマーと呼ばれるのは、検索サービスやユーチューブなどメディアを保有するだけでなく、この広告仲介事業の役割を併せ持つからである。

グーグルは、広告主側とメディア側、両方の広告プラットフォームを買収し、自社の動画やアプリなどのメディアと垂直に結合してきた。

グーグルが２００３年に買収したアプライド・セマンティックス社は、ウェブサイトなどのコンテンツに連動した広告を配信するサービスを開発した会社である。現在のグーグルアドセンスで、ＳＳＰとしてウェブサイト制作者に収益化を提案する。アプライド・セマンティックスが保有していた特許技術ＣＩＲＣＡは、人間の思考を真似た方法でウェブサイトにある情報を検索することから、サイトの内容と関連性が高い広告配信が可能になった[11]。

２００８年に買収したオンライン広告配信大手のダブルクリック社は、グーグルマーケティングプラットフォームとグーグルアドマネジャーになった。グーグルマーケティングプラットフォームのサービスのひとつ「Display & Video 360」は、広告主側のプラットフォームとしてクリエイティブから代理店機能まで一括して請け負う。広告主へのサービスで競争力を発揮するのは、有力メディアにどれだけアクセスできるかだが、デジタル広告でもそれは同じで、グーグルの強みはそこにある。広告枠の取引を入札で行うアドエクスチェンジの「DoubleClick Ad Exchange」は「グーグルアドマネジャー」に名称を変更し、広告主とメディアがリアルタイムで広告の配信枠を売買できるプラットフォームを提供している。ダブルクリックの買収金額は31億ドルで、グーグルにとって当時、過去最大の買収であった。デジタル広告市場への影響も大きいことから、この買収も米国と欧州で独占禁止法の調査対象となった。[12]

２０１０年には、アドモブ社を7億５０００万ドルで買収し、アプリ開発者向けに広告スペースの販売をサポートするサービスを加え、グーグル以外のアプリ開発者を顧客として取り込んだ。[13]グーグルはこの買収でも米国連邦取引調査委員会の承認を得る必要があった。

このように、デジタル広告仲介で実績のある企業を買収して、広告主とメディアの両方にサービスを提供するプラットフォームを構築し、デジタル広告市場の成長を自ら牽引して寡占を形成していった。ダブルクリックとアドモブの買収が独占禁止法の調査の対象となるのは、当然、買収前から認識していたであろう。グーグルはひるまず高値で事業を奪取して、新結合を実行した。

マスコミ広告では従来、デバイスであるテレビやラジオを電機メーカーが製造し、コンテンツである番組を放送局が手掛けて、番組の広告枠を広告主や広告代理店と取引してきた。グーグルはデジタル広告でそのすべてを手掛けている（図５－２参照）。デバイスであるスマートフォンとそのＯＳ、そして、コンテンツであるアプリや動画サービスなどのメディアも保有し、そこから生まれる広告スペースは無限に拡がる勢いである。さらに、広告主とメディアが広告枠をリアルタイムで取引する機能も併せ持つ。

◉図 5-2　マスコミ広告とデジタル広告の比較

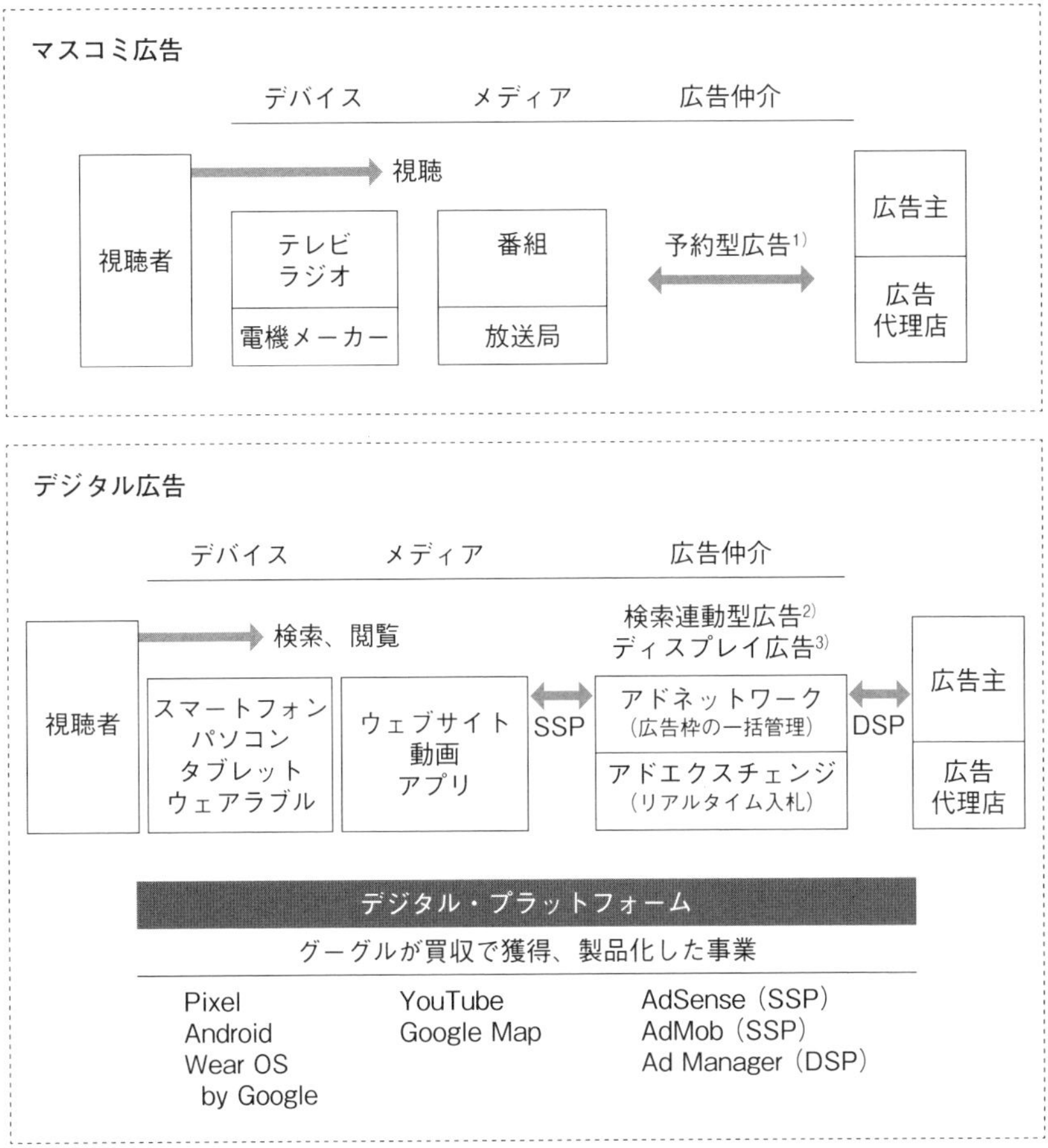

注 1) 広告枠を期間や時間帯など、一定の条件で事前に買い切る形で広告を表示。デジタル広告の配信方法でもある
2) 検索クエリに連動した広告配信で、検索結果とともに広告を画面上に表示
3) SNS やウェブサイトに静止画や動画広告を表示

出所：公正取引委員会「デジタル広告の取引実態に関する中間報告書」(令和 2 年 4 月) などをもとに筆者作成

この垂直結合によってデジタル広告市場での寡占が加速することになった。

デバイス側での垂直結合の試みは、スマートフォン端末のピクセルである。グーグルは２０１２年に米通信機器大手のモトローラから分社化した携帯端末メーカーのモトローラ・モビリティ社を１２５億ドルで買収したが、これは2年後に特許資産と一部の研究開発部門を残し、約29億ドルで中国レノボ・グループに売却している[14]。また２０１８年には、台湾のＨＴＣのスマートフォン事業の開発部門を11億ドルで買収した。モトローラもＨＴＣもグーグルのアンドロイドをいち早く採用した企業であったが、スマートフォン端末事業では苦戦していた。この買収でグーグルは、アップルと同様にスマートフォンＯＳと端末の両方を手にすることになった。グーグルが自社製スマートフォンを開発して販売するのはトラフィック獲得費用（ＴＡＣ）を削減する狙いもある。ＴＡＣは、グーグルの検索エンジンをスマートフォン端末メーカーがプレインストールや初期設定する際に支払う費用で、その負担は大きく、２０１９年度には３００億ドルに達し、全社の広告収入比22・３％となっている[15]。

（3）周辺多角化による防御

グーグルが、スマートフォンやタブレット端末のＯＳを開発するベンチャーのアンドロイド社を５０００万ドルで買収したのは２００５年のことである。ＯＳを制する重要性は、マイクロソフトのウィンドウズを例に挙げるまでもないだろう。

アンドロイド社の創業は２００３年なので、グーグルは創業から2年の会社を買収したことになる。今や世界中で利用されるアンドロイドだが、買収した当時はまだ製品化されていなかった。

グーグルは買収後、創業者アンディ・ルービン氏をアンドロイド開発の責任者として迎えている。このスマートフォンＯＳの開発は、アップルとの関係に配慮し、社内では、良く言えば秘密プロジェクト、悪く言えば日陰の扱いであった。その後、初代アンドロイド搭載の携帯電話「T-Mobile G1」が登場したのが買収から3年後の２００８年、アップルのｉＰｈｏｎｅ発表の1年後のことで、パソコンからスマートフォンに情報端末の主役が代わっていく時期でもあった。

グーグルはアップルのｉＰｈｏｎｅ開発にも協力し、ｉＰｈｏｎｅ販売当初からグーグルマップやユーチューブなどが搭載された。また、当時、グーグルのＣＥＯであったエリック・シュミット氏はアップルの取締役を務めるなど、両社は蜜月なパートナー関係にあった。しかし、グーグルがスマートフォンＯＳの開発に成功し、そのソースコードを公開して、アップルの競合である端末メーカーがアンドロイドを積極的に採用し始めると、両社の関係は険悪になっていった。アップルはアンドロイドを搭載するＨＴＣやサムスンなどを相手に特許侵害で訴訟を起こし始めた。それほど、このアンドロイドはデジタル市場の覇権争いにインパクトがあった。

グーグルがアンドロイドを世に出していなければ、ウィンドウズと同じようにアップルのｉＯＳがスマートフォンＯＳで独占的な地位を築いていたかもしれない。市場で独占の打破に挑むときに摩擦は避けて通ることはできない。

アンドロイドの創業者、ルービン氏の理念、すなわち「アンドロイドは端末そのものではなく誰もが利用できるオープンなプラットフォームだ。アンドロイドが携帯電話に搭載されれば、ユーザーがパソコンと同じようにインターネット・サービスを存分に利用できるようになる。同じモバイル・プラットフォームが世界中に広がれば、人々は住んでいる場所や人種を超えてつながり合える。アンドロイドでそんな革命を起こしたい[16]」は素晴らしい。しかし、ここで注目すべきは、グーグルが買収した時点で、アンドロイドはまだ開発途上の代物で、機能、品質ともにアップルのｉＯＳに大きく水をあけられていたことである。要するに、グーグルは出来上がった事業を買ったのではなく、買収後、開発に経営資源を投じてアンドロイドを製品化したのだ。

２００８年にアンドロイド搭載端末の販売が始まると、グーグルはモトローラやサムスンなどの端末メーカーに無償でこのＯＳを提供し、スマートフォンの普及を優先した。そして、ベライゾン・コミュニケーションズ社などの米国大手キャリアもアンドロイド搭載端末のマーケティングに注力し始めた。「誰でも使えるスマートフォン用ＯＳを開発し、メーカーに無償提供する」というルービン氏の考えはグーグルの下で実現した。グーグルがアンドロイドを買収した２００５年当時、検索のグーグルサーチやＧメールなど主力のアプリは、マイクロソフトのウィンドウズやブラックベリーなどのＯＳひとつひとつに対応する必要があったという。自社が開発するＯＳがあることは、グーグルの事業拡大に大きく寄与した。

アンドロイドの性能は当初、アップルのｉＯＳと比べ劣っていたが、改良を重ねて、２０１１年にはアンドロイドを搭載したスマートフォンの台数はｉＰｈｏｎｅの数を抜いた。そして、２０１７年にはアンドロイドを搭載した携帯端末の稼働台数が世界で20億台を突破し、今や、世界で２万４０００超の機種に搭載されるＯＳになった。

アンドロイドがスマートフォンＯＳとして定着し、グーグルが検索エンジンの標準設定となることでユーザーのアクセスが増え、アンドロイドと互換性のあるアプリの開発が次々と進んでいった。それが利便性を高めて、またユーザーが増えるというネットワーク効果が働くことになった。アンドロイドはスマートフォンの普及に貢献し、それがグーグルのデジタル市場での躍進につながった。もし、グーグルがスマートフォンＯＳを手掛けずアプリの開発にとどまっていたら、現在のような巨大企業にはなっていなかったであろう。グーグルは、スマートフォンＯＳへの参入とその寡占で、本丸のデジタル広告事業を堅守した。

（４）多角化とアライアンスの試み

グーグルは買収で家電事業にも参入している。居住者の屋内での行動を学習して室温を自動調整するサーモスタットや煙探知・警報機を開発するネストラボ社を２０１４年に32億ドルで買収した[17]。このネストラボも２０１０年に創業したばかりのスタートアップ企業だった。米国の家屋は、全館空調システムで温度やオンオフの制御はサーモスタットで集中管理することが多く、終日稼働という家も少なくない。ネストラボは、ＡＩを利用したこの室温自動調節で新たな市場を創出しつつある。

グーグルは買収後もネストラボに投資を続けて、２０１４年に家庭用防犯カメラのメーカーであるドロップカム社を５億５５００万ドルで買収し[18]、２０１７年には「Nest Hello」というブランドで、カメラ付きドアベル事業にも進出した。グーグルは、スマートスピーカー、室温自動調整のサーモスタット、玄関のドアベルと、ＡＩを活用した家電製品を次々と発売している。グーグルはインターネット空間の存在から、家の中の身近なところに姿を現わすようになってきた。

グーグルは、自動運転自動車の開発でも成果を挙げつつある。２０１６年に社内の自動運転自動車部門を分社して設立したウェイモが、その開発を手掛けている。２０１８年12月に米アリゾナ州フェニックスで自動運転タクシーの有料サービス「Waymo One」を開始、２０１９年11月には、ドライバーを同乗させない状態での自動運転タクシーのサービス提供を開始した。ウェイモの公道走行実績は３２０

０万キロメートルを超え、現在、米国で最も実績がある自動運転車の開発会社である。

この事業は本業から距離があることから、開発には外部資金を活用している。２０２０年、グーグルは米投資会社のシルバーレイク・パートナーズなどから22億５０００万ドルを調達し、自動運転の専業では最大規模の資金調達に踏み切った[19]。

ウェイモも独自の買収を実行している。２０１９年にはオックスフォード大学のコンピュータサイエンス学部からスピンアウトしたラテント・ロジック社を買収した。２０１７年創業のラテント・ロジックは、自動運転車のトレーニングを行う「イミテーション・ラーニング（模倣学習）」と呼ばれるシステムを開発した[20]。ウェイモは、自動運転に不可欠なシミュレーション技術の強化を狙ってこの買収を実行した。

ウェイモは２０１９年に、ルノー・日産自動車と無人運転車を使ったモビリティサービスに関して独占契約を締結している[21]。３社は協同して、フランスと日本での乗客輸送と配送事業での実用化を検討することになった。ウェイモが大手自動車メーカーにとって有力な存在となった証しである。この探索を目的とする異業種とのアライアンスは、将来の協調と競争の可能性を含んでいる。どちらが、より多くのことを吸収して自動運転車事業で主導権を握ることになるか注目したい。ウェイモは、ルノー・日産連合のほかにもＦＣＡ（フィアット・クライスラー・オートモービルズ）、および米国配車サービスのリフトとも業務提携を始めている。

このように、グーグルは買収で大胆な多角化を図っている。一方で、中核事業から距離のある自動運転車事業は分社化し、その開発資金は投資ファンドなど外部から調達するなど、多角化のリスク管理も怠っていない。

（５）ＧＭとグーグルの比較

グーグルの勃興に買収が果たした役割は大きい。もちろん、すべての買収が当初想定したとおりの成功を収めたわけでない。例えば、２００６年には自動化された広告システムをラジオ放送向けに販売するｄＭａｒｃブロードキャスティング社を１億２００万ドルで買収してラジオ広告事業に進出したが、買収から2年で事業を売却し撤退している[22]。しかし、全体としては、いくつかの失敗を補って余りある２００を超える買収によって、現在の時価総額１兆ドルを実現したと言っても過言ではない。つまり、グーグルもまた非連続な新結合を遂行し、今世紀において、米国経済の発展に最も貢献した企業のひとつになったと言ってよいだろう。

グーグルの20年は持続的な成長ではなく、発展と呼ぶのがふさわしい。グーグルはイノベーション企業の代表格とされるが、それは買収による新結合で実現することができた。グーグルが牽引してきたデジタル広告は、日本でも総広告費約7兆円のおよそ30％を占めるようになった。旧来のマスメディアに対する新市場型の破壊的イノベーションと見ることもできる。シュンペーターが『経済発展の理論』において、企業家による新結合は、旧いものに取って代わるのではなく並んで出現する、と説いていることが想起される。

グーグル創業者の一人であるラリー・ペイジ氏は「完璧な検索エンジンとは、ユーザーの意図を正確に把握し、ユーザーのニーズにぴったり一致する答えを返すものである」と述べた。実際にグーグルは２０１８年だけでもアルゴリズムの改良と新たな検索方法の構築に取り組んで、３２３４件の改善を行った[23]。モノづくりに通じるこだわりであるが、グーグルの特徴は良いものを作るだけでなく、需要側で

◉表5-4　GMとグーグルの比較

		GM	グーグル（アルファベット）
寡占形成の過程	事業	自動車	検索、デジタル広告
	買収対象と結合型	同業者の水平結合、供給者の垂直結合	隣接者の混合結合、垂直結合
	寡占形成時の市場ステージ	成長期	成長期
	規模の経済による効果	供給側：生産、購買	需要側：多面市場のネットワーク効果
寡占後の戦略	周辺多角化	バス、鉄道、航空	スマートフォンOS
	多角化	情報処理サービス（失敗）	家電、自動車（進行中）
	アライアンス	同業者と小型車事業の深化（不発）	異業種企業と自動運転車事業の探索（進行中）
	規制当局の動きと対応	新航空郵便法の制定により、航空機生産と航空会社の同時所有禁止（1934年）	欧州委員会が制裁金を賦課（2017〜2019年） 米国司法省が反トラスト法違反で提訴（2020年）
		航空事業から撤退	競争制限を否定、係争中

ネットワーク効果を創出したところにある。グーグルの利便性が向上することでユーザー数が増え、データが集積し、広告のターゲティングの精度が上がる。ユーザー、開発者、そして広告主という異なる顧客グループの間でネットワーク効果が働くプラットフォームを提供することで、デジタル広告市場の急速な拡大を導いた。

20世紀のGMと21世紀のグーグルに共通するのは、両社とも市場が成長期にあるときに買収を重ねて寡占を実現したことである（表5－4参照）。GMは自動車メーカーの水平結合と部品メーカーの垂直結合によって、おもに供給側で規模の経済を働かせた。それに対して、グーグルは隣接するベンチャー企業の混合結合と垂直結合を組み合わせることで、おもに需要側で規模の経済を働かせてきた。デジタル広告市場の急拡大には、顧客の間にネットワーク効果が生まれたことが大きく貢献している。

また、ＧＭとグーグルは寡占形成の過程において、ともに周辺多角化を実行して自社の寡占を堅守している。ＧＭは買収によってバスと鉄道事業に参入することで、自動車事業の寡占を守った。グーグルはアンドロイドの買収と製品化で、アップルのｉＯＳによる独占を打破し、逆にスマートフォンＯＳの最大手となることで、自社のデジタル広告市場での寡占を守った。

両社はまた、本格的な多角化を試みている。ＧＭは情報処理サービスのＥＤＳ買収などを実行したが結果的には失敗に終わった。グーグルはネストラボの買収で家電事業への多角化を試みているが、その成否はまだわからない。一方で、本業から距離があり開発コストも膨大である自動運転車の事業は分社化し、投資ファンドから資金を調達することでリスクヘッジしている。

アライアンスでは、ＧＭが小型車の開発と生産の能力向上のために日本の自動車メーカー3社に出資してアライアンスを組んだが、大きな成果は挙がらなかった。グーグルは自動運転で日産自動車やルノーなど自動車メーカーと提携を始めた。ＧＭのアライアンスは同業者と事業の改善を図ることを目的とした深化型で、グーグルは異業種の企業と新たな事業を開発することを目的とした探索型のアライアンスである。この探索型では吸収能力の高さが勝負となるが、その成果はこれからである。

20世紀のＧＭは、積極的に道路建設のロビー活動も行った。その結果、１９５６年には6万６０００キロメートルの道路建設を計画した、連邦補助高速道路法が成立し、同時に道路信託基金も創設された。このプロジェクトが、その後の米国自動車産業の隆盛に果たした役割は大きい。一方、21世紀のグーグルは、スマートフォンＯＳや検索や地図、それに動画で多面市場のプラットフォームを築き、その上を走る膨大なデータの収集に成功した。このプラットフォームの料金所は初めから無人で決済はキャッシュレス、データの走行速度にスピード制限はなく、これからさらに高速になる計画だ。交通量が増えることは顧客である広告主に歓迎される。自動車のように新たな生産工場を建設する必要もない。

そしてグーグルは、自動運転車で本物の道路に姿を現わし、リビングルームにはＡＩを搭載したグーグルスピーカーやネストなど家電製品が登場した。この新たな試みは、日本の自動車や電機など、モノづくり企業をも隅に追いやるのか、それとも、モノづくり企業がホームグラウンドでグーグルの挑戦を退けることができるのか。戦いは始まったばかりである。グーグルと自動車や電機メーカーの間で新たな結合が起きることも考えられる。

ＧＭは、米国自動車市場で強固な寡占体制を形成したが、道路は所有していなかった。そのためトヨタやホンダの乗用車が米国のハイウェイを走り始めるのを止めることはできず、日本車による外からの攻勢が、米国市場の寡占に風穴を空けることになった。

プラットフォームとその上を走るデータの両方を保有するグーグルに対抗して寡占に風穴をあける者は現れるのか。利便性と寡占のトレードオフの上に成り立つ現在の状況に何が変化をもたらすのか。寡占を打破する新結合が、資本主義経済の発展をもたらすことになる。

2　寡占による競争制限への警戒

20世紀のＧＭ、そして、21世紀のグーグルはともに買収を繰り返して業界の主導権を握った。しかし、企業が寡占を形成し始めると、市場における競争制限の調査に規制当局が乗り出すことになる。20世紀前半にＧＭが買収で航空輸送と航空機製造を始めると、米国政府は、ＧＭが自動車、鉄道、バスに次いで航空業界でも寡占を形成することを警戒し、１９３４年に新航空郵便法を制定して、航空会社と航空機メーカーの同時保有を禁じた。

21世紀はＩＴ巨人のＧＡＦＡによる寡占が市場での競争を歪める可能性が懸念されている。欧州委員会は２０１７年に、グーグルの買い物検索でＥＵ競争法（日本の独占禁止法に相当）に違反があったとして24億４０００万ユーロ（約３０００億円）の制裁金を科した。また２０１８年にはグーグルのスマートフォンＯＳアンドロイドをめぐり、競争法に違反したとして43億ユーロ（約５７００億円）の制裁金を科した。[24] 欧州委員会は、グーグルがアンドロイドを搭載するスマートフォン端末メーカーに対して、「グーグルプレイ」のライセンス供与の条件として検索の「グーグルサーチ」とブラウザの「グーグルクローム」のプレインストールを求めたこと、排他的に「グーグルサーチ」をプレインストールした場合にインセンティブを支払っていること、グーグルが承認しないアンドロイドと類似のＯＳを使用する行為を禁じたことを違法とした。[25] 欧州委員会のマルグレーテ・ベステアー委員（競争政策担当）は「グーグルは検索エンジンの独占的地位を固めるためにアンドロイドを利用した」と指摘している。グーグルがＯＳのアンドロイドとアプリケーションの組み合わせ利用を求めたことを問題にした。欧州委員会は２０１９年にもグーグルが競合他社の広告を不当に排除したとして、14億９０００万ユーロ（約１９００億円）の制裁金を科している。[26] そして、２０２０年には米国司法省もトラスト法違反の疑いでグーグルを提訴したが、[27] グーグルは競争制限を認めていない。米国では２０２３年９月に審理が開始される予定で、今後、長い係争となることが予想される。

企業にとって寡占は競争の結果であるが、市場構造が寡占に近づくと新たな買収によって競争が制限されることを当局は警戒する。自社事業の永続を考えることは、将来的な脅威や挑戦を探知することであり、それに備えることは経営者の使命でもある。よって、企業が市場での競争力を高めるために買収を試みることを躊躇する必要はない。企業は寡占の一角にとどまることができなければ生き残れない。

欧州委員会は、グーグルが２０１９年に発表したウェアラブル端末メーカーの米国フィットビット社の買収について、競争法違反の疑いで調査を始めた。ウェアラブル端末を通じたグーグルのデータ管理がデジタル広告市場での競争を歪めないようにすることが目的である。調査の結果、２０２０年に欧州委員会は、フィットビットの端末から集めたデータをグーグルが広告に活用することを10年間禁止し、他のウェアラブル端末がアンドロイド搭載のスマートフォンとの連携を維持することなどを条件に、買収を承認した[28]。実際に、グーグルの買収はダブルクリック、ＩＴＡソフトウェア、アドモブなど、これまで何度も独占禁止法の審査対象となってきたが、買収後のデータ管理などの条件に折り合いをつけて買収を実現してきた。企業経営者は、自社にとって効果的な買収は独占禁止法の審査対象になりうることを、常に考慮しておくべきだろう。

日本でもデジタル市場のルール整備に関する議論が進んでいる。２０１９年12月17日に開催された第2回デジタル市場競争会議で、公正取引委員会が「企業結合審査に関する独占禁止法の運用指針」および「企業結合審査の手続に関する対応方針」改定の概要を示した。結合審査の指針改定には、単一商品の市場占有率だけではなく、多面市場での間接ネットワーク効果や潜在的競争者との結合による競争制限を、審査の対象とすることが加えられた。

本書の巻末に付録として、公正取引委員会が示した「企業結合審査に関する独占禁止法の運用指針」の新旧対照表をもとに、買収審査で重要となる取引分野の画定と結合型別の競争制限について、改定内容の一部を記した。今回の指針改定はＩＴ企業だけでなく、今後の製造業やサービス業における買収にも影響を及ぼすと考えられるので、読者には参考にしていただきたい。

第6章 アライアンスと寡占形成――日産自動車とルノーの相乗効果

第4章と第5章でＧＭとグーグルを取り上げ買収と寡占形成の関係について考察したが、買収ではなくアライアンスによって業界の再編を主導する企業もある。

買収とアライアンスの違いは、一方が他方の経営支配権を有するかどうかであるが、社外の経営資源にアクセスし、相乗効果創出を企図する点は同じである。当然、支配権を手にするほうが、経営が容易であると考えられるが、買収後、当初の目論見どおりにはいかず、減損計上や売却に至る企業は少なくない。一方で、支配権のないアライアンスによって世界規模で相乗効果を創出し、寡占に近づく企業もある。

本章では、世界で最も成功したアライアンスと称された日産自動車とルノーの相乗効果創出を吟味する。日産自動車とルノー、そして、三菱自動車を合わせた三社連合の販売台数は、２０１７年に１０００万台を超え、世界首位のフォルクスワーゲン（ＶＷ）に迫った。現在もＶＷ、トヨタグループに次いで世界第3位である（表6－1参照）。三社連合は、アライアンスで自動車業界の再編を主導してきた。

日産自動車は２０１７年に史上最高益を記録した後、カルロス・ゴーン会長の解任、業績の急降下など、その経営状況は大きく変わった。経営に問題が生じると、そのすべてが批判の対象となりがちだが、ここでは、アライアンスが歩んだ道のりと、その実績から学ぶことにしたい。

◉表 6-1　世界自動車販売台数トップ 3（万台）

	2018 年	2019 年
独フォルクスワーゲン（VW）	1,083	1,097
トヨタ自動車グループ	1,059	1,074
日産自動車、仏ルノー、三菱自動車三社連合	1,075	1,015

出所：『日本経済新聞』2019 年 1 月 30 日および 2020 年 1 月 30 日

日産自動車にルノーが出資した１９９９年、日産自動車の販売台数は２５３万台だったが、２０１８年には５４８万台と、20年で倍以上になった。ルノーもまた、日産自動車への出資で大きなリターンを得た。両社のアライアンスが機能していたと見てよいだろう。

２０００年代後半に起きた金融危機の影響で日産自動車も２００８年は赤字に沈んだが、この後、当時のＣＥＯカルロス・ゴーン氏が主導したことが２つある。ひとつは、積極的な海外での販売と生産の拡大で、インドやロシア、インドネシアなど新興国への投資を重ねた。２０１８年までは世界で販売台数が伸びていたが、２０１９年以降、販売不振に陥ると、生産能力と販売台数にギャップが生じ、この拡大路線が現在の経営に重荷となっている。

もうひとつ、ゴーン氏が注力したのが、日産自動車とルノーの機能統合で、購買や生産にとどまらず広い領域で相乗効果を創出することだった。実際に両社は、２００９年から毎年、相乗効果を数値で公表し、機能統合にアクセルを踏んで成果を挙げてきた。２０１６年には三菱自動車をアライアンスに加え、さらなる機能統合の効果創出を図った。３社が発表した２０１７年度の相乗効果は合計57億ユーロで、その内訳は、日産自動車が31億ユーロ、ルノーが23億ユーロ、そして三菱自動車が３億ユーロとなっており、日産が提携効果を最も享受していた[1]。これほど自信に満ちて、毎年、巨額の相乗効果を報告する企業連合はこれまでなかった。この相乗効果の存在こそが、３社をアライアンスに惹きつけてきた。

１　自動車業界の歴史はアライアンスの歴史

自動車業界の歴史は、アライアンスと買収の歴史でもある。

ルノーの大株主であるフランス政府の意向は、ルノー主導で日産自動車との経営統合を実現し、経営支配権を確定することにある。企業間の支配関係を不可逆的にしておくことが経営の安定に資するという考えで、この考えは企業経営者の間でも広く共有されている。経営支配権のない提携では、戦略の共有がうまくいかない場合があり、時に相手の行動に対して疑心暗鬼に陥ることもある。また、提携がいつまで続くかわからないので、長期的な投資を躊躇する場面も生じる。これは、日本の自動車業界における資本提携の歴史を見ても明らかで、資本提携のほとんどが、その後、買収による子会社化か、提携の解消のどちらかに行き着いている（表６－２参照）。

例えば、トヨタは日野自動車と１９６６年に業務提携を始めて、２００１年には日野自動車の第三者割当を引き受ける形で子会社化した。トヨタはダイハツとも１９６７年に業務提携を始め１９９８年に公開買い付けで株式の約51％を取得し、２０１６年には完全子会社化するに至っている。スズキはインド国営自動車メーカーのマルチ・ウドヨグと１９８２年に合弁事業を始めて、２００２年にマルチ・ウドヨグの54％を取得して子会社し、２００６年には合弁会社も吸収した。現在、インドで販売される自動車の2台に1台はマルチ・スズキの車となっており、国営企業とのアライアンスと買収で、インド市場の寡占と成長の両方を手にした。一方で、スズキは２０１０年にドイツのフォルクスワーゲンから

◉表 6-2　日本の自動車業界の資本提携

出資者	対象会社	提携	結果	年
トヨタ	日野自動車	1966 年の提携後、段階的に出資[1]	子会社化	2001 年
トヨタ	ダイハツ	1967 年の提携後、段階的に出資[2]	子会社化	1998 年
GM	いすゞ	1971 年から段階的に出資、99 年に 49%	解消	2006 年
フォード	マツダ	1979 年に資本提携 25%取得、96 年に 33.4%	解消	2015 年
GM	スズキ	1981 年に提携後、段階的に出資、01 年に 20%	解消	2008 年
ルノー	日産自動車	1999 年に 36.8% 出資、02 年に 44.4%[3]	継続	2020 年現在
GM	富士重工[4]	2000 年に資本提携 20%出資	解消	2005 年
ダイムラー[5]	三菱自動車	2000 年に資本提携 34%出資	解消	2005 年
ダイムラー	三菱ふそう	2003 年に資本提携 43%出資[6]	子会社化	2004 年
トヨタ	富士重工	2005 年に 8.7%出資、20 年に 20%	継続	2020 年現在
トヨタ	いすゞ	2006 年に 5.9%出資	解消	2018 年
ボルボ[7]	日産ディーゼル	2006 年に 13.1%取得	子会社化	2007 年
フォルクスワーゲン	スズキ	2010 年に 19.9%出資	解消	2015 年
日産自動車	三菱自動車	2016 年に 34%出資	継続	2020 年現在
トヨタ	マツダ	2017 年に 5.05%出資	継続	2020 年現在
トヨタ	スズキ	2019 年に 4.9%出資	継続	2020 年現在

注 1）50.1%で子会社化
2）51.2%で子会社化、2016 年に完全子会社化
3）現在 43.4%。日産はルノーに 15%出資
4）現在のスバル
5）当時はダイムラー・クライスラー
6）2004 年 65%、2005 年 85%、2011 年 89.29%に引き上げ
7）2019 年に UD トラックス（旧日産ディーゼル）のいすゞへの売却を発表
出所：各社プレスリリースなどをもとに筆者作成

19・９％の出資を受け入れて資本提携を始めたが、その１年後に提携の解消をフォルクスワーゲンに申し入れ、２０１５年に国際仲裁裁判所による裁定を経て提携を解消している。

フォードはマツダと１９７９年に資本提携を始め、１９９６年には33・４％まで出資比率を上げてマツダに社長を送り込んだ。２００３年までフォード出身者４人がマツダの社長を務めたが、２０１５年に資本提携を解消している。２０００年にはダイムラー・クライスラー（現ダイムラー）が三菱自動車に34％を出資し、ドイツから社長を送り込んで経営再建を進めたが、これも提携から５年で解消となった。いすゞ、スズキ、そして富士重工業（現スバル）に出資したＧＭを含め、外資と日本の自動車メーカーとの資本提携は日産を除き、その後すべて解消になった。

アライアンスでは、提携が発足した後、その効果が明らかであると、一方がその関係を不可逆的にすることを望んで、買収を試みることになる。また、成果の挙がらない提携からは資本や人員など、経営資源を早く引き上げることを望む。

１９９９年にルノーが日産に36・８％出資し、２００２年にそれを44・４％まで引き上げ、また日産がルノーの株式15％を取得してから20年近く、両社は当初の枠組みを維持して成長を実現してきた。だが皮肉にも、フランス政府がアライアンスの成功を見て、経営統合を求めたことが引き金となり、日産とルノーの間で緊張が高まることになった。アライアンスは、成果を挙げる局面でも、逆に不振に陥った場合でも、その枠組みの見直しが行われることが多いが、日産とルノーは、アライアンスを維持することになった。両社の間にある相乗効果がその理由で、規模の経済が働く自動車業界で生き残るには互いを必要としているからである。

2　アライアンス経営の効果

（1）日産自動車とルノーの20年

日産とルノーの間で相乗効果創出の機構が成熟するまでには長い歳月を要している。１９９９年にルノーが日産に出資した当時、最大の課題は相乗効果ではなく、日産の経営再建であった。２００１年に共同購買を推進するための組織 Renault Nissan Purchasing Organization（ＲＮＰＯ）を設立して、両社の部品共通化、そしてサプライヤーの選別を進めたが、これはおもに日産の購買コスト削減を目的としたものだった。この共通化は、日産とルノーの現場が納得すればという前提だったため、当初、両社とも馴染みのないサプライヤーとの取引を積極的に進めることはなかった。実際、両社の汎用品の調達をＲＮＰＯが１００％担当するようになったのは２００９年のことで、資本提携から10年もの歳月がかかっている。

ゴーン氏が日産の社長兼ＣＥＯに任命された２００１年、日産はメキシコ工場でルノーの小型車「クリオ」の生産を始めている。２００２年には、日産とルノーの折半出資で、共通戦略の決定と相乗効果の管理を行う統括会社 Renault-Nissan BV（ＲＮＢＶ）を設立した[2]。この年、両社の共通プラットフォームで生産した日産の「マーチ」を日本で、翌年にはその欧州版である「マイクラ」を欧州で、それぞれ販売を開始した[3]。

その後、日産の経営が安定すると、日産とルノーは、現場で互いの業務を参考にすることを奨励した。

◉表 6-3　日産自動車とルノーのアライアンスと相乗効果（2009〜2018 年）

年	相乗効果（億ユーロ）	おもな提携事業
2009	15	提携 10 周年、Renaul-Nissan BV にアライアンス専任ディレクターを配置
2010	16	インドのチェンナイに初のアライアンス工場が竣工
2011	17	両社の合計販売台数が 800 万台を突破
2012	27	ロシアのアフトワズを共同で買収
2013	29	CMF（コモン・モジュール・ファミリー）プログラムを発表
2014	38	研究・開発、生産技術・物流、購買、人事の 4 つの事業機能を統合
2015	43	両社の合計販売台数が 850 万台を突破
2016	50	日産自動車が三菱自動車に 34%出資
2017	57	新 6 カ年計画「アライアンス 2022」を発表
2018		機能統合を品質や商用車事業などに拡大、各機能にアライアンスリーダーを任命
2022	100	三菱自動車を加えた 3 社で販売台数 1400 万台、売上高 2400 億ドルを達成

注：2018 年以降、相乗効果の金額は公表されていない。2022 年は、2017 年に発表された目標値
出所：RENAULT NISSAN “Alliance Facts & Figures 2017” と日産自動車ニュースリリースをもとに筆者作成

しかしそれは、自発的な取り組みの域を出ず、効果が期待できる案でもその実行については各社に拒否権があって、現場の意思が全体最適に優先していた。

２００５年にゴーン氏がルノーのＣＥＯに就任し両社トップの兼務が始まると、アライアンスは新しい段階に入った。相乗効果の創出を現場任せではなく、組織的に取り組むようになり、日産とルノーは２００９年から相乗効果を数値で公表することを始めた（表６－３参照）。

その後、新興国市場への投資も共同で行うようになり、インドやモロッコにアライアンス工場を建設し、ロシアのアフトワズを共同で買収している。２０１４年には、日産とルノーの研究・開発、生産技術・物流、

購買、人事の４つの機能において、相乗効果の立案と実行が始まった。これにより、相乗効果は両社の経営計画に盛り込まれるようになった。この年、両社は38億ユーロの相乗効果を達成したと発表している[4]。２０１６年には、日産が34％の株式を取得する形で三菱自動車をアライアンスに迎え入れ、同年10月にはゴーン氏が三菱自動車の会長に就任した。

３社は２０１７年に、６カ年計画「アライアンス　２０２２」を発表している。この計画では、プラットフォームとパワートレインの共通化の対象をさらに拡げると同時に、電気自動車、自動運転、コネクテッド技術を共有することで年間１００億ユーロの相乗効果創出を目標としていた。具体的な数値目標を掲げて、実現に向けて社員のコミットメントを引き出す経営スタイルであった[5]。

当時、この相乗効果を推進したのが、ＲＮＢＶのアライアンス・ボードだった。アライアンス・ボードの会長兼ＣＥＯはゴーン氏が務め、ルノーの経営幹部４人、そして日産からは当時の西川社長を含めて４人、合わせて９人で構成されていた。アライアンス・ボードは、企業連合の戦略的な方向性、重要なコラボレーションの機会、そして、業界のベンチマークと比較した提携の進捗状況を確認し協議することを目的とする、アライアンス経営の司令塔であった。このアライアンス・ボードの重要な役割のひとつが、３社の間にある潜在的な相乗効果の機会を探索し、その実行計画を作成して、各社の現場がその計画を実現できるよう働きかけること、そして、その効果を測定し評価することであった[6]。相乗効果の機会探索はアライアンス・ボードが主導し、現場はそれを実行して事業の深化につなげることを企図した。

２０１８年には、機能統合の範囲を８つの領域に拡大し、それぞれの領域で３社の横断的な相乗効果を推進するアライアンスリーダーを任命した。アライアンスリーダーには日産自動車、そしてルノー幹部が就任し、各社にも領域ごとに担当者を配置した。相乗効果の計画を実行する決定権は各社にあるが、効果に数値目標を設定して各社の経営計画に組み入れることで、アライアンスを前提とした経営が強化された。

各社の製品ブランドやアイデンティティを尊重しながら、共同購買や相互生産、プラットフォームの共通化など、機能を統合することによって相乗効果を創出するアライアンス経営は、完成度を高めていった。

（２）相乗効果創出の機構

日産とルノーはどのように相乗効果を創出してきたのか。

両社の相乗効果創出の取り組みは、金融危機で赤字に陥った後の２００９年、ＲＮＢＶ内にアライアンス専任のディレクターを置くことで組織的なものとなった。両社が相乗効果創出にあたって原則としたのが、自主性の尊重と機能統合という、一見相反するアプローチの両立である。自動車のブランドやデザイン、そして販売・マーケティングはそれぞれの特色を尊重しながら、購買や生産など他の機能は統合してオペレーションの効率化を図ることで、各社がアライアンスの果実を得るという考え方である。日産とルノーの設計思想や顧客へのブランド訴求は異なる。販売やマーケティングで独自性を大切にすることは、ルノーが日産に出資した１９９９年から現在まで変わらない。一方で、機能統合をさらに深耕するには、アライアンス経営を組織的な取り組みにする必要があった。

アライアンス・ボードは、相乗効果を創出するプロセスとして、まず、診断から始める。各社事業の競争力を精査して、互恵または対立となる分野を特定する。その後、第１ステップとして、各事業機能

◉図 6-1　相乗効果創出のプロセス

出所：アシュワニ・グプタ氏の京都大学での講演資料（2018年10月26日）

で目標数値の設定を行う。この目標数値はアライアンス・ボードで協議され、機能別、地域別に設定される。目標数値は現場からの積み上げでなく、トップダウンで設定される。各機能のアライアンスリーダーはその目標数値達成に向けて、第2ステップで、効果を創出する機会の探索を行い、実行プランを作成する。機会探索は機能ごとに行い、開発ではプラットフォームや部品の共通化、購買はその共通化に沿った車種モデルごとの調達、生産ではグローバルな相互生産の可能性、そして、サプライチェーンマネジメントでは物流倉庫の統合や生産委託などが検討されてきた。

第3ステップとして、アライアンスリーダーの計画がアライアンス・ボードで承認されると、各社の事業部門と調整を行い、現場が実行に移すことになる。そして第4ステップで、4カ月ごとにアライアンス・ボードが効果の進捗と実績のモニタリングを実施する（図6－1参照）。

日産とルノーは、それぞれ独立した上場会社であるので、原則として、一方だけに恩恵があって、他方には負担しかない相乗効果の計画は受け入れられない。相乗効果の受益者はあくまで各社で、計画実行の決定も各社にある。もっとも、相乗効果を創出することは、従来の業務を見直すことでもあるので、現場にとってはまず負担が先にくる。よって、将来の効果を頭では理解していても、現場が自ら進んで相乗効果の機会を見つけて相手と調整することは、希だと言ってよい。アライアンス・ボードは相乗効果の計画を強力に

●図6-2　相乗効果の測定、3つの領域

出所：図6-1と同じ

推進するために、各社を横断的に見渡すアライアンスリーダーを各社の経営幹部から任命し、このリーダーが責任者として企業間の調整を進めて実行に移していった。

　各社のオペレーションの間には広い範囲で相乗効果の機会が存在したが、それが実を結ぶには、各社を横断する仕組みが必要であった。トップマネジメントの強いリーダーシップは経営に不可欠だが、実際に相乗効果を実現するのは現場なのである。

　日産とルノーによる相乗効果の測定と評価は、コスト削減、コスト回避、増収の3つのカテゴリーから行われる（図6－2）。実際に削減したコストだけを勘定するのではなく、アライアンスによって回避することができたコストも相乗効果として測定する。例えば、プラットフォームを共通化することで回避できる開発コスト、相互生産によって輸出を回避した関税コストなどが含まれる。また、相乗効果の機会探索には、プロジェクトによって、開発や生産など複数の機能にまたがって計画を実行することもあれば、複数の地域に及ぶこともある。

　このように見てくると、シンプルな実行と効果測定のプロセスであって特別なことはない。ただし、経営支配権のないアライアンスであるため、各社の損益にプラスになるものでなければ、いくらプランが良くても実現しないし、現場も動かない。また、計画が実行段階に入ると各社の関係者間での調整が複雑化することは容易に想像できる。例えば、購買で部品を共通化し、発注規模を大きくすることで調達コストを下げることが考えられるが、実際は、資本提携から20年を経ても共通化の進まない部品もある。これは、各社の設計や製造、品質に対する考えや部品の保証年数、そして環境対応などの基準が国によって異なり、開発や生産部門との調整が不可欠なため、単純にコスト削減を優先できないからである。

日産とルノーは、顧客とのインターフェイスではそれぞれの独自性を訴求する一方で、機能統合の範囲を拡げることでアライアンス経営を軌道に乗せてきた。相乗効果の機会探索はアライアンス・ボードが主導し、それを各社の現場が事業の深化として実践してきたのである。この機構は20年の歳月を経て出来上がったことを強調しておきたい。

(3)　小型商用車事業のケース「リーダーとフォロワー」

ここでは、日産とルノー、三菱の相乗効果を、小型商用車（ＬＣＶ）事業を取り上げて詳述したい。２０１７年に新設されたＬＣＶ事業部門は、現在ＣＯＯを務めるアシュワニ・グプタ氏がアライアンス・シニア・バイスプレジデントとして統括していた。このＬＣＶ事業での相乗効果が、２０２０年５月に3社が発表した新たな取り組みにある「リーダーとフォロワー」のモデルになっており[7]、企業連合が考えるアライアンス経営を理解するうえでも有用である。なお、本項の以下の記述は、グプタ氏による京都大学での講演「Creating Synergies in Global Management」（２０１８年10月26日）をもとにしている。

ＬＣＶ事業は、当時のアライアンス・ボードが相乗効果創出の対象とした領域のひとつで、対象に商用バン、ピックアップトラック、そして、ボディ・オン・フレーム構造のＳＵＶが含まれた[8]。ルノーは商用バン、日産と三菱はピックアップトラックに強みがあり、事業部門設立前からプラットフォームを共通化して相互生産を始めていた。例えば、日産の商用バン「ＮＶ３００」はルノー「トラフィック」のプラットフォームを、「ＮＶ４００」はルノーの「マスター」のプラットフォームをベースに設計してきた。一方、ルノーのピックアップトラック「アラスカン」は日産の「ナバラ」のプラットフォームをベースとしてきた。ルノーの商用バンはおもにフォードと競合し、日産と三菱のピックアップトラックはトヨタと競合する。日産、ルノー、三菱は商用車事業を集約することで、各社のブランドを維持しながら、相互開発と相互生産、技術の共有化によるコスト削減と販売増の両方を狙った。

　ＬＣＶ事業部発足前の２０１６年、小型商用車の販売実績は3社の合計で約１５０万台、その内訳は、ルノーグループ（アフトワズを含む）が約44万台、日産が約81万台、三菱が約25万台であった。最も販売台数が多いモデルは、ルノーでは商用バンの「カングー」で12万台、日産はピックアップトラックの「ＮＰ３００」（現ナバラ）で20万台、三菱ではピックアップトラックの「トライトン」で12万台だった。[9]

　ＬＣＶ部門発足から2年後、日産、ルノー、三菱の3社は２０１８年の合計販売台数が１０７６万台であったとして、「特に好調な販売を見せたのはＬＣＶで、ルノーの「カングー」、「マスター」、「トラフィック」、日産の「ナバラ」、「テラ」、三菱自動車の「トライトン」が堅調に販売を伸ばしました。共同開発や共同生産を通じた市場プレゼンスの拡大によるシナジー創出は、アライアンス戦略の中核を成しています」と発表している。ＬＣＶの合計販売台数は、前年比13・5％増の２００万台であった。[10] ２０１８年における日産のピックアップトラック「ナバラ」の販売台数は約23万台に、[11] ルノーの小型商用車の販売台数は62万台に伸びるなど、[12] ＬＣＶはアライアンス3社の全販売台数の20％を占めるようになった。

このＬＣＶ事業で、３社はどのように相乗効果を創出してきたのか（図６－３参照）。ルノーは商用バンの開発に注力し、日産はピックアップトラックに重点を置いた。そして、それぞれが開発したプラットフォームを他方が活用することで、単独で行っていた開発コストを回避し、開発投資そのもののリターンを高めた。この棲み分けは、一方が自社開発機能の一部の縮小を受け入れることで成立する。よって、アライアンス全体を俯瞰することが実行に移すカギとなるが、現場にとっては苦々しい判断となることもある。しかし、この開発段階での棲み分けが、生産や購買領域における相乗効果の源泉となっていった。

例えば、日産とルノーは、新規にＬＣＶの組み立て工場を建設するのではなく、現地にある相手の工場を活用することで生産、販売地域を拡げている。日産は、ピックアップトラックの主力で「ナバラ」の後継である「ＮＰ３００フロンティア」の生産を２０１８年にアルゼンチンのルノーのサンタ・イザベル工場で始めている。ＮＰ３００フロンティアではタイ、メキシコ、スペイン、中国に次いで５番目の生産拠点であり、サンタ・イザベル工場に６億ドルを投じて、年間生産能力７万台の組み立てラインを設けた。南米に独自の生産拠点を築くのではなく、ルノーの工場を活用することで、長期的な相乗効果を狙ったものである。中南米ではピックアップトラックの需要が大きいことから、日産はアルゼンチンで生産する商用車の50％はブラジルなどへの輸出を予定している[13]。

ＬＣＶのプラットフォーム共通化は、三菱にも拡がりつつある。日産は資本提携前の２０１２年からタイで「ナバラ」の生産を三菱に委託している[14]。そして、東南アジアで生産するこの「ナバラ」のプラットフォームを三菱の「トライトン」と統合することで、重複する開発費用を削減し、部品調達コストを減らすことを計画している[15]。「ナバラ」と「トライトン」はそれぞれ日産と三菱の看板ブランドのひ

◉図 6-3　LCV（小型商用車）事業の相乗効果

			ルノー	日産自動車	三菱自動車
自主性の尊重（Autonomy）	モデルブランド名	商用バン	カングー トラフィック マスター	NV250 NV300 NV400	デリカ
		ピックアップトラック	アラスカン	ナバラ フロンティア タイタン	トライトン

機能統合（Convergence）	プラットフォームの共有	商用バン	カングー　NV250 トラフィック　NV300　三菱新型バン マスター　NV400
		ピックアップトラック	アラスカン　ナバラ
			ナバラ　トライトン 東南アジアで計画
	相互生産	商用バン	ルノーのモブージュ工場で NV250 を生産 ルノーのサンドヴィル工場で NV300 を生産 ルノーのバチイイ工場で NV400 を生産 ルノーが三菱自動車のオセアニア向け新型バンを生産
		ピックアップトラック	日産のメキシコ工場でルノーのアラスカンを生産
			日産自動車がルノーのアルゼンチン、サンタ・イザベル工場で、NP300 フロンティアを生産
	購買	商用バン、ピックアップトラック	汎用部品の購買機能統合
	連合外アライアンス	商用バン、ピックアップトラック	ダイムラーに商用バン、ピックアップトラックのプラットフォーム提供

出所：日産自動車、ルノー、三菱自動車のプレスリリースなどをもとに筆者作成

とつであることから、両社開発部門の調整は容易でないと想像されるが、ピックアップトラックのプラットフォーム統合が実現すれば、両社による相乗効果創出の試金石となる[16]。

２０１９年には、日産がルノーの「カングー」とプラットフォームを共通化した新型商用バン「ＮＶ２５０」を欧州での戦略商用車とすることを発表した。「ＮＶ２５０」はカングーのおもにフロントマスクを変更したもので、ルノーはフランス、モブージュ工場で自社の次世代「カングー」と、この「ＮＶ２５０」を生産する[17]。また、三菱のオセアニア地域向けの商用バンをルノーが「トラフィック」をベースに設計し、サンドヴィル工場で生産することになった。一方で、日産は欧州での商用車生産をルノーからの商用バンのＯＥＭ供給に切り替え、バルセロナ工場の閉鎖を発表するなど、リストラクチャリングにも着手している[18]。

ＬＣＶのアライアンスは他社との提携にもオープンで、ダイムラーとも協業している。例えば、小型商用バンで、ルノーは「カングー」のプラットフォームをダイムラーに提供し、ダイムラーは「シタン」のブランドで販売している。生産は、ルノーのモブージュ工場が担っている。ピックアップトラックは、「ナバラ」をベースに、日産とルノーがプラットフォームの供給と生産を担当し、車両の設計はダイムラーが行い「メルセデス・ベンツ」ブランドで販売している。ダイムラーとの協業は、日産とルノーにとって工場の稼働率を高める効果があり、先に述べた日産の「ＮＰ３００フロンティア」もダイムラーに供給している。ＬＣＶのプラットフォームの活用を他社にも拡げることで、機能統合による効果の最大化を図っている。

日産、ルノー、三菱は、このＬＣＶ事業で、自主性を尊重しつつ製品の棲み分けを行い、相互に開発や生産を担う機能統合を進めて各社がその効果を享受する機構を作り上げてきた。この機構を外にも拡げて、ダイムラーとの提携でも成果を挙げている。そして3社は今、このＬＣＶ事業で実践した「リーダーとフォロワー」の役割分担と相乗効果のモデルを全社に拡げていくことにしている[19]。

　このアライアンス経営と相乗効果の深耕を将来、誰が担っていくのか。3社を横断して経験を積んでいくキャリアパスがあることが理想的である。商用車事業をアライアンスリーダーとして統括し、現在、日産のＣＯＯを務めるアシュワニ・グプタ氏の経歴はその理想に近い。グプタ氏は、２００６年インド、ムンバイにあるルノー・インディアに入社、その後、２００８年にフランス、パリのＲＮＰＯでブレーキシステムを担当するグローバル・サプライヤー・アカウント・マネージャーに就任している。前述のとおりＲＮＰＯは、購買を統括するアライアンスの要の役割を担う組織である。２００９年にＲＮＢＶでグローバル購買担当のデピュティ・ゼネラル・マネージャーに、２０１１年には日産のダットサンプロジェクト担当グローバル・プログラム・ダイレクターに就任し、インド、ロシア、インドネシア、南アフリカにおけるダットサン事業を主導した。２０１４年からはルノーのＬＣＶ部門のバイスプレジデントとして同社のグローバルＬＣＶ事業を統括、２０１７年にアライアンスのシニア・バイスプレジデントに就任してＬＣＶでの相乗効果創出の責任者を務めた。そして、２０１９年に三菱自動車のＣＯＯに就任した後、日産のＣＯＯを務めることになった。

　日産とルノーのアライアンスは、互いに自主性を尊重しつつ、同時に機能統合の範囲を拡げて生産や開発などのオペレーションを深化させていくことがその本質である。それにはアライアンス各社の強みや課題を理解し、全体最適のプランを提示できる人材の確保が必須である。これからのアライアンス経営の成否は、グプタ氏のように各社を横断してキャリアを積む人材をどれだけ育成できるかにかかっている。

3　アライアンス経営の可能性

（1）アライアンスの潜在能力とジレンマ

日産ＣＯＯのグプタ氏は、アライアンスは目的ではなく、各社が業績を向上させる手段だと言う。日産とルノーの20年から見える、アライアンス経営の可能性について、まとめておきたい。

第1に、アライアンスが業界再編と寡占形成に有効な手段となりうることである。日産、ルノー、三菱の企業連合は、販売台数で現在、フォルクスワーゲン、トヨタに次いで世界3位のグループとなった。日産とルノーのアライアンスが機能してきたのは次のような循環にある。各社は独自性を維持して、それぞれが自社のブランド、そして製品の魅力を顧客に訴求する。同時に、両社の間で購買や生産などの機能を統合し、そのコスト削減効果を各社が享受する。それを原資に共同開発や新市場開拓への投資を行い、販売台数増、増収増益を実現する。機能統合は販売台数の規模が大きくなるほど効果も大きくなり、この好循環が続けばアライアンスの魅力が増し、外部から参画を希望する企業が現われる。そして、新たな企業が加わることで、アライアンスが業界再編を主導して寡占を形成する。

自動車は規模の経済が働く業界で、イタリアのフィアットが米国のクライスラーを買収して成立したフィアット・クライスラー・オートモービルズ（ＦＣＡ）が、２０１９年、フランスのプジョー・シトロエン（ＰＳＡ）と経営統合することで合意した。トヨタとマツダは２０１７年、折半出資で約16億ドルを投資し、米国のアラバマ州で30万台の生産能力を持つ合弁会社の設立に合意し、２０２１年にＳＵ

Vの生産を始める。

アライアンスが長期に継続し、機能統合の範囲が拡大すると、事実上、不可逆的な関係となる。よって、アライアンスが好循環を維持して成熟すれば、寡占の形成で買収と同程度の効果を挙げることができる。

第2に、アライアンスのレゾンデートルである相乗効果は、企業間にその源泉が存在しても、それを実行に移す組織設計と現場の納得があって初めて実現するということである。

グプタ氏に相乗効果の機会探索と実行で何が最もたいへんかと尋ねたところ、それはどんなに良いプランを提案しても、それぞれの会社が納得していなければ実行に移せないことだという。この「納得」には、相乗効果のために現場で、今までの業務のやり方を変更すること、新たな仕事が増えること、または今の仕事がなくなること、そして、それが収益性の改善につながることが含まれる。現場の理解が得られるかがカギとなるのだ。

かつてカルロス・ゴーン氏は3社のトップとアライアンス・ボードの議長を務め、強いリーダーシップの持ち主であったが、日産とルノーを横断して効果を挙げる組織設計に腐心した。その一環として、２００９年から年間の相乗効果を数値で公表し、高い目標値を社内外に示してきた。そして、事業機能ごとにアライアンスリーダーを各社の幹部から任命するなど、現場が組織的に相乗効果創出に取り組むことを求めた。能力の高い経営者の存在は不可欠であるが、相乗効果の実現を担うのは開発や生産、購買部門など現場なのである。複数の事業部、そして地域にまたがるプランは、さらに複雑な調整が必要となる。

第3に、自主性尊重と機能統合の両立を企図するアライアンスは、おもに供給側で規模の経済が働くが、需要側で大きな効果を期待できないことである。日産とルノーのアライアンス経営では、各社のブランドやマーケティングの独自性を優先し、それぞれが自社のクルマの魅力を消費者に訴求してきた。日産とルノーが現在直面している問題は販売の不振であるが、両社の顧客の間でネットワーク効果は働かない。そのため、販売回復のためにアライアンスができることは限られ、日産とルノーがそれぞれ自力で克服するほかない。日産が米国で販売を拡大したくてもルノーができることはあまりない。また、ルノーが中国で困っても日産ができることは限られる。実際に、ルノーは日産の合弁相手である東風汽車と乗用車の合弁会社を設立したが、販売不振で２０２０年に合弁を解消した。

もし、日産とルノーが販売やマーケティングも統合すればコストは削減できるだろう。しかし、顧客への訴求でそれぞれの独自性が失われて、販売に逆効果となる可能性もある。アライアンス経営のジレンマがここにある。

（２）三社連合のこれから

今後３社のアライアンス経営はどこへ向かうのか。ひとりの経営者が３つのチームの帽子を被り全体最適を優先した経営は終わり、それぞれのチームを異なる３人のリーダーが率いることになった。グローバルなアライアンス経営は、合議制へとひとまず姿を変える。外形的なアライアンスの枠組みには、現在のところ大きな修正はない。株式持ち分比率に変更はなく、アライアンスの司令塔も、ルノー会長のジャン＝ドミニク・スナール氏を議長として、ルノー、日産、三菱のＣＥＯの４人で構成されるアライアンスオペレーティングボードを設けて、重要事項を協議する枠組みを維持している[20]。

２０２０年５月に、このアライアンスオペレーティングボードは、「ルノー・日産自動車・三菱自動車、競争力と収益性を高める新たなアライアンスの取り組み」を発表した。各社の強みを活かし地域、商品セグメント、技術開発でそれぞれ「リーダーとフォロワー」を決めた。地域では、日産が日本、北米、中国、ルノーが欧州、ロシア、南米、北アフリカ、そして三菱が東南アジアとオセアニアで、リーダーとなる。開発業務では、日産が運転支援技術や電気自動車（ＥＶ）の開発を主導し、ルノーがコネクテッドカー技術とｅボディの開発、三菱がプラグインハイブリッド車（ＰＨＶ）でリーダーとしてプロジェクトを推進することになった。[21] ３社間の標準化適用を、プラットフォームからアッパーボディまで拡大するなどして、車種あたりの各社の投資額を最大40％減らすという。[22] アライアンスの効果は今後も供給側でのコスト削減が中心となるようだ。一方でこの合議制が定着すると、今後、３社それぞれが全体最適よりも自社の事情を優先する場面が増えるかもしれない。大企業ほど、リスクの高い事業よりも既存事業の深化に経営資源を配分するほうが、社内で支持を得やすいのは日本もフランスも同じである。そうなると自主性尊重に重心が移り、機能統合による効果創出の意欲が減退してしまうことになる。しかし、両社が20年かけて醸成した相乗効果創出の機構は、これまで業績が下降する局面で何度も力を発揮してきた。日産とルノーはアライアンス経営の可能性を過小評価すべきではない。

日産は、前述の野中氏の『知識創造企業』にも事例として登場し、その開発能力には定評がある。「技術の日産」は、モノづくり経営で世界の最先端をいく企業のひとつである。しかし、それだけでは競争に勝てず、20年前、アライアンスに活路を見出すことで生き残った。

日産は今後、世界的な業界再編を主導する側として能力を発揮することができるだろうか。ＦＣＡを買収して、さらに規模を大きくすることは見送った。ルノーの株主であるフランス政府は、日産とルノーの業績が回復すれば、ルノーが主導する経営統合を実現したい考えに変わりはないだろう。しかし、アライアンスが重荷になった場合、ルノーが日産に救済の手を差し伸べることはおそらくない。逆に、ルノーが窮地に陥るようなことになれば、日産が支援する局面が来るかもしれない。これまで自動車業界の資本提携は、最終的には、一方が買収して子会社化するか、あるいは提携を解消するか、そのどちらかに帰結して寡占が進んできた。

三社連合の中で、自動車メーカーとして最も実力があるのは日産である。合議制となった今、日産がイニシアティブを発揮して、ルノーと三菱に次なる結合のプランを提示しなければならない。次の大きな一手は、自動運転車でアルファベットと提携を始めたように、異業種を巻き込んだ再編になるのだろう。モノづくりに長けるだけではグローバルな競争に伍していけないことを一番よく知っているのは、日産のはずである。

第3部

買収後の現場から学ぶ

海外M&Aで飛躍した日本企業の経営

第7章 グローリー
――カンパニー制による自主性尊重の経営

日本企業は、今世紀に入って海外で数多くの大型買収に挑んできた。その現状を分析すると、買収後に成果を挙げた企業もあるが、全体としてはまだ失敗のほうが多い。日本企業は買収のトランザクションに関するノウハウは身に付けたが、買収後の経営については成功のお手本が少なく他社から学ぶ機会が限られているのが、その原因ではないだろうか。

そこで、本章から第12章では、日本企業6社を取り上げて、海外M&Aとその経営について見ていく（表7－1参照）。この6社に共通するのは、日本を代表するモノづくり企業であること、そして海外M&Aを用いて事業を世界トップクラスに育てたことである。

6社の事例は、「はじめに」で紹介した海外M&A研究会でのディスカッションとインタビュー調査をもとにまとめた。第3章で整理した海外M&Aの論点を踏まえて、買収の役割、結合型、組織設計、そして相乗効果創出に着目している。モノづくり経営に長けた日本企業が、買収を用いてどのような競争力を備えつつあるのかを探りたい。

◉表 7-1　6 社の買収と業績

	本書で取り上げる買収		買収前年度		2017 年度		
企業	対象会社	事業	営業利益	営業利益率	営業利益	営業利益率	海外売上高比率
グローリー	タラリス(英国)	通貨処理機	2011 年 112 億円	7.7%	196 億円	8.6%	47.0%
ダイキン工業	OYL(マレーシア) グッドマン(米国)	空調機器	2006 年 807 億円	8.9%	2,537 億円	11.1%	76.3%
DMG 森精機	DMG(ドイツ)	工作機械	2008 年 59 億円	3.8%	294 億円	6.8%	84.7%
日本板硝子	ピルキントン (英国)	自動車、建築用ガラス	2005 年 84 億円	3.2%	344 億円	5.7%	76.3%
堀場製作所	カール・シェンク (ドイツ) MIRA(英国)	車両試験エンジニアリング	2004 年 93 億円	10.1%	268 億円	13.7%	66.7%
村田製作所	ペレグリン(米国)	高周波スイッチ	2013 年 1,258 億円	14.9%	1,621 億円	11.8%	91.7%

注：DMG 森精機は株式持ち合い開始前の年とした。カール・シェンクの買収は自動車試験装置事業
出所：各社有価証券報告書などをもとに筆者作成

1　買収の狙い――世界のトップブランドを目指す

グローリーは通貨処理機で世界最大手のメーカーである。造幣局、印刷局、日本銀行などの金融機関や小売り企業などを取引先とし、国内市場で高い占有率を維持してきた。2000年代に入って海外事業の拡大を計画したが、おもに代理店を通じた販売、保守を行っていたため、「GLORY」ブランドが市場に浸透せず、現地ライバルメーカーとの競争で苦戦していた。そこでグローリーは、買収によって海外事業を拡大する方針に転換、2012年に欧米を中心に世界22カ国で通貨処理機の直販と直保守サービスを行う英国のタラリス・トプコ社を800億円で買収した[1]。

タラリスは2008年に英国デラルー社の通貨処理機部門が分社して発足したもので、投資

ファンドのカーライル・グループが株主となっていた。分社後は、通貨処理機の製造はＥＭＳに委託、設計やマーケティング、保守サービスに注力し、特に保守は全体売上高の43％を占めていた。大手金融機関を顧客基盤とした経営は安定しており、買収時点でタラリスの売上高約４００億円は、グローリーの海外売上高３５３億円を上回っていた。買収発表時、グローリーの尾上広和社長（現会長）は「通貨処理機分野で世界のトップブランドを目指す」と海外展開の加速を強調した[2]。

2　買収の成果――海外比率と利益率の同時上昇

買収後、グローリーは海外で大きな成果を挙げている。海外セグメントの営業利益はタラリス買収前の18億円から２０１７年度には１１１億円まで増加した。グローリーの海外売上高比率は47％に上昇し、営業利益の海外比率は57％と全体の半分以上を占めるようになった。オペレーションも、買収前は直販・直保守サービスの拠点は８カ国であったが、買収で26カ国になり、現在、１００カ国以上で製品を販売している。金融機関向け現金入出金機の世界市場占有率は約６割に拡大した。

グローリーの海外事業は代理店を通じた営業から、買収後は直販、直保守サービスを主とする体制に転換した。また、機器売りにとどまらず、通貨処理に関するソリューションを提案する営業に移行しつつある。その結果、これまでにない大型案件を欧米の金融機関から受注するなど、海外事業はグローリーにとって成長の柱となった。

２０１０年代に入り通貨処理機の業界では再編が続いたが、他社は買収後の経営で苦戦している。流通向けでは、東芝テックが２０１２年にＩＢＭのＰＯＳ端末事業を８億５０００万ドルで買収した。東芝テックはこの買収で、トイザらス（ＴＯＹＳЯＵＳ）など米国の有力な小売企業を顧客に加え、ＰＯＳ端末の世界市場占有率を3割近くに伸ばし、最大手となったが[3]、買収から3年後の２０１５年度に業績の不振から６９６億円の減損を計上している[4]。金融向けでは、米国のダイボールド社がドイツのウィンコール・ニックスドルフ社を２０１６年に18億ドルで買収し、銀行ＡＴＭ販売台数で世界一となった[5]。しかし、買収直後から赤字が続くなど業績は低迷している。買収で規模を大きくするだけでは成果は挙がらないことがわかる。

3　組織設計――分離型の構造的アプローチ

グローリーの買収は同業者の水平結合であったことから、買収後の組織設計については、タラリスのマネジメントと慎重に検討を進めた。

事業統合の検討は、両社のトップマネジメント4人ずつ、8人で構成する統合委員会（Steering Committee）と、両社の企画部門から構成される統合事務局（Project Management Office）を設けて行われた。統合事務局が統合プランに関して選択肢やスケジュールを起案し、統合委員会がその方向性、妥当性を審議したうえで、グローリー取締役会に上程して決議する仕組みを整えた。

そして、グローリーの海外事業とタラリスを統合して、新会社グローリー・グローバル・ソリューションズ（ＧＧＳ）を設立した。ＧＧＳにはグローリー本社から過半数の取締役を派遣し、ＧＧＳに付与する権限範囲を決めて経営を始めた。

設立当初、本社側がＧＧＳに業務の詳細な報告を求め、干渉しがちであった。大型海外買収のあと、

◉図 7-1　グローリーの組織設計

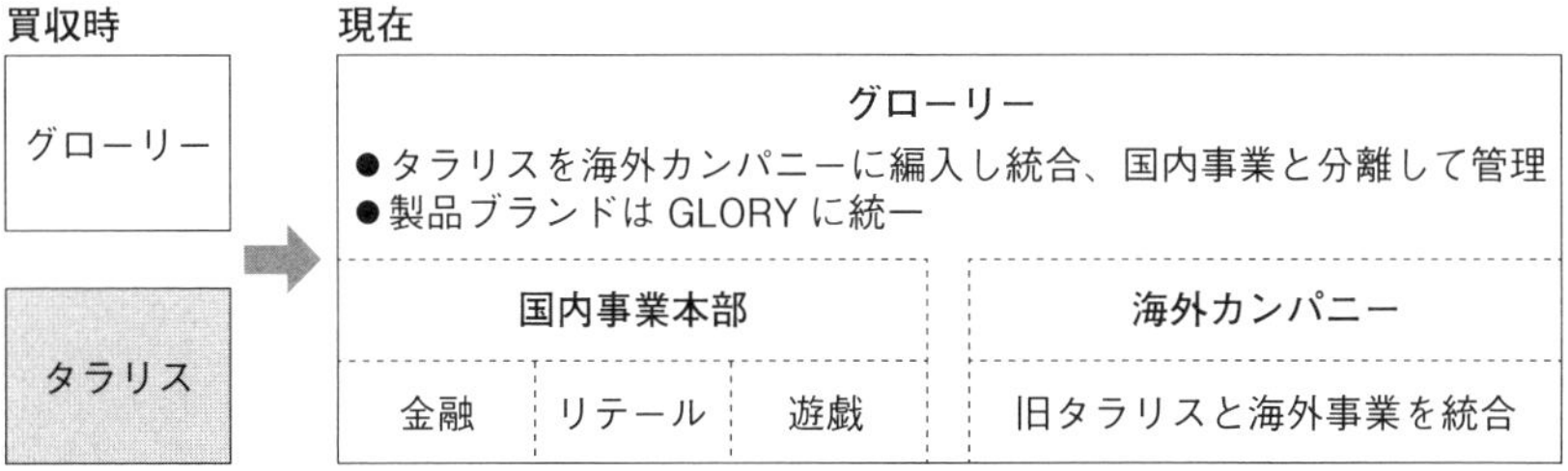

現地のことを何でも知りたいと考えるのは当然のことであるが、現地のマネジメントにとっては面白くないことであり、権限規程で任された業務に口を挟んでほしくはない。買収した現地の従業員には業務に励んでほしいと思いつつも何かと心配で細かく管理したいという親会社と、現地マネジメントとの間で統合事務局は板挟みになることもあった。

グローリーは、2018年度からカンパニー制を導入している。それまで複数の部門に分散していた海外での製品開発や販売、品質保証、保守サービスなどの業務を海外カンパニーに集結し、カンパニー内で事業運営を完結できるようにした（図7-1参照）。例えば、海外の顧客から要求される製品の仕様はグローリーの国内顧客のものと異なる点が多い。そこで、通貨処理のソフトウェア開発も海外カンパニー内に統括オフィスを置いて、機動的に現地の顧客に提案できる体制にした。現在、グローリー本社の取締役専務執行役員である原田明浩氏が海外カンパニー長とGGSのCEOを兼務し、統合した組織を管理している。

グローリーの海外カンパニーに属する人員は3500人で、全体の4割を占めている[6]。海外現地法人では旧タラリスの人事制度をベースに、報酬は業績に応じて決定することを前提としている（Pay for

Performance）。海外ではインセンティブが働く報酬制度を維持しなければ、能力の高い者から流出することになる。グローリーは、自社の業務や報酬体系を用いて融合を図るのではなく、組織を分離して現地の体系を維持するアプローチを選んだのだ。

カンパニー制を敷いて海外の業績を明示することで、現地マネジメントに損益の自覚を促すとともに、社外のステークホルダーにも買収効果を明らかにしている。

4　相乗効果――水平結合による海外直販・直保守への転換

グローリーは買収後に設けた統合委員会で統合基本計画（90日プラン）を策定している。まず、販売では、グローリーとタラリスが競合していたことから、両社の計画におけるカニバリゼーションを修正するとともに、相乗効果を織り込んだ統合後の販売計画を策定した。次に、重複する海外現地法人の統合、そして直販に転ずる対象国の選定など、販売チャネルに関する計画を練った。また、両社の製品ポートフォリオを整理し新製品の開発ロードマップを一本化して、製品開発、生産、品質保証、購買の各機能の統合によるコスト削減計画も策定した。この90日プランを２０１２年10月に策定し、２０１３年3月までを助走期間として、4月にプランの実行をスタートさせている。

◉図7-2　グローリーの相乗効果創出ルート

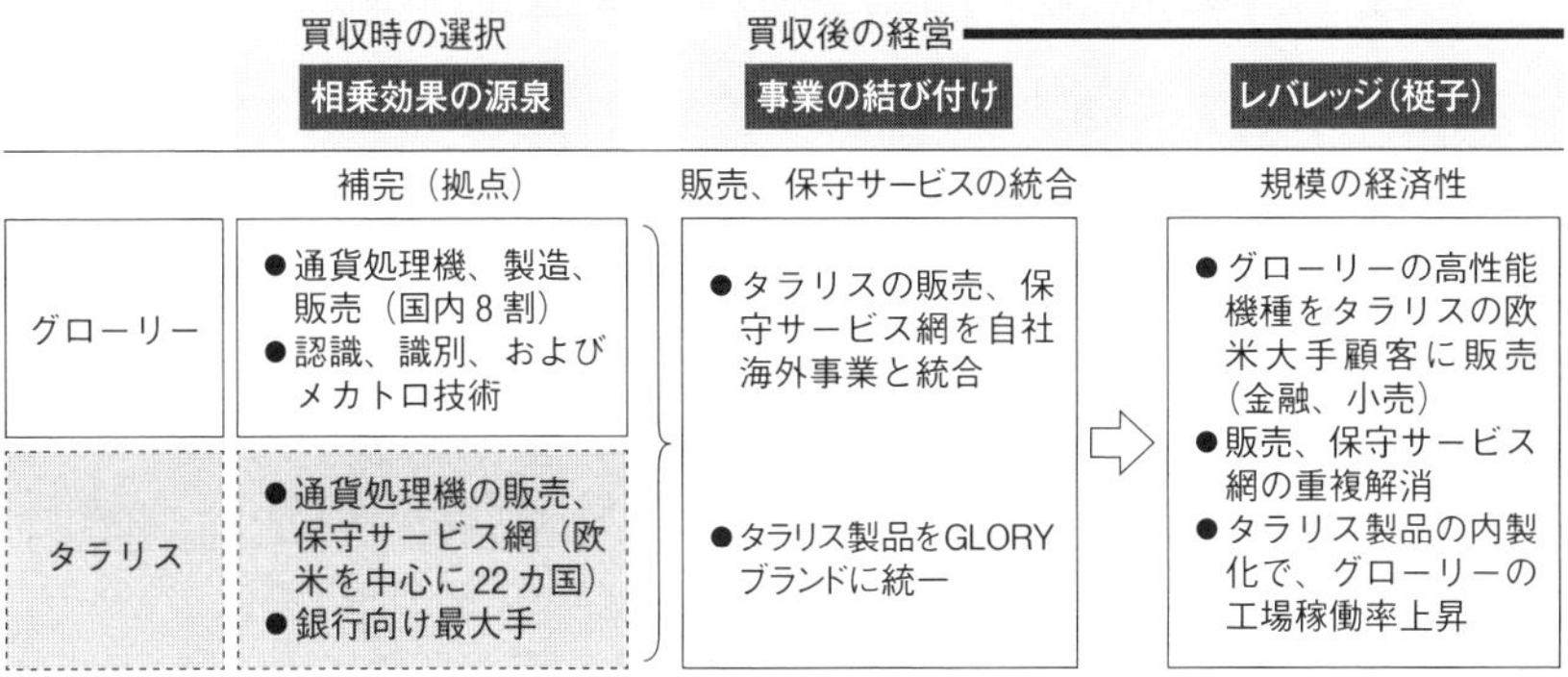

このような相乗効果の計画は、買収後によく見られるメニューであるが、グローリーの決断と実行は早かった。グローリーは、顧客から見て「One-Glory」であることに注意を払い、自社、そしてタラリスの海外拠点をすべてGGSに集約した。また、タラリスの製品を順次「GLORY」ブランドに移行した（図7－2参照）。

ここで2つのことが気になる。ひとつは、「GLORY」ブランドへの転換について、タラリスから反発はなかったのか、もうひとつは、グローリーとタラリスの海外拠点の重複解消というリストラクチャリングをどのように実行したのか、ともに同業者の買収では頭を悩ます問題である。

ひとつ目の「GLORY」ブランドへの統一は、タラリスの営業担当者に喜ばれたという。ライバルであったグローリーの通貨処理機が性能、品質ともに高いことをよく知っていたらしい。営業担当者にとって、販売した後に手がかかる製品はできれば売りたくない。

2つ目のリストラクチャリングで悩ましいのは、海外の拠点統合でグローリーとタラリスのどちらを存続させるのかということだった。結論から言うと、グローリーは海外の拠点ではタラリスのマネジメントをより多く登用した。グローリーは外部の専門家に依頼して、グローリーとタラリスの現地営業、保守部門のマネジメントを個別に評価し、その所属を斟酌せずに有能な人材を残したという。当然、現地のグローリー社員からは「我々がタラリスを買収したのに、実態は逆ではないか」というクレームが多く寄せられた。また、直販、直保守サービス体制への転換に伴い、これまで長い取引のあった代理店との契約を打ち切ることになったため、海外の代理店からも数多くのクレームが本社に寄せられたという。

しかし、買収後に事業を統合する局面で、どこからもクレームが出ないような曖昧なプランでは、大きな効果は期待できない。現状を変えることには摩擦が生じる。グローリーはこの統合作業の責任者を海外事業部門からは選んでいない。買収した側が自社の人員や代理店を削減し、対象会社の人材を登用するとなると社内で軋轢が生じることは想像に難くない。その統合作業を事業責任者に任せればなおさら、そのミッションは難しいものになる。買収した経営資源を活用することが大切だと誰もが言うが、それには厳しい判断と実行力が伴わなければならない。

買収後、タラリスの販売網を活用することでグローリー製の金融市場向け通貨処理機の販売が伸びるとともに新たにリテール市場向けの事業も拡大し、さらには欧米での保守サービス部隊の充実も図られ収益性が高まった。代理店を通じた営業から、直販、直保守の体制に転換したことが奏功した。また、旧タラリス販売網を通じてグローリー製品の販売が増加したことにより、グローリーが国内外に持つ工場の稼働率が改善する効果もあった。

グローリーは買収後に90日プランで示した相乗効果の計画を実行し、成果を挙げた。そして、買収から数年で事業の統合が進み、社内では「相乗効果」という言葉が必要なくなった。

グローリーはタラリス買収の前に、２００４年にドイツのライス・ユーロシステムズ社、２０１０年にはイタリアの販売会社シトラーデ社を買収しており、またタラリス買収後もニュージーランド、ロシア、アイルランド、メキシコ、イタリアなど海外で販売代理店の買収を続けている。

5　特色――新事業探索を先導

タラリス買収の効果は社内のさまざまなところに現われた。例えば、グローリーに入社した若いエンジニアの間では海外勤務を希望する人が増えたという。買収によって社員が活躍できる場が大きく拡がった。

グローリーの経営の特徴はカンパニー制を用いた自主性尊重にある。旧タラリスのマネジメントを米国、欧州、アジア担当の責任者、そして本社執行役員などに積極的に登用し、給与や賞与も従来どおり個人ごとに市場価値にもとづいて取り決めるなどインセンティブ・プログラムも設計している。また、海外の子会社から、日本本社側の生産性が低いのではないかと指摘されることもあるという。このような指摘が出てくるのは経営の透明性が高く、社内で健全な議論が行われていることの表れで、カンパニー制のメリットでもある。

タラリス買収によって海外での成長を実現したグローリーは、２０２８年に売上高を現在のおよそ２倍の５０００億円に拡大することを目標としている。[7] タラリス買収後も複数の販売代理店を買収し、「ＧＬＯＲＹ」ブランドの浸透と直販、直保守サービス網の拡張に余念がない。さらに、世界的なキャッシュレス決済の拡大を見据えて、隣接するサービスへの投資で新たな成長の柱となる事業の探索を始めている。

２０１９年には、小売店のレジなどを現金自動預払機の代わりにしてキャッシュアウトサービスを提供するシンガポールのソーキャッシュ社[8]とドイツのキャッシュペイメント・ソリューションズ社（ＣＰＳ）の株式を取得した[9]。ソーキャッシュはシンガポール国内１３００以上の小売店舗と現地の大手金融機関と提携している。提携銀行に口座がある個人が、提携小売店で現金を出金できるサービスで、スマートフォンのアプリで出金したい金額を打ち込み、出金したい店舗を選択してレジでＱＲコードを提示し、銀行がオンラインで取引を承認することで現金を受け取ることができる。小売店も売上金の一部を出金することで、売上金回収の頻度が減り、回収にかかるコストを下げることができる。

ＣＰＳも、ドイツを中心に流通小売店のレジを通じた総合的な現金決済プラットフォームを提供する会社で、消費者は小売店で、ＣＰＳが発行するバーコードを提示するだけで、銀行口座の入出金、電子商取引や公共料金の現金支払いができる。

２０２０年にはフランスのアクレレック社を買収した[10]。アクレレックは、セルフサービスキオスク機器（情報の受領や注文、代金決済等を店員に代わり利用者自身で行うことができる製品）の開発、製造、販売、保守とコンサルティングまでを提供する会社で、ヨーロッパを中心に19カ国に拠点がある。

タラリス買収は通貨処理機市場における事業拡大に大きく寄与し、「ＧＬＯＲＹ」は世界のトップブランドになった。そして、グローリーは長期ビジョンの中に、次の10年で多様な決済手段の提供と、通貨流通の新たな管理スキームの構築を試みることを掲げた。

海外カンパニーの役割は、タラリス統合時に目指した規模の拡大から、新たな事業の探索を先導する投資やアライアンスへと拡がっている。

第８章　ダイキン工業——求心力・遠心力の経営

１　買収の狙い——米国でトップに立ち世界ナンバーワンを目指す

ダイキン工業は２００７年にマレーシアのＯＹＬ社を約２４００億円で、２０１２年には米国のグッドマン・グローバル社を２９６０億円で買収した。これらの大型買収の前に、ダイキン工業は２度アメリカに進出している。しかし、１９８０年代に始めた家庭用エアコンの輸出は、円高の進行で１９８８年に撤退した。また、１９９８年には自動車用ラジエータなどの熱交換器大手メーカーの米国モディーン社と合弁会社を設立し、業務用エアコン事業に乗り出したが、これも販売が思うように伸びず、２年で合弁を解消している。その後もダイキン工業は自社で販売網の構築を図ったが、現地での競争で苦戦していた。当時、井上礼之会長は「米国でトップに立たずして世界ナンバーワンは成り立たない」として、世界最大の空調機器市場である米国の攻略に、今度は買収によって挑もうとした。

2　買収の成果――米国空調業界の四強入り

米国の空調機器は業務用、住宅用ともに日本とは異なる。米国の業務用空調は、中央監視室から専門のオペレーターが操作し、一括して広い空間の冷暖房を大量に行うセントラル空調が主流である。米国の空調機器メーカーは機器売りだけでなく、大型ビルや商業施設の空調制御と保守を一括して請け負い、周辺機器と組み合わせて提供するアプライド事業に注力している。ダイキン工業はＯＹＬの買収によって、その子会社で業務用大型空調機器メーカーのマッケイ社を獲得し、米国のアプライド市場に本格的な参入を果たした。

住宅用空調は生活様式に沿った商品で、日本では部屋ごとに室外機と室内機をセットで置く方式が主流である。読者の中で米国に居住した経験のある方ならご存じだと思うが、米国では建物全体に管（ダクト）を通して冷暖房の空気を送るダクト式が中心で、エアコンは日本のように家電量販店で買うのではなく、住宅設備のひとつとして設置されることが多い。もちろん、日本式は大がかりな工事が不要で、部屋ごとの温度調節も可能なことから省エネ効率も高い。しかし、省エネや環境意識に訴えても、住宅用のエアコンを選ぶのは消費者ではなく、ホームビルダーと言われる住宅メーカーや建設会社であることから、日本のダクトレス式空調は容易に浸透せず、ダイキン工業は米国市場を攻めあぐねていた。

グッドマンは売上高20億ドル（２０１１年）のダクト式住宅ユニタリ大手で、ダイキン工業は買収によって米国内に４つの住宅用空調工場、９００の販売拠点、６万店のディーラー網を手に入れることになった。自社のダクトレス式空調にグッドマンのダクト式空調が加わり、ダイキンの米国住宅用空調の市場占有率は一挙に拡大した。

ＯＹＬ買収前の２００６年に46％であったダイキン工業の海外売上高比率は２０１７年に約76％に増加し、特に、北米の売上高は４１４億円から５０３４億円にまで伸び、全体売上高の３割に達した。ダイキン工業はＯＹＬとグッドマンの買収で、これまで厚い壁に阻まれていた米国市場に本格的な参入を果たし、大型業務用空調のアプライド事業とダクト式住宅用空調を製品群に加えることで空調メジャーのひとつになった。

米国の空調業界では買収や提携が進んでいる。現在、キヤリア社、ジョンソンコントロールズ社、トレイン・テクノロジーズ社、そして、グッドマンを買収したダイキン工業の四強による争いになっている。競合する米国企業は、大型ビルや商業施設向けに、業務用空調の機器、管理、保守をシステムとして提供する能力が高く、顧客基盤も厚い。キヤリアは、親会社ユナイテッド・テクノロジーズ（現レイセオン・テクノロジーズ）が航空宇宙事業に集中するのに伴い、２０２０年にスピンオフしてニューヨーク証券取引所に上場した。ジョンソンコントロールズは、２００５年に空調機器メーカーのヨーク・インターナショナル社を買収した。さらに、利益率の高いビル用空調のアプライド事業拡大を最優先課題とし、２０１４年には換気・送風装置製造のエア・ディストリビューション・テクノロジー社を16億ドルで買収している[1]。２０１５年には、日立製作所の子会社、日立アプライアンスとの合弁会社ジョンソンコントロールズ日立空調を設立した。ジョンソンコントロールズは、日立のビル用マルチ空調であるＶＲＦ（Variable Refrigerant Flow）システムを北米で販売するため、テキサス州ダラスにＶＲＦトレーニングセンターを開設するなど、相乗効果の創出を急いでいる[2]。また、トレイン・テクノロジーズ[3]は２０１８年に三菱電機とダクトレス空調の販売、サービスを行う合弁会社を設立している[4]。

米国は依然としてダクト式セントラル空調が90%と主流であるが、ダクトレス式空調機の販売も年率10%で成長している。今後もさらに、日米の空調大手による再編が進む可能性がある。

3　組織設計――分離・非分離のハイブリッド型

ダイキン工業のＯＹＬとグッドマン買収は、米国市場占有率拡大を目的とした水平結合であると同時に、製品群を補完する混合結合でもあった。買収後の組織設計は、分離から始めて、非分離に移行するハイブリッド型であった。

ＯＹＬは、マレーシアのコングロマリット、ホンレオン・グループ傘下の上場企業で、グループ会社は１０６社、従業員数は全体で１万人を超えていた。ＯＹＬは、マレーシアで最大手の住宅用空調メーカーであるＯＹＬマレーシア、米国を中心に大型ビルや工場など業務用のセントラル空調機器のメーカーで世界第４位のマッケイ、エアフィルターで世界第３位のアメリカン・エアフィルター社（ＡＡＦ）など、複数の事業から構成されていた。ダイキン工業は、このＯＹＬ買収で一度に３つの大きな事業を傘下に収めた（図８－１参照）。

ＯＹＬはダイキン工業にとって初めての大型海外Ｍ＆Ａであったことから、買収後の経営は容易でなかった。ＯＹＬの住宅用エアコンは低価格を武器にマレーシア市場で首位を占めていたが、その品質はダイキン工業の水準を満たしていなかった。そのため、当初はＯＹＬの住宅用エアコン製品のブランド「ＹＯＲＫ」と「ＡＣＳＯＮ」を「ＤＡＩＫＩＮ」ブランドに変更することは見送っている。また、マレーシアでＯＹＬの販売網を活用してダイキンのエアコンを販売する計画も進めたが、価格や性能が現

◉図8-1　ダイキン工業の組織設計

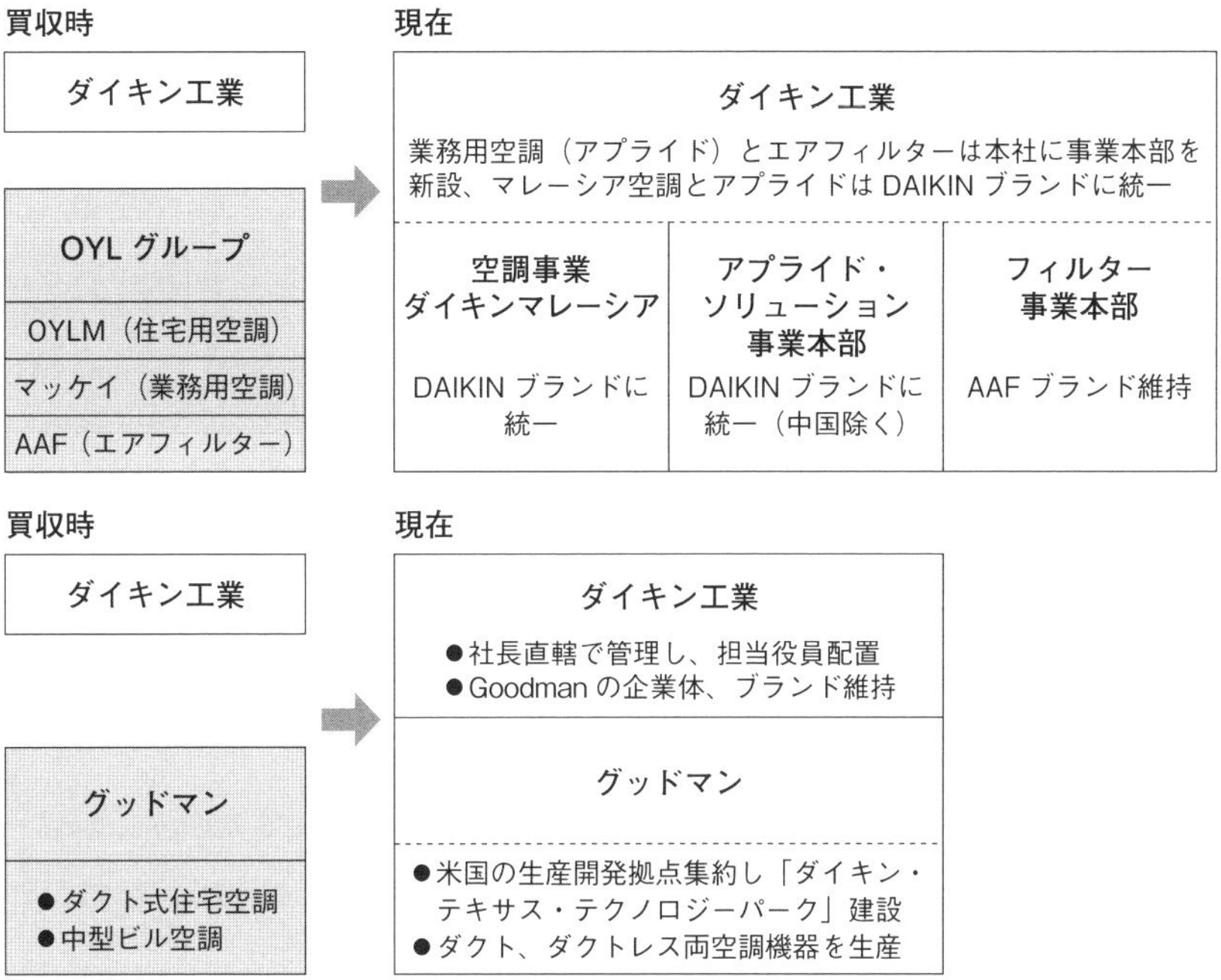

地の需要と合わず、クロスセルの相乗効果も思うようには進まなかった。さらに、インバータ技術を供与するために技術者をマレーシアに派遣し指導を始めたが、現地で予想外の反発を招き、ＯＹＬの技術者が40人ほど辞めてしまうといったこともあった。

　その後もダイキン工業は、マレーシアのＯＹＬ生産工場の指導を粘り強く続けて、品質が改善した２０１４年に「ＤＡＩＫＩＮ」ブランドに統一、２０１６年に社名もＯＹＬからダイキンマレーシアに変更した。買収から10年かけて分離型から非分離型に移行したことになる。

　マッケイは、ターボ冷凍機やチラー、エアハンドリングユニット、ファンコイルユニットなど業務用大型アプライド機器メーカーで、ＯＹＬが買収した事業であった。ダクト式アプライド機器は、日本国内では東京ドームや六本木ヒルズなど大型施設に需要が限られていたことから、ダイキン工業にはアプライド市場向けの製品が少なく、それが、米国での業務用空調市場への参入が遅れていた理由でもあった。ダイキン工業にとって、ＯＹＬ買収の大きな目的のひとつは、このマッケイを獲得して、米国の業務用空調事業をテコ入れすることだった。ダイキン工業はその後、２０１０年にアプライド・ソリューション事業本部を本社に設立し、マッケイの米国、中国、欧州地域の事業を管理することにし、２０１３年には製品ブランド名を「McQuay」から「ＤＡＩＫＩＮ」に変更している[5]。

エアフィルター事業では、ＡＡＦを傘下にした後、２００９年に日本板硝子の子会社である日本無機を買収して、国内のエアフィルター市場の開拓にも乗り出した。２０１６年にはＡＡＦを通じて米国エアフィルターメーカー最大手のフランダース社を買収している。その後も、欧州などで販売会社を追加買収し、エアフィルター事業の売上高が１０００億円を超えた２０１８年、本社にフィルター事業本部を設置した。

ダイキン工業は10年かけて買収した事業に磨きをかけて、対象会社のマネジメントから要請があったところから、製品ブランドと社名を「ＤＡＩＫＩＮ」に変更し、本社に事業本部を設立してきた。買収後すぐに名前を変えるのでなく、それぞれの歴史や文化を尊重して、対象会社からの提案を待つという長期的な組織設計である。

グッドマンの買収では、住宅用エアコンの主力ブランド「Goodman」と「Amana」が米国で深く浸透していることから、現地での経営は自主性を尊重する分離型を採用し、子会社として企業体を維持している。グッドマンは販売網を全米に張りめぐらせており、高品質・低価格の住宅用エアコンのボリュームゾーンで米国内市場占有率トップである。グッドマンのダクト式住宅空調（米国で主流）とダイキン工業のダクトレス式は補完の関係にある。

買収後は、グッドマンをダイキン工業本社社長直轄としている。当初はＣＥＯであったデヴィッド・スィフト氏に経営を任せて、本社役員にも迎えたが、2年で退任した。買収後のリテンション、特に投資ファンドから事業を買収する場合に経営者を会社にとどめるのは難しい。現在は、本社から派遣したマネジメントがグッドマンのＣＥＯを務め、生産、販売、商品開発などの案件ごとに、それぞれの担当役員が関わる体制になっている。また、ダイキン工業は、買収した企業との連携を推進する社内専門職である「ブリッジパーソン」を配置している。このブリッジパーソンは、現地化の視点と全社グループ最適の視点を兼ね備えた経営スタッフで、ダイキン工業の買収後の経営を支えている。

ダイキン工業は、買収後の経営が成熟するのに応じて分離型から非分離型に移行するなど、組織を柔軟に設計している。

4　相乗効果――大型投資と製品群拡張による市場占有

２００７年のＯＹＬ買収は、ダイキン工業にとって初めての大型海外買収であったことから、相乗効果の創出には全社的に取り組んだ。まず、買収直後に社内の生産や技術、販売など各部門から２９０人（うち専任70人）がシナジー創出ワーキンググループのメンバーに任命され、本社のワンフロアに集まって作業を始めた。ワーキンググループのメンバーは、現地とコミュニケーションを図りながら事業の理解を深め、相乗効果の項目を洗い出して計画を作成した。

この経験は社員、特に国内の若手の意識改革につながり、その後、ダイキン工業が買収によって世界展開を加速していくことに大いに役立ったという。ダイキン工業の海外Ｍ＆Ａはすでに30件を超えているが、これまでの経験をもとに、買収前にデュー・デリジェンスと相乗効果の詳細な項目洗い出しを行っている。ＯＹＬ買収後には多数の人員を投入したが、それ以降の買収には、本社の関与を最低限にとどめて対象会社の自主性尊重を優先している。自社の計画を伝えるだけでなく、対象会社からダイキン工業へのリクエストや相乗効果のアイデアに耳を傾ける。実際に何が欠けているのかを一番わかっているのは対象会社であって、買収企業が行うことは、相乗効果の源泉となる経営資源を提供することなのである。

グッドマン買収時には、10年累計で２５００億円を超える相乗効果を見込んでいた(6)。２０１７年には約５００億円を投じてグッドマンの本拠地であるテキサス州ヒューストンにダイキン・テキサス・テクノロジーパーク（ＤＴＴＰ）を建設し、グッドマンの４工場と物流拠点を集約、本社もＤＴＴＰ内に移転させた。このＤＴＴＰは、生産量の変動に即応するモジュールラインや、ＩｏＴを活用して生産の進捗を自動管理する生産技術システムを導入するなど、ダイキングループで最大規模かつ最新鋭

効果

販売増

- フルラインアップ化で北米売上は買収前の414億円（2006年度）から5,518億円（2017年度）に増え、国内売上高を超える
- 日本を含めた材料購入コスト削減などで、全体の営業利益率も8.9%（2006年度）から11.1%（2017年度）に
- 大型買収を通じて会社全体がGlobal Mindに

◉図 8-2　ダイキン工業の相乗効果創出ルート

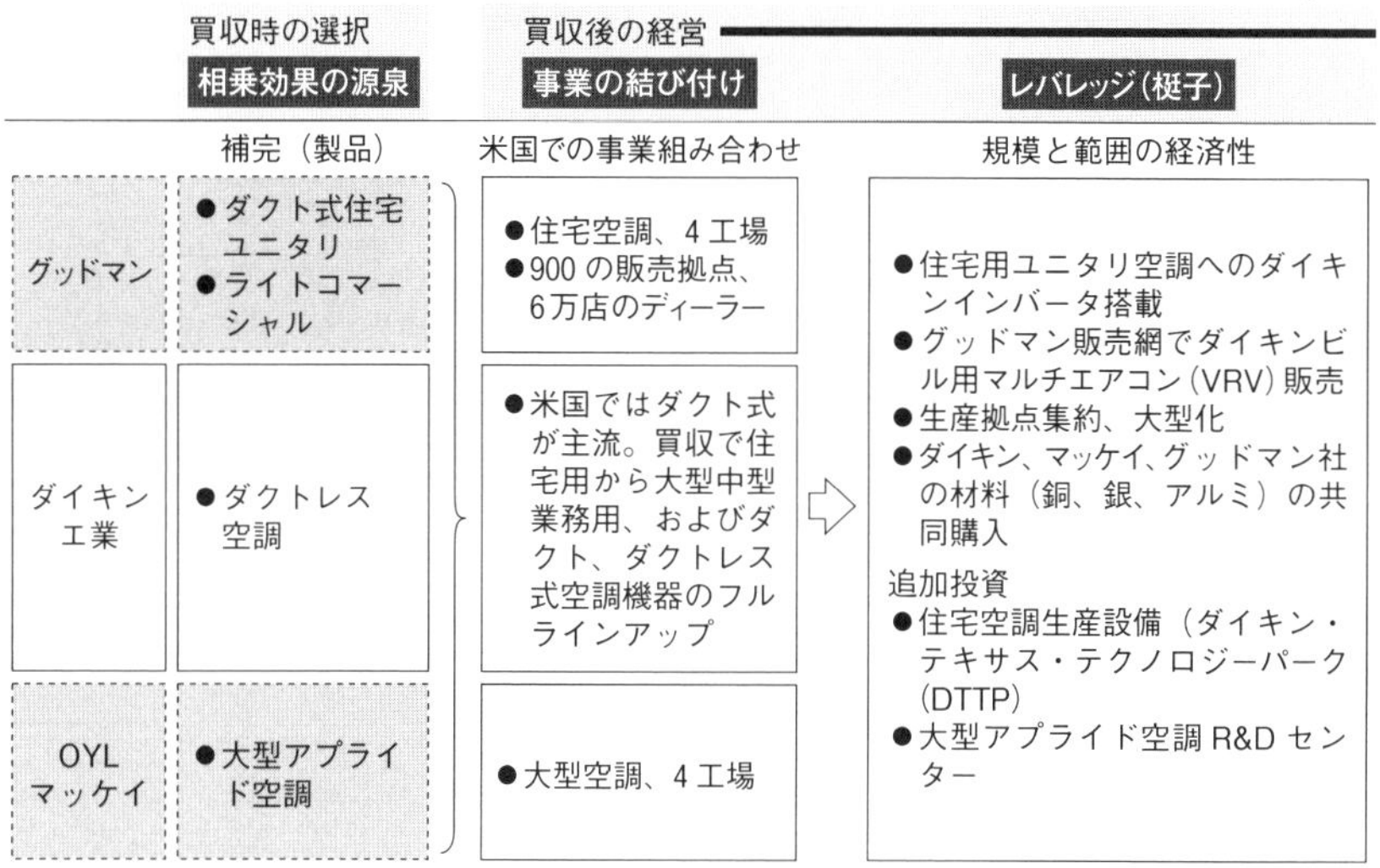

の工場である。ダイキン工業は、今後の米国での事業拡大を見据えて、ＤＴＴＰには米国で販売するすべての空調機器を生産する能力と規模を備えるとともに、銅や銀、アルミニウムなど材料の共同購買も始めている。

また、グッドマンの住宅用エアコンに省エネ効果の大きいダイキンのインバータを搭載した商品の開発や、グッドマンの中小型業務用（ライトコマーシャル）事業を強化するために、ダイキンのビル用マルチエアコンモデル「ＶＲＶ」を投入している。ダイキン工業は米国でも、環境にやさしい低温暖化冷媒Ｒ32を採用したエアコンの重要性を訴求している。また、マッケイを買収して始めたアプライド事業は代理店を通じた販売が中心であったが、顧客に密着したソリューション事業を展開するために、据え付けや保守サービス、集中管理など、周辺のサービスを強化している（図８－２参照）。

5　特色――現場主義

ダイキン工業は、買収と経営について、その経験から独自の考えを持っている。ダイキンにとって統合は組織図上のことではなく、対象会社のマネジメントと社員が、ダイキンの一員として仕事を行うことである。

「任せて任さず」、これはダイキン工業の特色で、人の無限の可能性を信じて、思い切って仕事を任せるということである。海外の買収でも同様に、対象会社の自主性を尊重し、大胆に経営を任せている。買収後はブリッジパーソンを配し、良い情報だけでなく悪い情報や、現地から本社への要望も吸い上げる。そして、ひとたび問題が生じると、今度は躊躇なく本社が現地の経営権を剝奪してまで細部に入り込んで解決にあたる。机上の計画だけでなく現地現物を重視する、モノづくり経営の理念が買収後の経営にも表れている。

ダイキン工業の井上会長は毎年、海外に赴き、タウンミーティングを開いて現地社員の話に耳を傾ける。現地幹部からの提案に対してダイキン工業本社の幹部も交えた審議を経て意思決定するとともに、会長自ら経営方針を伝える双方向のコミュニケーションを行う。現地のマネジメントを信頼し、経営を委ねることによって、海外での事業展開がスピードアップする。これはダイキン工業にとって遠心力となる。しかし、現地に任せるだけではグループがバラバラになってしまいかねない。そこで、現地企業が方向性を見誤らないように、自社の戦略をしっかりと共有することで、本社の求心力を保つ（石田ほか２０１５）。

買収を重ねて、ダイキン工業は１５０カ国で事業を展開し、従業員７万６４８４人のうち８割が海外で働く企業になった[7]。海外Ｍ＆Ａで新たな事業を結合し、遠心力と求心力を働かせる経営は、ダイキン工業の新たな競争力となりつつある。

２０１７年にヒューストン近郊で開かれたＤＴＴＰの開業式典で、井上会長は「空調発祥の地であり最大の市場でもある米国で認められることなしに真のグローバルエクセレントカンパニーにはなれない」と語った[8]。ダイキン工業は、買収を梃子に米国市場のメジャーとして本格的な競争を始めた。米国での事業の全体利益への貢献はこれからであるが、今後、ダイキン工業が米国の空調業界の再編を主導することができるか、注目したい。

第9章 DMG森精機——One Brand for the Worldによる互恵の経営

1 買収の狙い——世界規模の経営統合を目指す

工作機械メーカーの森精機は、欧州最大の工作機械メーカーであった独ギルデマイスター社（ＤＭＧ）と製品開発から生産、販売、保守の広い領域で補完を実現することを目的に、経営統合を実行した。森精機とＤＭＧの協業は、２００９年に５％の株式持ち合いを通じた製品の相互供給と共同購買から始まった。２０１１年にはＤＭＧの増資を引き受けることで20・１％まで保有比率を上げて、この年、両社が初めて共同開発した工作機をリリースしている。

２０１３年には持ち分を24・３％まで引き上げるとともに、両社の社名をＤＭＧ森精機／ＤＭＧ ＭＯＲＩ ＡＧに統一、その後、製品ブランドも「ＤＭＧ ＭＯＲＩ」に統一した。２０１５年に公開買い付けと個別売買を通じて出資比率を52・54％に上げてＤＭＧ ＭＯＲＩ ＡＧ（以下ＡＧ社）を子会社化した。28・１％の取得費用は６億６７００万ユーロであった。[1] 森精機とＡＧ社は５年を超える協業の中で、お互いに効果の確証を得たうえで、経営統合に乗り出した。森精機の森雅彦社長は「買収ということではなく対等な統合の前の重要なステップ」と説明した。[2]

2　買収の成果――工作機械売上高世界トップ、営業利益は5倍

ＤＭＧ森精機はこの経営統合で、ドイツのトルンプ社をおさえ、工作機械の売上高世界トップになった[3]。２００９年に協業を始める前、森精機の売上高は１５７２億円であったが、２０１７年には４２９７億円と3倍近くになった。営業利益は59億円、営業利益率は４％に満たなかったのが、それぞれ２９４億円、６・８％に上昇した。海外売上高比率も84％を超えて、43カ国１５７拠点で事業を展開している。規模と利益率改善の両方を手に入れた、まさに理想的な海外Ｍ＆Ａと言ってよいだろう。

3　組織設計――分離・非分離のハイブリッド型

ＤＭＧ森精機の経営統合は水平結合で、その組織設計は分離と非分離を組み合わせたハイブリッド型である。企業体は分離しながら、ブランドを統一して販売や生産など事業機能は世界規模で統合している。この組織設計は、長年にわたる両社の協業が熟成した結果である（図９－１参照）。

森精機とＡＧ社の協業は、資本提携を始めた翌年の２０１０年にＩＭＴＳ（米国の国際製造技術展）とＪＩＭＴＯＦ（日本国際工作機械見本市）で共同ブースを設けて出展を行うことから始まった。２０１２年にはスイスに合弁会社ＤＭＧ ＭＯＲＩヨーロッパを設立、森精機の英国、フランス、イタリア、スペインにあった販売子会社をその合弁会社に譲渡する形で販売網を統合し、欧州全域で共同販売、サービスを開始した。

◉図9-1　DMG森精機の組織設計

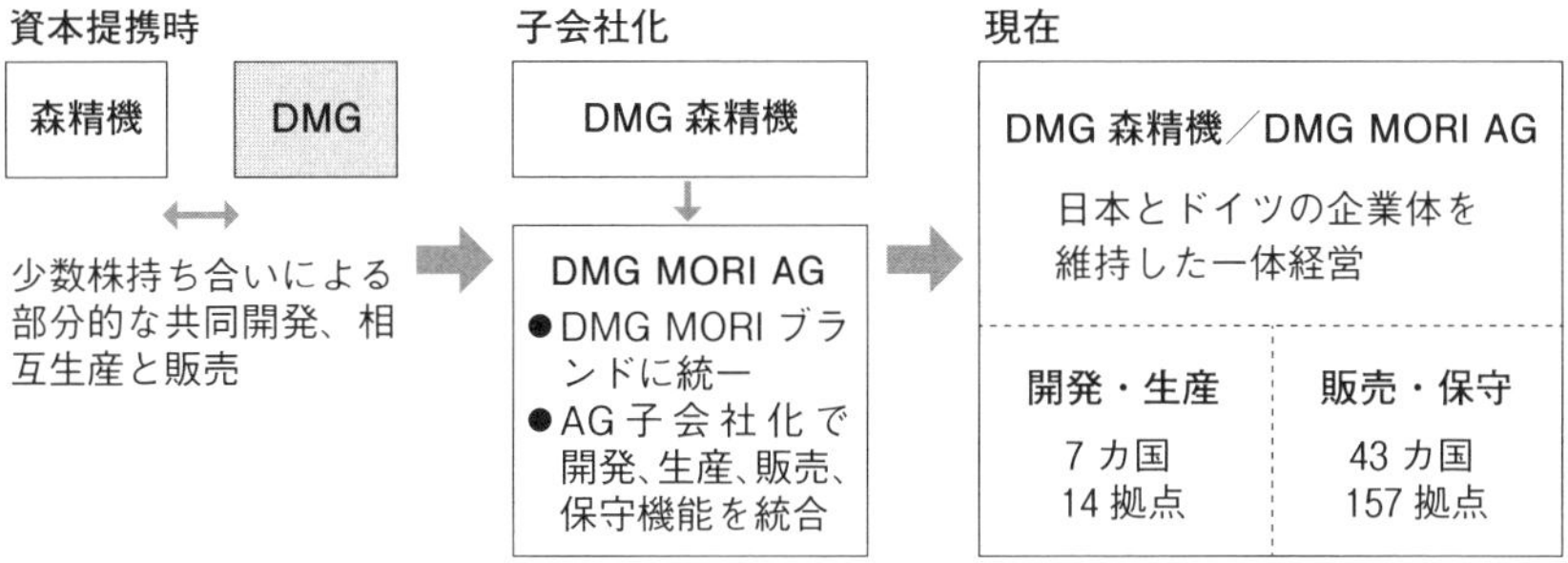

前述のとおり、２０１３年には両社の社名を統一、One Brand for the World の考えにもとづき、製品ブランドも統一すると同時に、協業を議論するJoint Committee（共同経営協議会）を発足させた。その後、ＤＭＧ森精機はＡＧ社の増資引き受けで議決権比率を24・3％に上げ、その対価として計測機器を製造する子会社マグネスケールの株式44・12％と北米工場であるMori Seiki Manufacturing USA の株式19％を譲渡するなど、協業の領域を拡げた。

２０１６年にＡＧ社の75％を超える株式を取得したことで、ドイツにおいてドミネーション・アグリーメントを締結し、ＡＧ社のすべての利益がＤＭＧ森精機に移転することになった[4]。

協業によって最初に成果を挙げたのは販売であった。森精機が日本と米国、そして東南アジア地域で、ＡＧ社は欧州で販売をリードすることにしたが、その結果、２０１０年にＡＧ社がリードする国で森精機の工作機を１８０台、森精機がリードする国でＡＧ社の工作機１８３台を販売し、翌２０１１年にはそれぞれ３５７台、３７０台と、自社の強い地域で相手の製品を販売する台数を増やした。企業経営者にとって、販売が伸びることほど協業の成果を実感できるものはない。

資本・業務提携の段階で、両社はオペレーションにおける補完と協業で享受する効果を十分に理解できていた。そして、森精機による子会社化のときには、１８７０年創業という歴史のあるＡＧ社のマネジメントばかりでなく株主も、経営統合が自社に価値をもたらすことを実績で判断することができた。森精機は、ドイツの名門企業を相手に敬意を表することを怠らず、効果を示しながら賛同を得ていった。社名と製品ブランドにＤＭＧを残したところに、アイデンティティの保持と自主性尊重の考えが示されている。ＡＧ社は現在もフランクフルト証券取引所に上場している。

２０１８年にはＡＧ社の株主総会で、森雅彦社長が監査役会議長に選任されている。ＡＧ社の監査役会は、株主によって選出された６人と社員によって選出された６人によって構成されている。経営の執行役員会の決議はこの監査役会の承認を経て得られるもので、ドイツ企業における最高意思決定機関である。２００９年からＡＧ社の監査役を務めてきた森社長が議長に就任したことで、名実ともに経営統合が実現した。

森精機は、協業で実績を積み上げて、その成果をＡＧ社のマネジメントと共有しつつ販売と生産を統合し、株式保有率の引き上げを段階的に行った。買収で支配権を獲得した後に機能統合を行うケースが多い中、機能統合と社名変更を株式保有の引き上げと並行して行う手法が、大きな成果に結び付いたと言える。

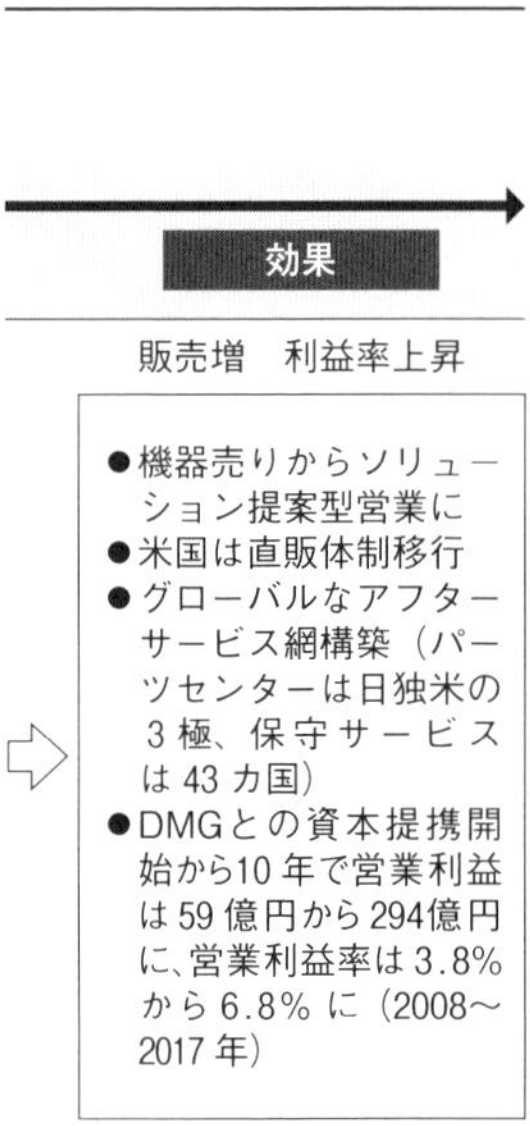

◉図 9-2　DMG 森精機の相乗効果創出ルート

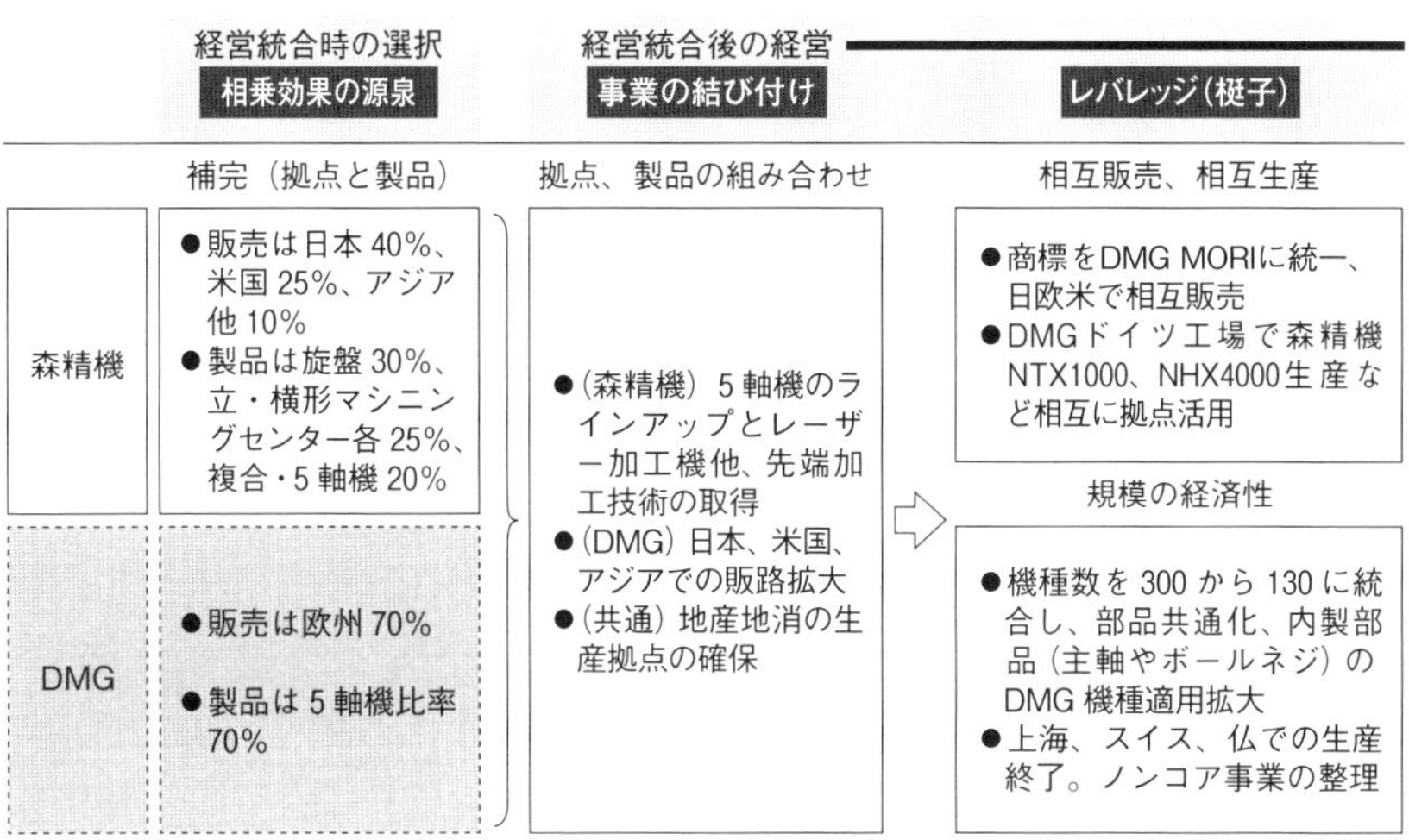

4　相乗効果——水平結合による需要側での利便性向上

森精機とＡＧ社の事業は理想的な補完関係にあった（図9－2参照）。まず、販売では、森精機の主要販売地域が日本、米国、東南アジア、ＡＧ社は欧州であったことから、森精機の欧州拠点はＡＧ社に統合し、ＡＧ社のアジア拠点は森精機に統合した。もともと森精機はディーラー販売が中心で、ＡＧ社は顧客への直接販売が中心であった。経営統合後、森精機は米国での販売をディーラー経由から、直販体制に切り替えるとともに、ＡＧ社のシステムインテグレーションやマーケティング手法を取り入れて、機器売りからソリューション型のビジネスへ転換を図ることになった。顧客についても、森精機は大手自動車メーカーから中小企業まで顧客層が広い一方、ＡＧ社は航空・宇宙業界や医療機器業界を顧客基盤の中心としており、補完の関係にあった。

　生産でも補完による効果が働いた。２０１１年には、欧州で普及しているシーメンス版で設計した森精機の複合加工機「ＮＴＸ１０００」と横型マシニングセンター「ＮＨＸ４０００」の生産をＡＧ社のドイツ工場で本格的に始めた。世界規模でプラットフォームの共通化と現地生産を加速することで工場の稼働率が向上し、需要地で生産することによって輸送の効率化も実現した。現在、ＤＭＧ森精機は７カ国に14の開発・製造拠点を有している[5]。

　さらに両社は、工作機械の製品群でも補完性が高かった。森精機は複合旋盤、横型マシニングセンター、複合加工機を主力製品とするのに対して、ＡＧ社は５軸加工機が７割を占め、レーザー超音波加工機などの先端技術を有していた。工作機械は地域や顧客によって求められる製品仕様が異なることから、グローバル展開には製品群の充実と販路確保が欠かせない。例えば、ＡＧ社の５軸加工機は全体の機種別売上高の７割を占めているが、販売はおもに欧州で、日本ではまだ浸透していなかった。そこで、ＤＭＧ森精機は日本で５軸加工研究会を立ち上げて、70台を貸し出して全国60カ所で定員５人のプライベートレッスンを30回提供し、５軸加工機のオペレーターを１万人以上養成しようとしている。ＡＧ社の製品群を森精機の顧客に提案することで、販売増の効果を狙っている。

　工作機械は一度納入すると、顧客の製造現場で10年、20年と活躍することになる。また、故障があると操業を止めてしまうことから、保守や部品交換などのアフターサービスが欠かせない。ＤＭＧ森精機の顧客は日本企業が中心であるが、顧客の製造拠点は世界に拡がっておりグローバルなアフターサービスが求められる。経営統合の結果、ＤＭＧ森精機はパーツセンターを日本の伊賀、米国のダラス、ドイツのゲーレッツリートに設置し、世界各地の顧客に対し24時間以内のパーツ発送率95％を実現した。保守も現在、43カ国で行っている。ＤＭＧ森精機の相乗効果は供給側だけでなく、需要側でも、ユーザー数が増えることで利便性が高まるネットワーク効果が働いている。

ＤＭＧ森精機は、規模の経済性を梃子にしたコスト削減も実現している。協業を始めた２００９年に３００機種あった製品群を１３０機種に集約し、部品やプラットフォームの共通化を進めた。例えば、欧州の工作機械ではシーメンス製の表示板が普及していることから、欧州で生産する機種はシーメンス製に統一した。そして、日本で開発した旋盤ＮＬＸと欧州仕様の旋盤ＣＴＸのプラットフォームを統合し、欧州生産機にも森精機の伊賀工場生産のマスターシリーズ主軸を標準装備するなど、開発と生産の効率化を世界規模で進めている。部材についても、森精機の内製品である主軸やボールネジをＡＧ社の機種に適用して共通化し、中国からの鋳物の共同調達を行っている。

森精機はＡＧ社と事業を統合する中で、自らの生産拠点の見直しも行い、スイス、上海、フランスでの生産を終了し、ノンコア事業から撤退するなど、リストラクチャリングも同時に実行した。販売増とコスト削減の両方で成果を挙げることに成功した。

5　特色――分離と統合の絶妙なバランス

ＤＭＧ森精機の成功は、経営統合の前に相乗効果を実証することで、互恵の関係を築いたところにある。社名とブランドを統合前に統一するなど大胆な取り組みが信頼関係を醸成し、企業体は分離しながらオペレーションの機能を統合する経営の形を作り上げた。

森社長はＡＧ社の監査役会議長を務めるが、経営の執行は現地ドイツ人に委ねている。また、創業１

５０年のＡＧ社の上場を維持して、そのアイデンティティを保持している。一方で、「ＤＭＧ ＭＯＲＩ」にブランドを統一したことで、両社のマネジメントから従業員に至るまで互恵を意識し、開発や生産、販売、そして保守など広範囲に及ぶ協業が進んだ。日本とドイツ、双方の現場で新しい事業機会の探索と製品・サービスの深化が進められている。ＤＭＧ森精機はこの経営統合によって、工作機械業界の世界的な再編を主導した。

第10章 日本板硝子——小が大を呑む経営

1 買収の狙い——板ガラスのグローバルプレーヤーを目指す

日本板硝子が買収したピルキントン社は、１８２６年創業の長い歴史を有する英国のガラスメーカーである。１９５９年に発表されたピルキントン卿（Sir Alastair Pilkington）発明のフロート製法は、溶融したガラスをフロートバスの中の溶融した金属スズの表面に浮かばせながら流すことで、完全に平らで、全面均等な厚みのガラスが出来る画期的な方式であった。日本板硝子はピルキントンと１９６４年にこのフロート板ガラス製造技術導入の契約を締結し、舞鶴工場で日本初のフロート板ガラスの製造を始めた[1]。

日本板硝子は70年代後半から、創業時[2]の株主であった米国のガラスメーカー、リビー・オーウェンス・フォードグラス社（ＬＯＦ）と北米で自動車向けガラスの合弁事業を始めている。その後、ピルキントンがこのＬＯＦを買収したことでピルキントンとの合弁に移行し、ＬＯＦにも出資することで関係を深めた。そして、２０００年にこの出資分などと交換する形で[3]、ピルキントンの株式10％を取得、翌年に約20％まで出資比率を引き上げた後、２００６年に完全子会社化した。日本板硝子はこの買収の目的を「板ガラス分野での世界トップシェア（当社推定）を獲得し、規模の経済と技術融合によって、コスト・品質・サービスのあらゆる面で真のグローバルプレーヤーを目指」すと説明している[4]。当時の日本板硝子は、国内事業が中心で、海外はベトナムとマレーシア等おもにアジアでの生産にとどまっていた。主要顧客である自動車メーカーは海外現地生産を進めて、車種モデルごとに部品のグローバルソーシングを求めるケースが増え、ライバルの旭硝子（現ＡＧＣ）は欧米での事業買収で先行していた。

欧州そして北米、南米など世界中で広く事業を展開していたピルキントンを買収することによって、自動車、そして建築用板ガラスの世界市場占有率でトップクラス入りを果たし、一挙にグローバルサプライヤーとなることを企図した。

2　買収の成果——ガラス業界の世界三強入り

２００６年の買収当時、ピルキントンの売上高が日本板硝子の2倍以上であったことから、小が大を呑む買収と言われた。実際に、買収後、日本板硝子の売上高は２６５８億円から６８１５億円に増加、欧州の売上高が全体の43％を占めるなど、海外売上高比率が7割を超えた。ピルキントン買収の結果、日本板硝子は26カ国に46のフロートラインを持ち、１３０カ国で販売を行う企業となり、ＡＧＣやフランスのサンゴバンと並ぶガラス業界の三強入りを果たした。

買収後、日本板硝子は、欧州金融危機など逆風に見舞われ主要市場で需要が縮小したことから、規模の拡大が重荷となって、業績の復調には時間がかかった。また、日本板硝子が起用した外国人社長の退任が続いた時期もあり、ピルキントン買収の成否について厳しい見立てが示されることが少なかった。しかし、買収から8年が経過した２０１４年度を境に建築用ガラスと自動車用ガラス事業の収益が安定し、建築用ガラスの営業利益率は、その後10％前後を維持してきた。全体でも２０１７年度の営業利益率５・７％は、ピルキントン買収前の３・２％を上回っている。

買収前、国内事業が中心の日本板硝子の利益率は低く、成長の余地は限られていた。買収がなければ自動車メーカーなど主要顧客のグローバル調達の需要にも応えることはできていなかったであろう。ピルキントン買収は生き残りに不可欠であった。

3　組織設計――非分離型の文脈的アプローチ

日本板硝子のピルキントン買収は水平結合で、組織設計は非分離型である。日本板硝子とピルキントンの企業体を分けず、同一組織で事業を運営していく形である。

買収前の日本板硝子の組織は、情報電子カンパニー、硝子繊維カンパニー、硝子建材カンパニー（建築用ガラス）、輸送機材カンパニー（自動車用ガラス）の4つの事業部から構成されていた。買収後は、日本板硝子の硝子建材カンパニーと輸送機材カンパニーをピルキントンの建築用ガラス事業と自動車用ガラス事業にそれぞれ統合したグローバル板ガラス事業部門を新設した。また、機能性ガラス材料事業部門を新設して情報電子事業と硝子繊維事業を統括する組織再編を実行した。この再編について日本板硝子は、「統合の成果を最大限に創出し、かつスムースなグローバル運営を図るため」と発表している。[5]統合した建築用ガラス事業、自動車用ガラス事業に高機能性ガラス事業を加えた3事業部制は現在まで続いている（図10－1参照）。

◉図 10-1　日本板硝子の組織設計

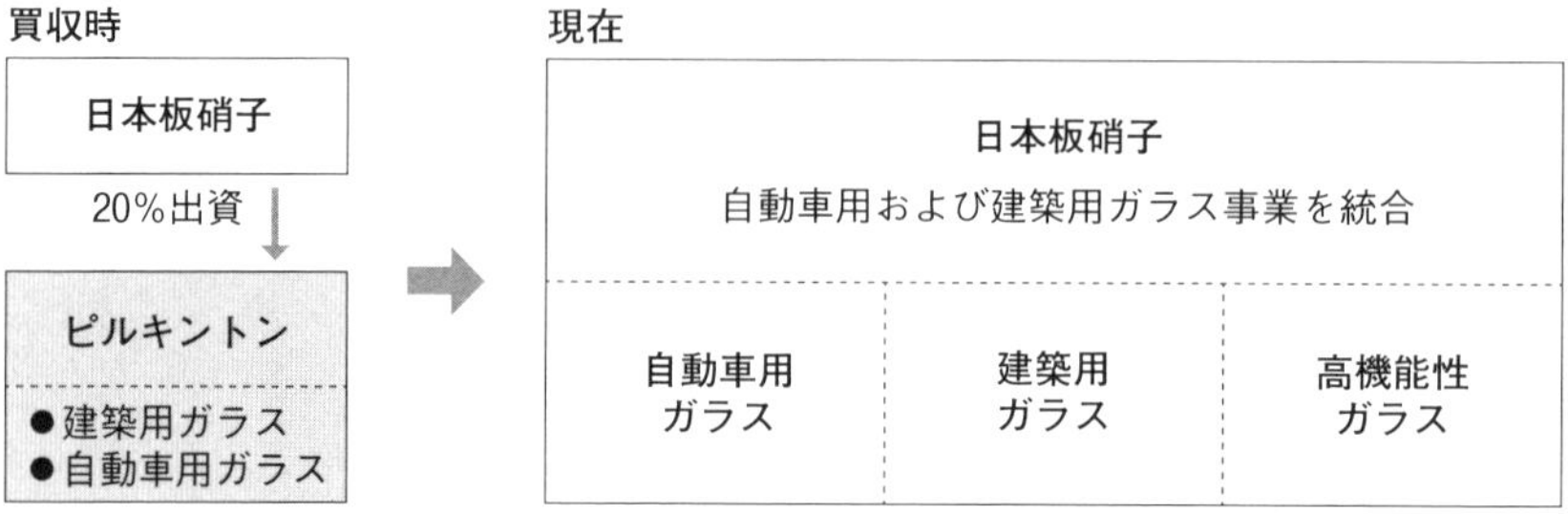

日本板硝子の組織には、特筆すべき点が3つある。ひとつは、買収したピルキントンの人材の活用である。2020年10月時点で経営にあたる執行役18人のうち、自動車用ガラス事業部門長、建築用ガラス事業部門長など10人がピルキントン出身者である[6]。自動車ガラス事業と建築ガラス事業は全体売上高の90%を占め、全従業員2万7000人のうち2万人を超える従業員がこの2つの事業部門に所属している。その事業責任者には買収以来、一貫してピルキントン出身者を配してきた。長期にピルキントン人材のリテンションとサクセッションを実現している。

2つ目は、事業部（Strategic Business Units：SBU）に損益の責任を委ねて管理する体制としたことである。建築用ガラス事業と自動車用ガラス事業の責任者は、日本板硝子本社の執行役でもあるが、東京に常駐していない。自動車用ガラスの部門長は英国に、建築用ガラスの部門長はドイツにと、世界中、部門長がいるところが事業部門のヘッドクォーターで、日本を起点とせず、それぞれの事業環境に合わせた経営を行っている。

例えば、建築用ガラス事業部は、断熱ガラスや防火ガラス、太陽光発電用ガラスを取り扱い、18カ国に9000人の従業員が所属、27のフロートラインを運営し、欧州、日本、北米、南米、中国、東

◉図 10-2　日本板硝子の経営統合のイメージ

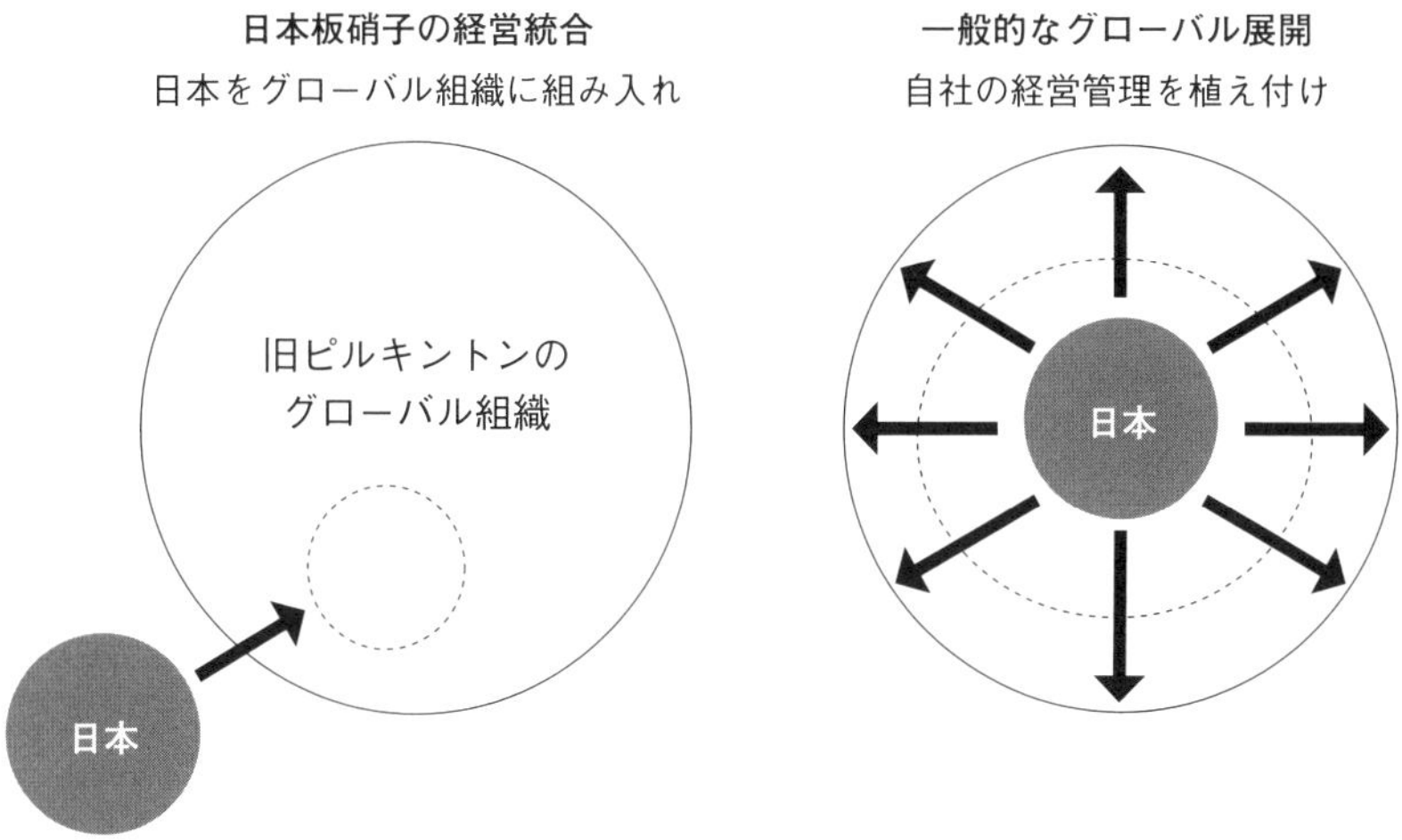

南アジアをおもな事業拠点としている。また、自動車用ガラス事業部は顧客別組織にして、自動車メーカーのグローバルなオペレーションに対応した体制にしている。従業員は14カ国に1万5000人、21の自動車用ガラス加工工場を展開し、欧州、日本、北米、南米をおもな事業活動拠点としている。

3つ目に特筆すべきは、買収当初、日本板硝子が自社の経営システムをピルキントンに植え付けるのではなく、逆に日本の組織をピルキントンのグローバルなオペレーションに組み入れ、ピルキントンの経営管理システムを最大限に活用したことである（図10－2参照）。これが、小が大を呑む経営の展開手法であろう。ピルキントンには世界規模の経営とグローバル運営で一日の長があった。そして、このグローバル経営のインフラこそが日本板硝子が買収にあたって望んだ資産である。それを生かさない手はなかった。

4　相乗効果――ボリューム重視からVA型経営へ転換

両社の統合が進んだ２０１４年に日本板硝子が発表した長期戦略ビジョンと中期経営計画に、相乗効果という言葉は見当たらない。社内に日本板硝子か、ピルキントンかという考えはすでになく、ひとつの損益が定着していた。この長期ビジョンで、汎用品の大量生産による規模の経済性を追求するＣＭＶ（Commodity Mass Volume）型の経営から、市場や顧客の多様性をより重視したＶＡ（Value-Added）型に転換する方針を打ち出した[7]（図10－3参照）。

これは、日本板硝子にとって大きな経営戦略の転換であった。日本板硝子は、その長い歴史の中で、画一規格のガラスを大量生産することで生産と採算を安定させることを経営の基本としてきた。ピルキントンもまた、１９８０年代から欧州で同業のガラスメーカーの買収を重ね、規模の経済性を重視した経営を指向してきた。１９９７年には買収したイタリアのガラスメーカー出身のパオロ・スカロニ氏をＣＥＯに据えて「One Pilkington」を経営方針に掲げ、英国本社が製品と販売方針を決めて海外拠点に指示する、中央集権型の経営を行ってきたほどである。

日本板硝子が規模よりも多様性を重視する経営に舵を切った背景には、２つの出来事があった。ひとつは、汎用ガラス製品の市場において福耀《フーヤオ》な

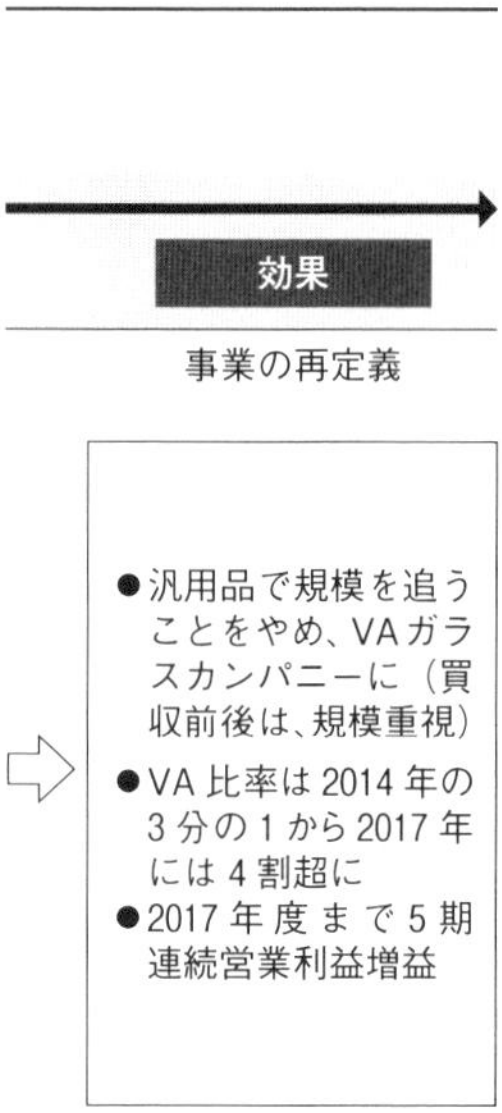

◉図 10-3　日本板硝子の相乗効果創出ルート

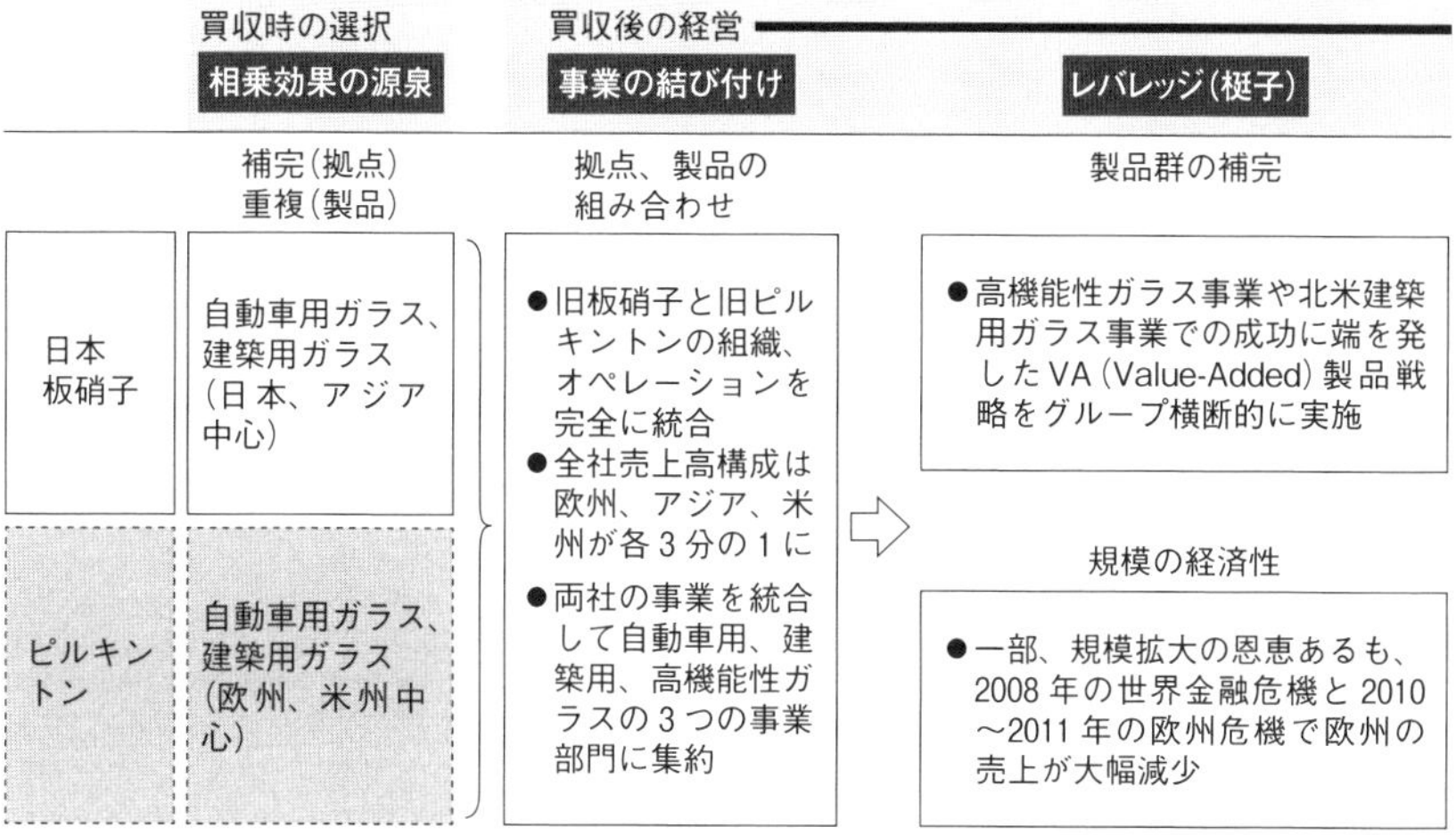

ど中国プレイヤーとの競争が激しくなったことである。ピルキントン買収時に、インドやロシアなど新興国市場の開拓や南米での一層の事業拡大を相乗効果のひとつに計画していたが、その後各国の経済情勢は不安定化し、汎用ガラスで規模を追求しても採算が合わなくなった。

もうひとつは、新たな成長の源泉となる高付加価値ガラス製品が育ってきたことである。日本板硝子の太陽電池用の透明導電膜（TCO）ガラスは、成形中の高温のガラス表面に導電膜を形成するオンラインコーティングによって製造し、耐久性が高く大量生産に向く特徴がある。このオンラインコーティングは日本板硝子とピルキントンが蓄積してきた技術で、旧ピルキントンの米国拠点が、薄膜太陽電池モジュール最大手の米国ファーストソーラー社と長期供給契約に結び付けた。2018年には、TCOガラスの製造設備に380億円を投じ、休止中のベトナムのフローラインを改修・再稼働するとともに、米国に工場を増設することを発表している。[8] 日本板硝子の薄膜太陽電池用ガラスは世界トップクラスで、建築用ガラス事業部門の利益に大きく貢献している。

自動車用ガラスでは、フラハグラス社（現ピルキントン・オートモーティブ・ドイツ社）が１９９０年代に開発したガラスをプレス成形するＡＰＢＬ（Advanced Press Bend for Lamination）と呼ばれる曲げ加工法が、日本板硝子やＬＯＦの技術と組み合わさり中核技術のひとつとなった。[9] 自動車のフロントガラスにはセンサーカメラの取り付けや、メーター類のヘッド・アップ・ディスプレイなど、新たな機能が加わっている。これらの機能には、ゆがみのない面精度の高いフロントガラスが求められることから、ＡＰＢＬ製法の合わせガラスの需要が高まることになった。

ピルキントン買収の相乗効果は、ガラスが装置産業であることから規模の経済に目がいきがちである。しかし、ピルキントンが開発した製品や製法がやがて日本板硝子の技術によって高付加価値ガラスに結実したところに、より持続的な効果が表れている。

中国企業との競争や世界的なガラスの供給過剰に伴う採算の悪化、そして太陽電池用ガラスなど新事業の成長が、日本板硝子と旧ピルキントン経営陣に、ボリューム重視から付加価値の高い製品（ＶＡ品）を重視する経営への転換を促した。もはや相乗効果という言葉が必要なくなった日本板硝子では、既存事業の採算向上とＶＡ化によるさらなる企業価値の創造が目下の課題である。

5　特色――リバースインテグレーション

日本板硝子は、旧ピルキントンの事業を統合し26カ国で生産、１３０カ国で販売という巨大なオペレーションの安定に心血を注いできた。これだけ大掛かりな海外買収では、その成果が挙がるまで10年を要するのは、他の事例でも同じである。ブリヂストンによる米国ファイアストン社の買収、イトーヨーカ堂（現セブン＆アイ・ホールディングス）による米国セブン‐イレブン社の買収は、買収後、赤字に転じることもあり試練の連続だった。しかし、買収後の粘り強い経営によって、今やブリヂストンの北米事業やセブン＆アイ・ホールディングスの海外コンビニエンスストア事業はグループの柱となり、その買収を称賛しても、酷評する人はいなくなった。大型海外Ｍ＆Ａ、特に小が大を呑む買収には長期評価が欠かせない。

　日本板硝子にとって買収後の経営は、世界規模のオペレーションのベストプラクティスとは何か、そしてインクルーシブな組織をいかに構築するかを問い続けた14年だったのではないだろうか。日本を世界市場のひとつと認識し、ピルキントンの器を活用して、国籍を問わず適材適所に人材を配置することを徹底してきた。それは、ピルキントンが規模で勝っていたからではなく、ピルキントンには、買収を積み重ねて被買収会社からマネジメントを登用するなど、英国を本拠としつつ欧州、米州を中心とする経営体制がすでに機能していたからだ。しかし、それが当時のベストプラクティスであっても、買収した側が買収された側に合わせていくことは容易でなかっただろうことは想像に難くない。海外での売上高が全体の半分以上を占める日本企業が増え、リクルートやＪＴなど、事業部門の本拠を買収した海外に移し、国内事業をその傘下に組み入れるリバースインテグレーションの動きが拡がりつつある。

　「レバレッジ」という言葉はレバレッジド・バイアウト（ＬＢＯ）など、買収時に借り入れを活用して投資収益率を上げることに使われる。レバレッジとは、梃子の力を利用して目標を達成することを意味する。日本板硝子は、まさにピルキントンの有形、無形の資産を最大限にレバレッジし、国内比率

80％から海外比率70％の経営に転換した。

一方で、財務レバレッジのほうは、ネット負債資本倍率（ＤＥレシオ）が5倍を超えるなど、まだ課題が残っている。日本板硝子は、千葉とマレーシアのフロート窯を休止し固定費の削減を進める一方、新たにビジネス・イノベーション・センターを創設しＰＣＲ装置の開発販売に乗り出したり、得意のコーティング技術を生かした抗ウイルスガラス開発プロジェクトが英国のイノベーション産業助成機関から助成金を獲得するなど[10]、新規事業の創設とＶＡ化に注力している。

日本板硝子は、ピルキントンの能力をレバレッジすることで、ガラス業界のメジャーとしてグローバル競争に生き残ることになった。そして今、規模の経済を主とする伝統的なガラスメーカーの経営から、付加価値の高いガラス製品を連続して生み出す企業への転換を急いでいる。

第11章　堀場製作所——飛び地を環状に結ぶ経営

1　買収の狙い——自動車開発のワンストップソリューションを実現する

自動車エンジン排ガス計測装置で世界最大手である堀場製作所は、２００５年にドイツのカール・シェンク社から車両評価試験装置事業（ＭＣＴ）を買収、２０１５年には車両開発エンジニアリングの英国ＭＩＲＡ社を１５５億円で買収した。

堀場製作所はこれらの買収で、内燃機関車両における排ガス計測とエンジン性能試験を一体化し、さらには、電動車両用バッテリーや燃料電池の評価試験など次世代自動車開発にも応えるエンジニアリング・サービスを組み合わせ、自動車開発プロセスを包括的にサポートする企業への進化を図った。

2　買収の成果——電動車向け製品群の拡張

堀場製作所は、カール・シェンクから自動車の燃費や耐久性評価等を行うシャシダイナモメータとエンジンダイナモメータ[1]、エンジンの性能をシミュレートするバーチャルバッテリーなどの製品群を獲得した。それによって、自社の排ガス計測に加えて、エンジンと車両、パワートレイン、ブレーキの性能テストをワンストップで提供できるようになった。２０００年代初め、堀場製作所もこれらの性能試験装置の開発を進めていたが、自社開発の方針を転換し買収に踏み切った。

さらにＭＩＲＡの車両開発エンジニアリング事業を獲得することで、ガソリン車から電動車両まで、自動車開発プロセスの初期段階からサポートできる体制を整えた。堀場製作所の自動車セグメント売上高は、カール・シェンクの事業買収時（２００５年）の３７９億円から２０１７年には７３３億円に、営業利益は36億円から76億円に伸びた。車両開発の包括的な性能試験とエンジニアリング・サービスを提供するのは堀場製作所とオーストリアを本社とするエイヴィエルで、ドライブトレイン開発のすべての工程をサポートする体制を整えているのは世界でもこの2社だけである。

3　組織設計――機器売りからシステムサプライ型への転換

堀場製作所の買収は、隣接事業者の製品・サービスと自社事業の補完を目的とする混合結合である。堀場製作所はカール・シェンクのＭＣＴ事業買収後、ドイツ、ダルムシュタット工場を開発拠点として維持し、欧州地域統括会社のホリバ・ヨーロッパに吸収した。そして、２０１２年にはチェコに新工場を建設、現在も、欧州でエンジンダイナモメータなど性能試験装置の製造を継続している。一方、ＭＩＲＡは社名をホリバＭＩＲＡに変更し企業体を維持している。この買収で堀場製作所は技術者を中心に６００人の社員を迎え入れ、自動車開発の上流部分である設計のエンジニアリング・サービスや、バッテリー評価など次世代自動車向けの新たな試験事業を加えた。堀場製作所は現地の拠点を維持しなが

●図 11-1　堀場製作所の組織設計

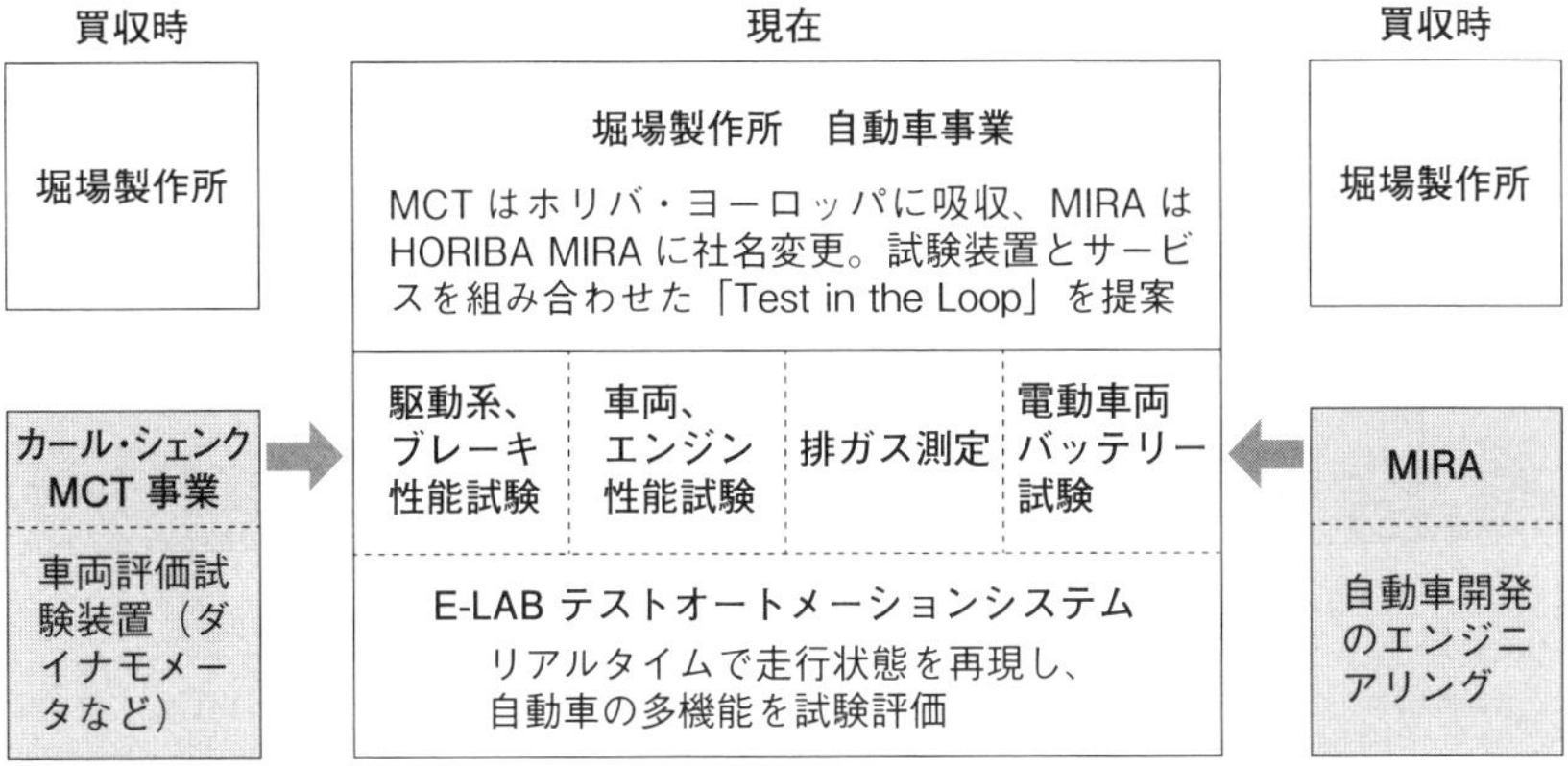

ら、ＨＯＲＩＢＡブランドを掲げて企業文化の融合を図り、計測、性能試験の製品とサービス群を束ねていった（図11－1参照）。

堀場製作所は２０１６年に竣工した「ＨＯＲＩＢＡ ＢＩＷＡＫＯ Ｅ－ＨＡＲＢＯＲ」（びわこ工場）に自動車開発試験設備Ｅ－ＬＡＢを開設している。１階には、堀場製作所の社是「おもしろおかしく（Joy and Fun）」が書かれたヨットの帆が置いてあり、９階のテラスから眺める琵琶湖は壮観である。明るい日差しと開放的な空間が印象的なＨＯＲＩＢＡの社風を表す建物で、世界６カ国（日本、ドイツ、米国、英国、中国、インド）９拠点の試験室をネットワークでつなぎ、情報共有を行っている。自動車の性能試験は、通常、メーカーの研究開発棟内で行われるため、堀場製作所の製品は一般の目に触れる機会は少ない。しかし、Ｅ－ＬＡＢでは、自動車をローラー上で走行させて実路と同じような環境に置き、エンジン、変速機、ハイブリッド用電動モーターおよびバッテリーの開発試験や、排ガス測定のデモンストレーションが行われており、買収した製品とサービスの組み合わせが一目でわかる。

買収後、組織が刷新されたのは、じつは堀場製作所のほうだった。従来の機器販売スタイルから、車両、エンジン性能試験という自動車メーカーの根幹業務に大きく関与することになったからだ。堀場製作所は買収後の変化について、自動車メーカーから開発の初期段階で依頼されるようになったこと、これまでの分析機器売りではなくシステムとして納入する営業スタイルになったことを挙げている。堀場製作所は、計測と性能試験を組み合わせたシステムを提案する組織に進化した。

4　相乗効果——隣接事業の混合結合による増収

隣接者を買収する混合結合は水平結合と異なり、事業の重複が少ないことから供給側で規模の経済は働かない。よって、新たな組み合わせを構築し顧客に提案することで増収の効果を狙うことになる。しかし、単に取り扱い製品の数が増えただけでは顧客は評価しない。包括的な製品やサービスの提供が、利便性の向上など新たな価値を生み出すことが効果創出の前提となる。

排ガス測定とエンジンや車両性能試験の一体化は、自動車メーカーが業務の効率化を図るために性能試験と計測機器購入の一括化を進めたことも追い風となって、堀場製作所に増収をもたらした。排ガス計測シ

効果

販売増

- 自動車計測システム機器事業セグメントの売上高は買収後の379億円（2006年）から733億円（2017年）に。営業利益は36億円から76億円に
- 従来の機器売りから、先端技術含む自動車開発の性能試験、計測のターンキーサプライヤーに

●図11-2　堀場製作所の相乗効果創出ルート

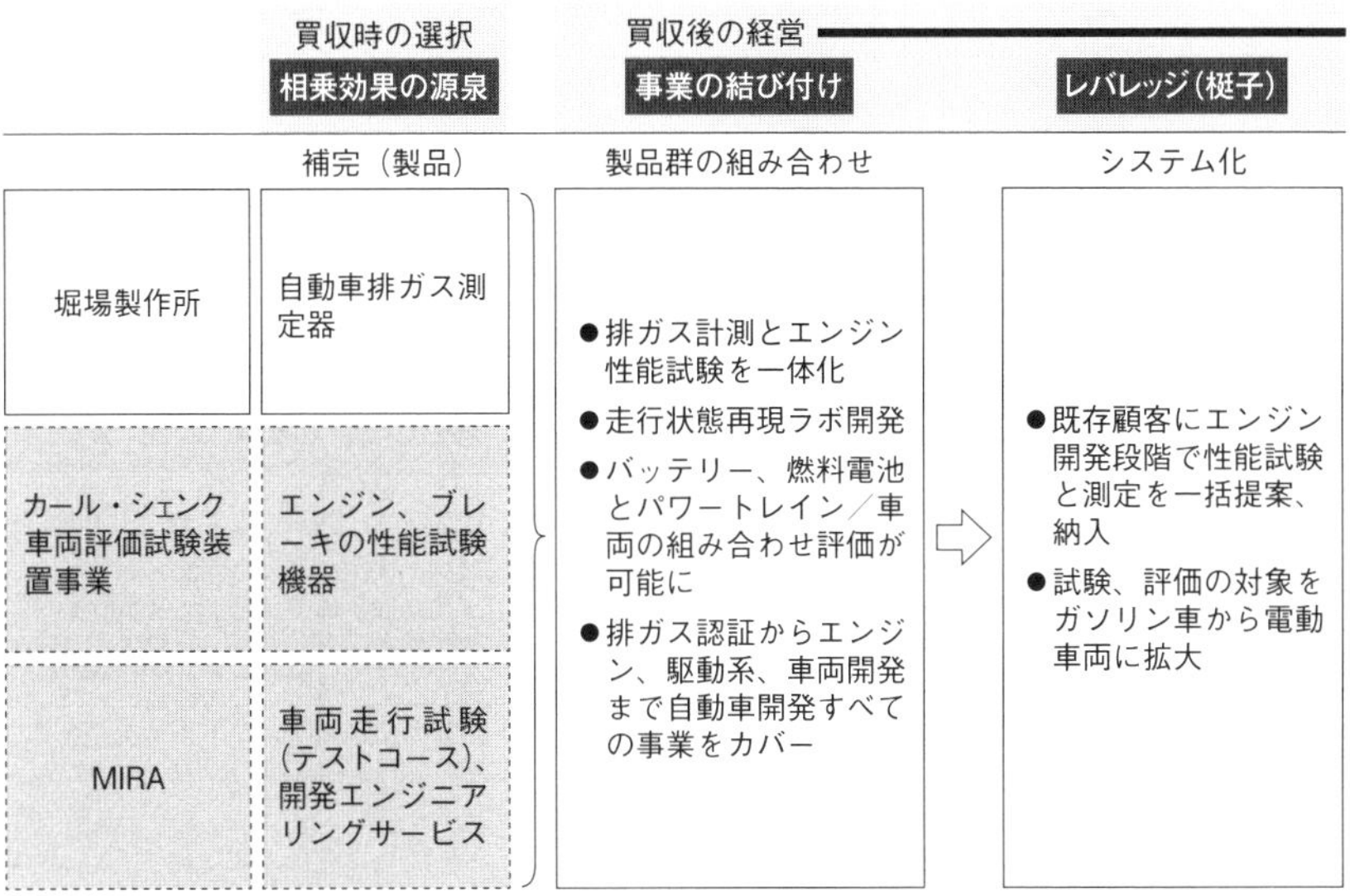

ステムの売上高は２００９年から10年間で２８７億円から５０８億円に、買収したＭＣＴ事業の売上高も85億円から１８２億円に伸びた[2]。

堀場製作所は現在、自動車開発の性能評価を４つの試験から構成する「Test in the Loop」として提案している。すなわち、ＭＩＲＡの技術を活用し電動車両用バッテリーと燃料電池を評価するＣＥＬＬ０[3]、駆動モーターを含むパワートレインの試験を行うＣＥＬＬ１、エンジンの性能試験を行うＣＥＬＬ２、そして完成車両の評価を行うＣＥＬＬ３の４つで、それぞれを組み合わせた試験を行うこともできる。堀場製作所は買収によって、自動車の開発プロセスの上流からほぼ全領域で性能試験の受託や開発支援を提供できるようになった（図11－2参照）。

5　特色――新たな事業を紡ぐ知恵

堀場製作所の堀場厚会長兼グループＣＥＯは買収について、「もちろんＭ＆Ａを判断するうえで、帳簿上の価値は重要です。ただ私の中では材料の半分にすぎません。開発費を削れば一時的に利益が増えるように、表向きの数字は作れるからです。では残りの半分は何か。創業者の父はよく、「企業の真の価値はお金だけで買えないものをどれだけ持っているかで決まる」と言っていました。最たるものが人材です。これまで手掛けたＭ＆Ａのすべてが相手から持ち掛けられたものです。相手が我々の社是「おもしろおかしく」が象徴する企業文化をよく研究しているので、企業文化の融合に時間はかかりません。これもＭ＆Ａを成功させる秘訣です」と語っている(4)。

堀場製作所の買収の特色は、敢えて自社から少し距離のある事業を買収し、その飛び地に橋を架けるように事業領域を拡げたことである。そして、買収で獲得した性能評価試験、測定の装置とサービスを環状に紡いで、「Test in the Loop」の手法を生み出した。もうひとつの特色は、分析や計測機器の分野では、技術のポテンシャルがあっても1年や2年で成果は生まれないことを承知していて、最低でも買収額と同じ金額を対象会社に投資すると決めていることである(5)。買収後、自ら事業を育てて束ねることを前提とし、計測機器の販売から提案型のシステムサプライヤーへと進化してきた。

堀場製作所は、この新たな飛び地に橋を架ける買収を続けている。２０１８年には、ドイツの燃料電池・バッテリー試験装置メーカーのフューエルコン社を買収、ホリバ・フューエルコンに社名を変更した後、試験装置の生産能力を3倍にする拡張工事に着手した。「Test in the Loop」の環はさらに拡がりつつある。

第
12
章
村田製作所——Innovator in Electronicsの経営

1　買収の狙い——主要半導体技術を内製化する

電子部品メーカーの村田製作所は、スマートフォンの無線フロントエンド回路で用いる部品を一体化した超小型集積モジュールであるフロントエンドモジュール[1]の競争力を高めるため、２０１４年に米国のペレグリン・セミコンダクター社（現pSemi）を約４９０億円で買収した[2]。ペレグリンはスマートフォンのアンテナ周辺部品であるＲＦ（高周波）スイッチのサプライヤーで、半導体の材料では主流のガリウムヒ素（GaAs）に代えて、シリコンオンインシュレーター（ＳＯＩ）を材料とした独自の生産プロセスを開発したことで頭角を現わした会社である。買収時、ペレグリンの売上高は、およそ7割が村田製作所向けで、両社は共同開発も行っていた[3]。

フロントエンドモジュールサプライヤーは、現在、村田製作所とクアルコム、スカイワークス、ブロードコム、コルボの米国勢4社を合わせた大手5社に集約されている。この5社は、元々の得意な技術や製品は異なるが、モジュールを構成する主要部品を買収により内製化することで事業を拡大してきた。

フロントエンド部品業界再編の背景には、２０００年代に入り、急速に市場が拡大した携帯電話、それに続くスマートフォンに、従来の通話機能だけでなくブラウジング、ストリーミング、データアクセス、クラウド対応などの新たなサービスが加わったことがある。端末メーカーは、新たな機能を支える大容量のバッテリーを搭載するスペースを確保するため、部品の高集積、小面積化をサプライヤーに求めたことで、部品内蔵技術や薄層ＬＴＣＣ基板を用いた多層プロセス技術の開発が進んだ。

そして２０００年代後半に入ると、スマートフォンなどのモバイル端末には種々のネットワークに対応する機能が求められるようになり、通信規格として、高品質・高速データ転送を実現した３ＧシステムＵＭＴＳ（Universal Mobile Telecommunications System）が搭載されるようになった。その後、大量のデータを一度に送受信し、高速通信を実現した通信規格ＬＴＥのサービスが始まった。ＬＴＥ対応周波数帯の数は２０００年代初めの４つ程度から、現在は25に及ぶマルチバンド化が進んでいる。

この通信規格の変化によって、フロントエンドで必要な周波数の電波を受送信するフィルターと高周波数に対応するスイッチの重要性が増すことになった。同時に、端末メーカーがさらなる小型化、軽量化を求めたことが、大手サプライヤーによる高周波スイッチやフィルター、パワーアンプの買収とそのモジュール化に拍車をかけた。

2　買収の成果――フロントエンドモジュール業界の再編主導

村田製作所は、国内外で買収を重ねることでフロントエンドモジュールの世界的再編を主導[4]してきた。モジュールの主要部品のひとつで、電波から必要な周波数だけを取り出すＳＡＷフィルターの量産を１９９０年代から始めていたが、２００８年には富士フイルムの仙台工場を買収して生産能力を増強した。

◉表12-1　フロントエンドモジュール業界のM&A

フロントエンドモジュールサプライヤー	自社製品	買収で獲得したおもな事業（売却側企業）	
村田製作所	SAWフィルター セラミック基板	パワーアンプ （ルネサス 2012年）	高周波スイッチ （ペレグリン 2014年）
クアルコム（RF360）	半導体	SAW/BAW フィルター （TDK/EPCOS 2017年）	
スカイワークス	パワーアンプ スイッチ	SAW フィルター （パナソニック 2014年）	
コルボ（旧 Micro Devices/RFMD）	パワーアンプ （旧 RFMD）	SAW/BAW フィルター （TriQuint 2015年）	高性能 RF-MEMS （キャベンディッシュ・キネティクス 2019年）
ブロードコム（旧 Avago）	半導体	RF スイッチ半導体 （ブロードコム 2016年）	

出所：各社プレスリリースなどをもとに筆者作成

村田製作所は元々、フロントエンドモジュールに欠かせない積層セラミックコンデンサやＲＦインダクタの世界トップメーカーのひとつだが、スマートフォン１台あたり最大で20個以上搭載されるＳＡＷフィルターの世界最大手でもある。

そして２０１２年には、ルネサスエレクトロニクスから高周波信号を必要な出力まで増幅するパワーアンプ事業を買収した後、ペレグリンを買収してスイッチ事業を獲得した。村田製作所は、自社セラミック技術を生かしたＬＴＣＣ基板⑤やＳＡＷデュプレクサ⑥の技術に加え、フロントエンドの主要な高周波部品をすべて内製化することで、モジュールの実装面積を削減するとともに、部品を柔軟に組み合わせた高機能モジュールを端末メーカーに提供して販売を大きく伸ばした。

村田製作所を追いかけるように、競合会社も買収に積極的に動いた（表12－1参照）。スカイワークスは２０１４年にパナソニックからＳＡＷフィルター事業を買収し、ＲＦマイクロ・デバイセズ社（ＲＦＭＤ）は２０１５年にＳＡＷ／ＢＡＷ[7]フィルターのトライクイント社を買収し[8]、社名をコルボに変更、２０１９年にはＲＦ－ＭＥＭＳ[9]のキャベンディッシュ・キネティクス社を買収するなど、フロントエンドのモジュール化に伴い、大手サプライヤーによる主要部品の内製化が続いている。

一方、ディスクリート半導体[10]を開発、販売するメーカーは単独で事業を続けることが難しい。ＴＤＫは２００８年にドイツで買収した電子部品メーカー、エプコス社のフィルターやデュプレクサなど高周波モジュール事業を２０１７年にクアルコムとの合弁会社に移管、２０１９年に完全譲渡した。一方、クアルコムは、この買収でＳＡＷやＢＡＷなど広範な周波数帯域に対応するフィルターの開発技術を獲得し、自社が設計・開発するパワーアンプやアンテナチューナー、スイッチ部品を合わせてフロントエンドモジュールの開発体制を整えた。

大手サプライヤーは、通信端末メーカーの要求する規格や仕様に合わせて多様な組み合わせのモジュールを供給している。１台の端末には複数のモジュールが搭載されるが、各社の生産能力の限界もあり、スマートフォンのひとつの機種に、１社が独占して納入するケースは少ない。毎年のように新世代の端末が開発されており、フロントエンドモジュールの仕様も世代ごとに新しくなることから、大手といえども長期的な供給は約束されていない。村田製作所にとって主要な高周波部品の買収による内製化は競争に不可欠であった。

3　組織設計――分離型の構造的アプローチ

村田製作所のペレグリン買収は、モジュールサプライヤーによる供給者の垂直結合であると同時に、

◉図 12-1　村田製作所の組織設計

自社がフロントエンド部品であるフィルターやパワーアンプのサプライヤーであることから、隣接するスイッチの混合結合でもある。

ペレグリンは買収後、村田製作所のモジュール事業本部所管となって２０１８年に社名をpSemiに変更した。pSemiが半導体の設計に関連した５００を超える特許を保有する研究開発型の企業であることから、[11] 組織設計では、企業体を存続し、その経営を現地のマネジメントに委ねている。村田製作所本社からの派遣は数人程度で、統合対象はバックオフィスの管理機能にとどめるなど、自主性を尊重し有能な現地技術者を維持することに努めている（図12－1参照）。

買収時のCEOであったジム・ケーブル氏は、２０１７年までCEOの職を続け、２０１７年からCTOに就任したが、村田製作所はケーブル氏に村田製作所全体の技術開発への協力を求めた。ケーブル氏は長年にわたるSOI技術の開発への貢献が認められ、２０１９年にSOIインダストリーコンソーシアムから表彰されるなど、高周波スイッチの開発で大きな功績を残した技術者でもあった。

ペレグリンが創業30周年を迎えたときに、当時の村田製作所モジュール事業本部本部長の中島規巨氏（現村田製作所社長）は、「私たちはpSemiに対して視野を広げ、知的財産ポートフォリオを増やし、世界規模でより多くの半導体技術革新の促進をサポートするミッションを与えている。pSemiには村田製作所の半導体事業の中枢を担ってもらい、村田製作所の子会社として製造と技術においてリーダーシップを発揮し、主体性を持って半導体事業の統合に向けた推進を加速してもらいます。私たちは先進的なインテリジェントモジュールへの移行を促進していくための積極的な成長戦略に投資していきます」と語っている[12]。

4　相乗効果——垂直結合によるモジュール開発のスピードアップ

買収前は、村田製作所が顧客に提案するモジュールを開発する段階でペレグリン等の半導体メーカーにリクエストする仕様を示し、半導体メーカーがＲＦスイッチを設計、開発して、試作品を村田製作所に納入していた。しかし、村田製作所がモジュールとしてのパフォーマンスをシミュレーションすると、スイッチの機能やサイズに問題がなくても、計画水準に満たずやり直しになることもあり、時間と労力のロスが多かった。

買収後は、モジュールの設計段階から村田製作所の基板や他の部品に関する情報をpSemiと共有し、スイッチの開発段階から関与することで、リードタイムの短縮が実現するとともに、シミュレーション時のパフォーマンスの問題も減少した。スイッチの内製化で、村田製作所は顧客の要求する仕様に応じたフロントエンドモジュールの開発能力を充実させ、さらに、モジュールを構成する各部品の仕様やコストを柔軟に調整すること

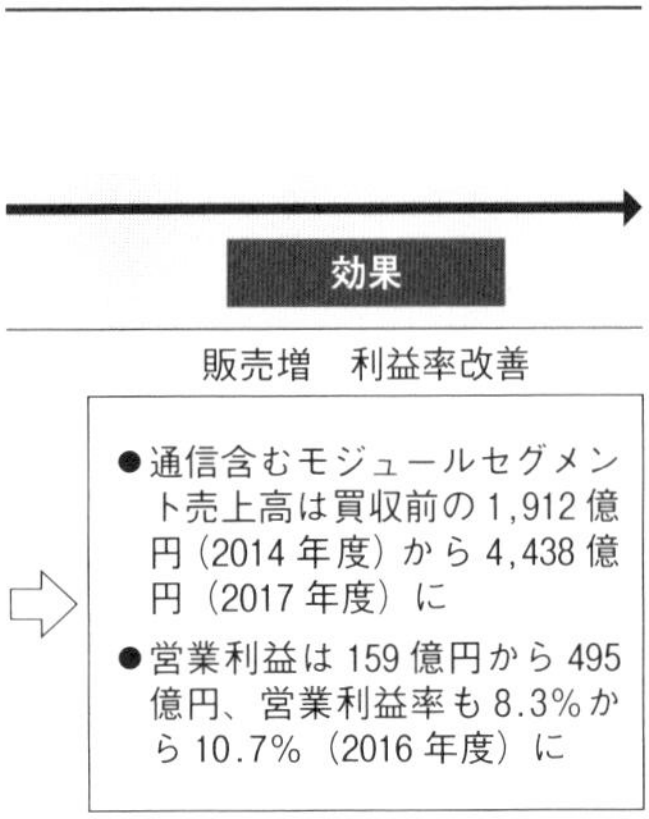

◉図 12-2　村田製作所の相乗効果創出ルート

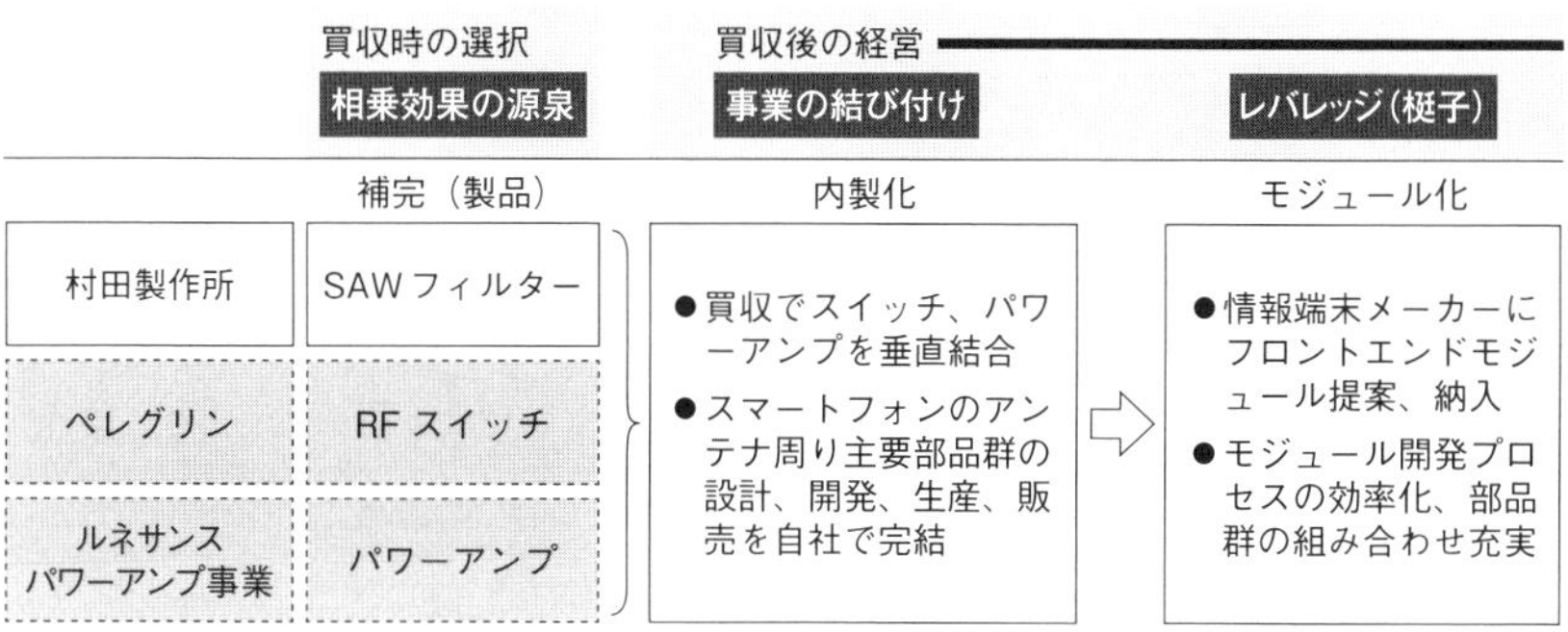

で競争力を高めた。

村田製作所は現在、SAWフィルターは金沢村田製作所で、RFスイッチは米国サンディエゴのpSemiで、パワーアンプは長野の小諸村田製作所で生産し、岡山村田製作所で組み立てを行い、モジュールとして出荷している。主要部品の内製化でフロントエンドモジュール開発のスピードが加速し、主要部品の擦り合わせを効率化できたことが、買収の最も大きな効果であり、事業の拡大につながった（図12－2参照）。

5　特色——研究開発を支える技術と顧客の基盤

村田製作所は買収後の経営で、2つの「キバン」をpSemiに提供した。ひとつは、pSemiのスイッチを内蔵する薄層LTCC基板で、これは、村田製作所のセラミック技術の粋を極めた製品である。この技術が、超小型で高密度集積の多層モジュールを可能にした。高性能なスイッチも、モジュールの開発能力が伴うことで初めて力を発揮することになる。

もうひとつの「キバン」は、村田製作所の有力な顧客基盤である。研究開発型の企業が、いつも頭を悩ます販売と資金調達の心配からpSemiは解放されて、半導体の設計に集中できるようになった。pSemiは、ＩＥＥＥ（Institute of Electrical and Electronics Engineers）による半導体部門の特許評価で、２０１６年から2年連続でトップ10にランキングされている[13]。

　サプライヤーの買収は、対象会社が希少な技術や材料を持つ場合が多い。pSemiも高周波部品の研究開発型の企業であることから、村田製作所は分離型の組織設計を採用し自主性を尊重した。その結果、pSemiは買収後も独自の技術開発を継続し、スマートフォンや基地局など通信向けの製品開発で優れた成果を挙げ続けている。

　村田製作所のケースは、相乗効果の創出には、対象会社よりも買収企業が提供する経営資源が果たす役割のほうが大きいことを示している。買収企業が供給連鎖の上流にあるサプライヤーを買収して垂直型結合を行おうとするときには、自社に強力な下流、すなわち、生産や販売能力が備わっていることが成功の条件となる。そして、その強力な下流の能力や基盤が、対象会社の自主性を尊重する組織設計を可能とする。同様に、下流の事業を買収するときには、自社の上流の能力が問われることになる。

　村田製作所は買収で主要部品を内製化し、自社事業と垂直、そして混合に結合することで、フロントエンドモジュール事業を世界トップクラスに育て上げることに成功した。

第4部

海外M&Aで新結合の経営を実現する
(Post-Merger Innovation)

第13章

買収モデルと組織設計

20世紀末、21世紀は情報化、高齢化、そして国際化の時代と言われた。そして、今世紀に入って20年、企業経営の国際化は速いスピードで進んだ。日本の製造業企業の海外売上高比率は上昇し、その平均は40%に迫っている。今や国際化という言葉をあまり聞かないほど、ビジネスは国境を越えて拡がった。海外市場拡大の成長戦略は、国内市場の飽和と新興国の発展が同時進行する中で必然でもあった。

一方で、日本企業の海外市場依存度の上昇が収益に結びついたかというと、第1章で示した２００１年から２０１６年のサンプル数８４３５による定量分析では、海外売上高比率の上昇は総資産営業利益率に負の影響を与えていた。それは、特に海外販売よりも国内販売が中心である中での海外売上高比率の上昇において顕著であった。日本企業の長年の課題である低い収益性を海外市場の拡大で改善する試みは途上にある。

この状況は日本企業による海外投資の推移とその内訳の変化からも見て取れる。今世紀初めの海外投資は設備投資が主であったが、その後は買収が増え、買収金額と設備投資額が逆転するようになった。海外での買収件数も２００１年では２８９件だったが、２０１９年には3倍近い８２６件に増え、金額は10兆円を超えている。海外での買収が増えたのは、自社単独での海外展開が思うような成果を挙げられていないからだ。

今世紀の19年間に日本企業が実行した海外Ｍ＆Ａは８８３３件、買収金額の合計は１１６兆６５４１億円に上る。慎重と評されることが多い日本企業の経営であるが、海外Ｍ＆Ａには大胆にその経営資源を投入してきた。

それでは、この海外Ｍ＆Ａは、利益成長に結び付いているのだろうか。買収の件数は年々増加しており、案件の規模も大きくなったことから、買収の成否は企業業績に影響を及ぼすことになる。第２章で示したとおり、日本企業が本格的に海外Ｍ＆Ａに取り組み始めた１９８５年から２００１年の草創期に実行した大型買収１１６件では、51件が失敗で、成功は９件だった。そして、２００２年から２０１１年の発展期の買収１３９件では、失敗が27件、暖簾減損計上が17件、そして成功が17件だった。草創期と比較すると、発展期の買収は失敗が減少し、成功が増えて成否割合は改善した。いまだ失敗の数は多いが、大日本住友製薬やアドバンテストなど、今世紀に入って大型買収に挑み、海外売上高比率と営業利益率の両方を同時に伸ばした企業も出現している。日本企業の海外Ｍ＆Ａは経験を積んで、新たな段階に入った。

1　買収の役割は新結合の遂行

買収は企業経営の中でどのような役割を果たすべきなのか。そして、その成功モデルをいかに描くことができるのか。

買収は、他社の経営支配権を獲得し、新たに事業を結合することである。買収して自ら経営するほうが、現在の株主による経営よりも大きな利益を挙げることを確信し、プレミアムを支払う。企業が買収を発表すると買収金額や株価などに目を奪われがちだが、本書では、買収が新たな事業の結合である点に着目し、学術理論の力を借りて買収の役割を問い直した。

シュンペーターは『経済発展の理論』の中で、資本主義経済を循環と発展の二段階で捉え、企業家による非連続な新結合の遂行が、経済の発展をもたらすと説いた。シュンペーターの提示した新結合の遂行とは、新たな製品の開発、新たな生産方法、新たな販路の開拓、新たな供給源の獲得、さらに、独占的地位の形成を実現することであった。

この新結合は経済の内部からは生まれず、また、旧来のものに取って代わるのではなくそれと並んで現われる。そして、新結合の担い手である企業家は、必要な生産手段を高い価格で旧結合から奪い取って転用することから、新結合は旧結合に勝ることを示さなければならないとシュンペーターは説いた。

この新結合の遂行を、後にイノベーションと呼ぶようになった。ちなみに１９１２年刊行の『経済発展の理論』には「イノベーション」という言葉は登場しない。昨今、このイノベーションという言葉は、技術革新を指して使用されることが多いが、それは狭義であって、本来は、結合によって新たな考えや手法を試みて、旧結合による独占を打破し、経済に新たな循環を生み出すことなのである。

買収の役割はこの新結合の遂行にある。買収は、企業にとって非連続な行動で、獲得した経営資源を自社に結び付けて、市場を開拓し、サプライヤーや販売会社を自社の供給連鎖に組み入れ、製品群を補完することで新たな事業を生み出す。企業はこの新結合を実行し、市場構造を揺さぶることで、業界の再編を導き、新たな寡占を形成していく。企業にとって買収とは持続的な成長の糧ではなく、新たな循環の軌道を生み出す発展の道具なのである。

20世紀に自動車市場で長期的な寡占体制を築いたＧＭ、そして21世紀の今、我々が目にしているデジタル市場で寡占を形成するグーグル、両社はシュンペーターが説いた新結合による経済の発展を体現した代表的な例であろう。この両者に共通するのは、それを買収で実現したことである。買収で獲得した新たな事業を水平、垂直、そして混合の形で自社に結合していった。ビュイック、シボレー、キャデラック、これらは20世紀初頭にＧＭが買収したブランドであるが、１００年以上経った今もＧＭの主力車種である。グーグルは創業してまだ20年強だが、スマートフォンＯＳのアンドロイド、動画共有サービスのユーチューブ、後にグーグルマップとなるキーホールなど、その主力製品の多くはベンチャー企業を買収して製品化したものである。グーグルの行った買収は創業から20年の間に２３４件にも上る。ＧＭは成長期にあった自動車業界を買収によって再編し、グーグルは買収でデジタル市場の成長を主導することで、それぞれ20世紀と21世紀に新たな経済の循環を生み出した。ＧＭはおもに供給側における生産や購買で規模の経済を働かせ、他方グーグルは需要側においてネットワーク効果という形で規模の経済を機能させ、ともに寡占を形成した。

　この買収が十分に役割を果たすには、買収後の組織設計に工夫を凝らす必要がある。買収後の経営ではＰＭＩという言葉が想起されることが多いが、買収後の組織設計に関しても、本書では新結合、すなわちイノベーションに連なる代表的な研究からヒントを得ることを試みた。

　ジェームズ・マーチ氏は、企業が長期にわたって持続的な経営を実現するには、新たな事業の探索と、既存事業の深化を図る、２つの異なる能力を備え、その間に生じる矛盾や摩擦を克服することが不可欠であると説いた（March 1991）。両利きの経営である。クレイトン・クリステンセン氏は、豊富な経営資源を備える大企業が、新興企業の挑戦の前に敗れ去る様子をイノベーションのジレンマとして描き、自社製品の深化を重ねる高い能力が、新たな探索の試みを妨げてしまうと指摘した（クリステンセン２

001）。

この探索と深化という異なる目的の実行をバランス良く管理し、成果を挙げるにはどのような組織設計の選択肢があるのだろうか。両利きの経営には探索と深化を逐次的に行う手法と、2つを同時に行う手法とがある。そして、同時に遂行する場合には、探索を目的とする組織と既存事業の深化を図る組織とを分離して管理する構造的アプローチと、組織を分離せず、その構成員が探索と深化を実行する文脈的アプローチがある。これまでの研究によると、両利きの経営が成功するのは、新たな事業を探索する部門が、企業内で既存事業部門が有する顧客基盤などの経営資源を活用するケースである。

買収後の経営においても、対象会社の有能な技術者を維持し、現地の顧客基盤の毀損を回避しながら、重複を解消するためのリストラクチャリングは迅速に実行するなど、対象会社との間の矛盾や相反を抱えることになる。また、自社の経営資源を対象会社に提供することで相乗効果が生まれる点も両利きの経営の成功条件と重なる。買収後の組織設計においても、対象会社の自主性を尊重し、組織を分離して管理するのか、それとも機能統合を優先して事業を吸収し非分離の組織設計を採用するのか、両利きの能力が試されることになる。

買収後の経営は、新たに獲得した経営資源と相乗効果の機会を探索するところから始まる。買収交渉の時点でデュー・デリジェンスを実施していても、情報の非対称性から対象会社の実力は実際に経営を始めてみなければわからないことも少なくない。しかし、買収から数年経てば、社内で相乗効果という言葉は聞かれなくなり、テーブルの同じ側で共同して、今度は事業の深化を重ねることになる。これは、買収後の経営にある探索と深化の逐次的なアプローチの一面である。

2　5つのモデル

買収を実行する企業の目的を考えると、それは、旧来の結合に挑戦し、自ら寡占を形成することに行き着く。企業経営者は大型買収を実行するときに、よく「生き残りを賭けて」と語るが、これは市場で寡占の側に立たなければ競争から脱落するということだ。第４章で述べたとおり、実際に、日本でも米国でも大半の製品やサービスにおいて、その市場占有率の過半を少数の企業が占めている。もちろん寡占を実現しても競争は続き、規制当局が競争制限について目を光らせることになる。

この寡占形成を買収で実現するアプローチは単一ではない。同業者を買収して水平に結合し、市場占有率を拡大する手法はこれまで数多く試みられてきた。それに加えて、サプライヤーや販売会社を買収して垂直に結合することで供給連鎖を占有する手法や、隣接事業者を買収する混合結合によって製品群を補完し競争力を高める手法もある。また、買収によって新たな市場の形成とその寡占を同時進行で試みる企業もある。いずれの手法でも、買収による結合の形態と買収後の組織設計を適切に組み合わせることが成功に不可欠な要素となる。

本節では、本書で考察した買収事例を参照しながら、５つの買収モデルとその組織設計の選択肢を示す（表13－１参照）。なお、この５つのモデルは互いに排他的な関係ではない。複数モデルの掛け合わせが生み出す効果については、第14章で詳述する。

◉表 13-1　5 つの買収モデル

モデル		組織設計	本書の事例
対象とアプローチ	結合と効果	型とアプローチ	
成熟市場占有モデル 対象：同業者 アプローチ： 市場占有を拡大	**水平結合** 供給側効果： 規模の経済 重複解消による 固定費削減 需要側効果： 直接ネットワーク 効果	**分離型** 構造的アプローチ 自主性尊重優先	グローリー（通貨処理機） JT（海外たばこ）
		ハイブリッド型 自主性尊重と機能 統合の均衡	DMG 森精機（工作機械） ダイキン工業（空調機器） 日産自動車／ルノー （自動車）
		非分離型 文脈的アプローチ 機能統合優先	日本板硝子（板ガラス）
供給連鎖占有モデル 対象：供給者または顧客 アプローチ： 連鎖占有範囲を拡大	**垂直結合（上流）** 供給側効果： 調達の安定 **垂直結合（下流）** 供給側効果： 販売の安定、拡 大	**分離型** 構造的アプローチ 自主性尊重優先	村田製作所 （通信モジュール） 積水化学工業 （高機能プラスチック）
		非分離型 文脈的アプローチ 機能統合優先	大日本住友製薬 （医薬北米） アステラス製薬 （医薬北米）
製品群拡張モデル 対象：隣接事業者 アプローチ： 製品群の組み合わせを 拡張	**混合結合** 供給側効果： 範囲の経済 固定費の分散 需要側効果： 間接ネットワーク 効果	**システムサプライ型** 製品の補完優先 提案型組織に進化	堀場製作所（自動車計測） アドバンテスト （半導体テスタ） ホシザキ（厨房機器） テルモ（心臓血管）
新市場形成モデル 対象：隣接するベンチャー アプローチ： 新市場の成長と占有を 同時に追求		**スポンサー型** 社外の生態系活用 Buy and Develop	グーグル（デジタル広告） リクルート （HR テクノロジー）
防御モデル 対象：周辺事業者 アプローチ： 周辺多角化で寡占を防 御	**非結合** 寡占対象の拡張	**分離型** 別組織	GM（鉄道、バス） グーグル （スマートフォン OS）

注：日産自動車とルノーはアライアンス

（1）成熟市場占有モデル

① アプローチ

買収で直接、製品やサービスの市場占有率を拡大して寡占を形成することは、これまでもよく行われてきた。特に、成熟した産業では市場自体に大きな成長が望めないことから、離脱する同業者を買収企業が水平結合することで市場の寡占が進んできた。

この成熟市場占有モデルを実行する企業は、買収後、現状の市場構造を維持して安定した利益を生み出すことを企図する。買収の効果は、生産や販売拠点の重複を解消し購買を共同化するなど、おもに供給側におけるコスト削減で、比較的短期間にそれを実現することができる。国内での買収では大きな効果を期待できるが、海外での買収では、買収企業が現地で保有する事業の既存規模が小さい場合は対象会社との重複が少ないので、規模の経済が働く余地は限定的となることに注意が必要である。

このモデルでは供給側での規模の経済だけでなく、需要側でも、顧客数が増えることによって利便性が向上するネットワーク効果が期待できる。例えば、対象会社の製品仕様を買収企業と統一して操作を容易にする、また保守サービス拠点を広げて補修部品を迅速に提供できるなど、顧客の利便性が実現すれば買収企業による市場の寡占が加速することになる。

成熟市場占有モデルは、国内外で相当程度の市場占有率の獲得を目指すことから、大型買収に発展することが多く、当該国で当局による企業結合審査の対象となるケースが多い[1]。

② 組織設計

成熟市場占有モデルの場合、対象会社は同業者であることから買収前は競争相手である。海外での買収では、対象会社のほうが買収企業よりも現地の市場占有率が大きいこともよくある。

同業者であることから、対象会社の経営は比較的理解しやすいが、その反面、競合してきたブランドや製品をどのように取り扱うのか、また、重複する機能を解消する場合、自社と対象会社のどちらをリストラクチャリングの対象とするか、買収企業の経営陣は決断を迫られることになる。

この成熟市場占有モデルにおける買収後の組織設計には、分離型、分離・非分離ハイブリッド型、非分離型の3つのアプローチがある。

【分離型】

分離型は、対象会社を吸収せずに、子会社または社内カンパニーなど、別組織として存続させて経営管理を行う組織設計である。両利きの経営における構造的アプローチに相当し、自社との機能統合は最小限にとどめ、相手の自主性尊重を重視する。

現地で市場占有率が大きい海外企業を買収し、有能なマネジメントの体制を維持して顧客基盤の散逸を防ぐことを優先する場合、この分離型が有力な選択肢となる。分離型では、買収前の報酬体系を維持するなど、対象会社のオペレーションを自社に合わせることは最小限にとどめる。ただし、同業者であることから、顧客カバレッジや製品開発の方向性、設備投資などの重要事項についての棲み分けと整合性は担保しておく必要がある。

第7章で取り上げたグローリーのタラリス社買収は成熟市場占有モデルで、買収後の経営はこの分離型を採用した。買収当時、タラリスの売上高はグローリーの海外売上高よりも大きく、欧州と米国で、金融機関など有力な顧客と長期にわたり関係を構築していた。買収後は、グローリーの海外事業とタラリスを統合した海外カンパニーを設立し、国内事業と分離して経営を行っている。

グローリーは、買収後すぐにタラリスとの間で統合プランを協議し、通貨処理機のブランドを「ＧＬＯＲＹ」に統一することを決めている。そして、製品開発から販売、品質保証、そして保守サービスまでを海外カンパニー内で完結する体制を整え、報酬体系なども現地の仕組みを維持した。

グローリーは海外カンパニーの売上高や営業利益など経営成績を開示している。それは、投資家など外部のステークホルダーにとって買収の効果が明瞭となるだけでなく、海外カンパニーで仕事をする現地マネジメントに損益の責任の自覚を促すことになる。すなわち、現地従業員の主体的な取り組みを奨励することが、この分離型の狙いのひとつである。グローリーでは本社役員がこの海外カンパニー長と現地会社ＣＥＯの両方を務めることで、全社のビジョンと戦略を海外カンパニーと共有している。現在、グローリーの営業利益の海外比率は50％を超えており、海外カンパニーは収益の柱となっている。

ほかには、海外で大型買収を繰り返してきたＪＴも、海外たばこ事業と国内たばこ事業を分離し、それぞれの経営成績を開示している。海外たばこは成長を続けて、今や全体売上高の60％を超え、国内たばこを大きく上回っている。

【分離・非分離ハイブリッド型】

分離・非分離ハイブリッド型では、買収後に対象会社の社名や製品ブランド、企業体を維持する一方、相互生産、購買や保守の機能統合を図るなど、分離と非分離を同時に進める。これは、生産や販売などで地域的な補完が大きい場合に有効な組織設計である。

第９章で取り上げたＤＭＧ森精機の経営はこの分離・非分離ハイブリッド型である。森精機はＤＭＧとの経営統合と前後して、社名をＤＭＧ森精機／ＤＭＧ ＭＯＲＩ ＡＧに、そして製品ブランドも「Ｄ

ＭＧ ＭＯＲＩ」に統一した。対象会社のＤＭＧは「ＤＭＧ ＭＯＲＩ ＡＧ」の名称で、現在もフランクフルト証券取引所に上場している。創業から１５０年に及ぶＤＭＧの歴史とそのアイデンティティを維持しつつ、工作機械の相互販売や共同購買など機能統合で成果を挙げた。

日本と米国市場に強い森精機と欧州市場がホームグラウンドのＤＭＧのオペレーションには地域的な補完が大きい。また工作機械の製品群も互いに補完の関係にあった。一方で、森精機は自社の欧州生産拠点を閉鎖し、ＤＭＧの工場に生産を移管するなど重複の解消も同時に進め、着実に経営統合の実績を積み上げた。ＤＭＧ森精機は、両社の株式上場を維持して企業体は分離しつつ、販売や生産、購買は機能統合を進めるハイブリッド型の組織設計で、販売増とコスト削減の両方で効果を挙げた。

第８章のダイキン工業もハイブリッド型である。マレーシアＯＹＬ社買収後、２００７年から現地で生産指導をしつつ、企業体と現地ブランドは存続して自主性尊重に重きを置いた。その後、製品ブランドを「ＤＡＩＫＩＮ」に統一したのが２０１４年、さらに２０１６年にＯＹＬマレーシアの社名をダイキンマレーシアに変更した。ダイキン工業は、分離型から非分離型に移行するタイミングに注意を払い、時間をかけて統合を実行していった。

第６章で吟味した日産自動車とルノー、三菱自動車のアライアンスも、分離・非分離ハイブリッド型の組織設計である。３社はそれぞれ独立した上場会社で、ブランドやマーケティングは独自性を保ち顧客に訴求している。一方で、アライアンス・ボードを設けて戦略を共有し、購買の共同化、プラットフォームの共通化、相互生産など、機能統合の範囲を拡げてきた。現在、３社は地域的な補完に着目し、日産は日本と米国、中国、ルノーは欧州と南米など、それぞれが強みのある地域でイニシアティブを執る新たな組織設計を検討している。

自主性尊重と機能統合という、ともすれば矛盾や相反する目的を追求するこのハイブリッド型は、高度なアプローチだと言える。対象会社との互恵と信頼を前提とする組織設計であり、期待できる効果も大きいが、一方で経営の安定を欠く危険が伴うことに注意が必要である。

【非分離型】

非分離型は、対象会社を自社に吸収し、組織を分けることなく経営を行う組織設計である。これは両利きの経営における文脈的アプローチに相当し、買収企業と対象会社の従業員は、ひとつのオペレーションに同居することになる。実際には、買収企業側の経営管理の枠組みに対象会社を組み入れていくケースが多い。

この組織設計は、対象会社の自主性尊重よりも機能統合を優先する。買収後の協調や効果創出は、統合した組織に委ねられることから、対象会社の従業員には新たな組織への適応能力が求められる。買収後に、全社組織を製品や地域カバレッジに応じて再編成し、事業部門やバックオフィスごとに統合を行っていくのがこの非分離型である。非分離型では対象会社の経営トップを買収企業の取締役に据えるなど、組織の融合に腐心することになる。

第10章で取り上げた日本板硝子によるピルキントン社買収後の経営は、この非分離型に該当する。ピルキントンは日本板硝子と同業者で、買収時、その売上高は日本板硝子の2倍以上だった。買収後、日本板硝子は、自動車用板ガラスと建築用板ガラスの事業部を設けて、自社とピルキントンの事業を製品ごとに統合した。

そして、それぞれの事業部門に生産と販売などオペレーションを帰属させて、部門長が損益の責任を負う組織とした。本社から事業部に権限を委ね、その部門長に旧ピルキントンの幹部を登用することで組織の融合を図ってきたのだ。ピルキントン買収で日本板硝子の海外売上高比率が約7割になることから、日本板硝子の経営をピルキントンに植え付けるのではなく、世界規模のオペレーションの運営で実績のあるピルキントンの器に、日本の組織を適応させることを選択した。これは、通常の非分離型とは逆であるが、ピルキントンの事業を最大限にレバレッジする組織設計だったと言える。

(2) 供給連鎖占有モデル

① アプローチ

供給連鎖占有モデルとは、供給者である素材や部品のサプライヤー、または、顧客である販売代理店や小売りチェーンを垂直結合し、内製化の範囲を拡げるモデルである。依存度が高いサプライヤーや販売会社を自社の連鎖に組み入れることで、事業の安定と寡占の形成を試みる。供給連鎖における付加価値の高い部分に事業を拡張することができれば、このモデルは効果を発揮する。

国内では製品の開発から生産、販売、保守まで連鎖のすべてを自社が担っていても、海外では生産のみで、販売や保守サービスは現地の代理店に委託するということもある。例えば、キヤノンやリコーといった事務機メーカーが米国や欧州で現地の大手事務機販売会社の買収を繰り返した目的は、販売網を自社に組み入れて直販、直保守の体制を現地で構築する連鎖占有にあった。事務機の事業で最も利益率が高いのは、国内でも顧客に近い供給連鎖の下流にあたる保守サービスと関連消耗品の販売である。キヤノンとリコーが事務機の輸出や現地生産だけにとどまっていたら、機器の価格競争に明け暮れて体力を消耗していただろう。海外の主要地域で供給連鎖を占有することで、世界市場において寡占を形成することができたのだ。

一方で、自社の上流にある事業を垂直に結合し、企業内部に供給源を拡大する場合は、競争力に劣る部材採用の継続など、調達の決定が歪められてしまうことに注意を払わなければならない（ウィリアムソン１９８０）。

② 組織設計

供給連鎖占有モデルの場合、買収対象は買収企業にとってサプライヤー、または顧客であることから、すでに取引が存在する場合が多く、その能力を理解したうえで結合することになる。製品やサービスによって、供給連鎖の上流に希少性が存在する場合もあれば、顧客に近い下流に利益の源泉が存在することもある。いずれにしても、供給連鎖の中で、付加価値の高い事業を内製化するのがこのモデルである。このモデルの組織設計には分離型と非分離型の２つのアプローチがある。

【分離型】

連鎖占有の場合にも、買収した会社を吸収せず、子会社など別組織として経営管理を行う分離型を採用することができる。分離して自主性を尊重することで、対象会社に在籍する技術者、営業責任者など有能な人材の散逸を防ぐことを優先する。分離型の場合、買収後も、対象会社とアームズ・レングスの取引(2)を継続することもある。

第12章で取り上げた村田製作所によるペレグリン・セミコンダクター社買収は、この連鎖占有分離型である。ペレグリンはスマートフォン向け高周波スイッチの設計・開発会社で、村田製作所がおもな納入先だった。村田製作所は、この買収でフロントエンドと呼ばれるアンテナ周辺の主要部品すべての内製化を実現し、端末メーカーにモジュールを供給する能力を高めた。

ペレグリンは有力な特許を保有する研究開発型の企業であることから、買収後も企業体を維持し、村田製作所本社から派遣する社員の数も最小限にとどめられた。社名をpSemiに変更した後も吸収はせず、経営トップも現地で起用し、分離型を継続している。供給連鎖の占有によって、村田製作所はモジュール全体の開発の段階から、構成部品であるスイッチの試作を始めるなど、買収前と比較して顧客の仕様に応えるスピードを上げ、スマートフォン向けフロントエンドモジュール事業を世界のトップクラスに育てた。

第2章で紹介した積水化学工業による米国化学大手セラニーズ社のＰＶＡ樹脂事業の買収も分離型である。積水化学工業は自動車向け合わせガラス用中間膜と、製膜化の原料であるポリビニルブチラール樹脂（ＰＶＢ樹脂）の事業を保有していたが、そこにＰＶＢ樹脂の原料であるＰＶＡ樹脂事業を買収によって加え、供給連鎖の上流を固めた。積水化学工業はセキスイ・スペシャリティケミカルズ・アメリカを米国に新設してセラニーズのＰＶＡ樹脂事業を譲り受け、分離型を採用して経営を行っている。買収後、積水化学工業の高機能プラスチックセグメントの営業利益は大きく伸びた。

【非分離型】

供給連鎖モデルの非分離型は、市場開拓のために供給連鎖の下流にある事業を買収して吸収する場合によく見られる。

第2章で取り上げた大日本住友製薬の米国セプラコール社買収後の組織設計は、この非分離型である。大日本住友製薬は統合失調症治療薬を世界最大の市場である米国で販売するため、手薄であった供給連鎖の下流を補う必要があった。そこで上市と販売の実績があるセプラコールを買収して垂直に結合した。

大日本住友製薬は買収後すぐに、セプラコールを自社米国子会社に吸収して、名称もサノビオン・ファーマシューティカルズに改めた。そして、米国で新薬承認審査を申請して上市の体制を整えるという最も重要な機能の内製化を、非分離型の組織設計を採用して実現した。

大日本住友製薬の米国での成功は、自社に有力なパイプラインがあったからだが、セプラコールの米国での上市の実績と販売網を結合することも欠かせなかった。

供給連鎖占有モデルでは、供給連鎖の上流にあるサプライヤーを買収するときには、自社に強力な生産や販売能力（下流）が備わっていることが成功の条件となる。逆に、下流にある事業を買収する場合は、製品開発の能力など上流の能力が問われることになる。村田製作所には自社にフロントエンドモジュールを開発する能力と強力な顧客基盤が備わっていたので、研究開発型企業の買収が機能した。積水化学工業も自動車メーカーの顧客基盤があることで、原料供給源の内製化が成果を生んだ。大日本住友製薬には供給連鎖の上流にある創薬に優れた能力があったからこそ、下流にある販売事業の買収が米国で大きな成果を挙げることになった。

（3）製品群拡張モデル

① アプローチ

製品群拡張モデルは、自社事業と隣接した製品やサービスを提供する企業を買収する混合結合である。このモデルの特徴は、その効果が供給側ではなく、需要側、すなわち、顧客が新たな製品の組み合わせに価値を見出すかどうかに依るところにある。

例えば、複数の異なる製品やサービスの購買者にとって、それらすべてを供給できるサプライヤーは重宝する。また、開発から生産の段階の必要なタイミングに応じて、製品やサービスを供給してくれるサプライヤーも心強い。従来は特定の機器やサービスの単品売りであったサプライヤーが、一括で供給を請け負うシステムサプライヤーに転じることができれば、需要側である顧客の利便性は高まる。買収した製品群が補完財として充実すれば、自社製品の利便性と価値が上昇して間接ネットワーク効果が働き、新たな需要を喚起することになる。一方、供給側での相乗効果は、製品が増えたことで固定費が分散する範囲の経済は期待できるが、重複が少ないため規模の経済が働く余地は限定的である。製品群拡張モデルは、製品やサービスをシステムとして供給する能力を備えて提案型の事業に進化することができれば効果を発揮する。

② 組織設計――システムサプライ型

製品群拡張モデルの買収対象は、自社と同じ顧客に異なる製品やサービスを提供する隣接者の場合が多い。買収後、新たな製品の組み合わせや補完に顧客が新たな価値を見出すことが成功のカギとなる。単に製品を数多く揃えるだけでは価値を生まない。このモデルでは顧客への提案力を高めることが重要で、製品やサービスの結び付けを主とする組織設計が必要となる。

第2章で取り上げた半導体試験装置で世界最大手のアドバンテストは、半導体のメモリ用試験装置（テスタ）の事業が中心であったが、米国ベリジー社買収で、隣接するシステム・オン・チップ（ＳｏＣ）用テスタ事業を獲得した。メモリ用テスタは市況に左右されることが多く、ＳｏＣ用テスタの需要は底堅い。アドバンテストはＳｏＣ用テスタを製品群に加えたことで、スマートフォンやタブレット端末に搭載されるアプリケーション・プロセッサ向けテスタの旺盛な需要を取り込むことに成功した。

ベリジー買収の翌年には、ベリジーとアドバンテストの拠点が世界中で一国一社となるように事業を統合した。さらに、その後も半導体のシステムレベルテスト事業を米国アストロニクス社から買収して、製品、サービス群の拡充を続けている。当初アドバンテストは日本の半導体メーカーをおもな顧客としていたが、製品群の拡張を図る買収で海外メーカーへの提案力を高めて、半導体試験装置の世界市場で寡占を形成した。

同じく第２章で紹介したテルモは、買収で心臓血管領域の製品群を拡充し、医療機器の最大市場である米国で有力なサプライヤーとなった。テルモは国内で人工肺を開発していたが、顧客である米国の病院は、人工肺単品でなく、手術に必要な周辺製品を併せた人工肺システムとして納入することを求めた。そこで、テルモは米国３Ｍ社から人工心肺事業を買収し、カニューレ（体内に挿入する管）やローラーポンプ（送液ポンプ）、血液ガスモニタなど体外循環に使用する製品を加え、本格的な米国市場参入を実現した。買収した米国事業に、日本の人工肺事業を組み入れる統合を実行し、テルモカーディオバスキュラーシステムズ（ＴＣＶＳ）社を発足させた。また、英国バスクテック社と米国ボルトン・メディカル社の買収で、人工血管とステントグラフトの両方を揃え、大動脈瘤治療でも製品群の充実を図った。脳血管疾患の分野でも、脳動脈瘤治療用コイルメーカーのマイクロベンションを買収するなど、製品群の拡張と補完を続けている。

ＴＣＶＳ、バスクテック、マイクロベンションの3社は現在も企業体を維持して、自主性尊重に留意しつつ、各社のトップにテルモ本社の執行役員を兼務させるなど全体の融合を図っている。テルモは製品群の拡張によって、医療機関にシステムとして提案する能力を備えた企業に進化した。

第11章で取り上げた堀場製作所の買収も、この製品群拡張型に該当する。堀場製作所は、排ガス計測装置の世界最大手であるが、ドイツのカール・シェンク社から隣接分野である自動車エンジンの性能試験装置の事業を買収した。シャシダイナモメータとエンジンダイナモメータ、バーチャルバッテリーなどの製品群を傘下に収め、自社の排ガス計測装置と組み合わせて、自動車メーカーの開発プロセスの初期段階から包括的にサポートする体制を整えた。その後も欧州での追加買収で、燃料電池の試験装置など電動車両向けに製品群の拡張を続けている。

ホシザキの買収も同様である。自社の製氷機と業務用冷蔵庫に加えて、飲料ディスペンサー大手のランサー社、食器洗浄機のジャクソン社を買収して厨房機器の製品群を拡張した。レストランチェーンに製品開発から保守サービスを一括で提案することで米国での売上高を大きく伸ばした。ホシザキは、買収後もランサーとジャクソンの企業体とブランドを維持している。

以上の4社は、それぞれ業界は異なるが、いずれも隣接する事業を買収する混合結合によって、製品群を補完して新たな組み合わせを提供し顧客から高い評価を得ることになった。買収によって従来の単独機器の販売からソリューションを提供する組織へと進化している。

(4) 新市場形成モデル

① アプローチ

新市場形成モデルは、買収によって既存の市場と並ぶ新たな製品やサービスの市場を形成するアプローチで、市場の寡占と成長を同時に追求するところに特徴がある。この新市場の形成は、既存市場を隅に追いやることもある。

新市場形成モデルは、次の2つの点で他のモデルと異なる。ひとつは、買収対象の多くが、買収企業の製品やサービスに隣接するベンチャー企業であること、もうひとつは、買収後、規模の経済を供給側でなく需要側で働かせることである。自社の製品やサービスの補完財となる事業を買収して加えることで顧客の利便性が高まり、それが顧客数の増加につながって、自社の製品やサービスが業界標準またはプラットフォームとして市場に定着し始める。

業界の標準となると、新たな補完財を開発するベンチャー企業が次々と現われ、自社を取り囲むように新たな生態系が形成されていく。そして、この生態系に群生するベンチャー企業を買収し、製品化して自社のプラットフォームに搭載することで、利便性が向上し、それがさらなる顧客数の増加につながる。この正の循環が加速すると、寡占が進むと同時に既存市場に対抗する新たな市場を形成することができる。また自社のプラットフォームが、単一の顧客グループでなく複数の顧客グループ、例えば消費者と生産者にサービスを提供し、それらのグループ間の取引などが相互作用する場となれば、ジャン＝シャルル・ロシェ氏らの言う双方向市場の効果（Two Side Network Effect）（Rochet and Tirole 2003）が働き、寡占と成長がさらに加速することになる。

新市場形成型の買収はベンチャー企業を対象とすることが多い。よって、このモデルで効果を挙げるには、買収企業に長期的な技術や製品のロードマップが存在し、かつ社内に開発途上のプロジェクトを製品化できるだけの能力が備わっていることが成功の前提条件となる。

②　組織設計――スポンサー型

新市場形成モデルの特徴は、市場の成長と寡占の両方を追求することである。新たなアイデアや技術を持つベンチャーを買収し、それを製品化して、自社の製品やサービスに結合していく。日本企業の間で増加するコーポレート・ベンチャー・キャピタル（ＣＶＣ）も、このモデルのひとつである。新市場の形成が軌道に乗り始めると、隣接する領域でベンチャー企業が群生し始めて生態系が生まれることになる。

グーグルはこのモデルの代表例で、２０１９年までにベンチャー企業を中心に２００を超える買収を実行して、デジタル広告市場の成長と寡占の両方を実現してきた。広告にはテレビや新聞など伝統的なマスコミ広告があるが、グーグルは買収によって、そのマスコミ広告に匹敵する規模の新たなデジタル広告市場をわずか20年で形成した。グーグルの買収は、会社を支配して経営するというよりも、ベンチャーの起業家やエンジニアを仲間として迎え入れ、スポンサーとしてその製品化を実現する機構であると表現するほうが実態に近い。

グーグルの本社、通称「Googleplex」は北カリフォルニアのマウンテンビューにある。シリコンバレーでは、ＩＴ企業で実績を挙げた後、独立してベンチャーを創業するエンジニアが多い。ベンチャーのアーリー・ステージに投資するベンチャー・キャピタルもひしめく。その理由は、ベンチャー投資の出口となるグーグルやアップルなど、優れたプラットフォームを擁する企業が集積しているからだ。新市場形成の組織設計には、自社の製品やサービスを補完、または競合する企業が周辺に群生していることが欠かせない。このモデルは日本企業にはまだ馴染みがないので、生態系とスポンサー型の組織設計がどのように行われるのか、グーグルによるユーチューブとキーホールの買収から見てみよう。

ユーチューブの共同創業者、チャド・ハーリー氏は１９９８年に創業したインターネット決済会社、ペイパルの初期メンバーであった。ちなみに、ペイパルの初期メンバーには、その後、電気自動車のテスラを創業するイーロン・マスク氏もいた。ペイパルもサンフランシスコベイエリアのパロアルトで創業したベンチャー企業で、ＮＡＳＤＡＱに上場後、２００２年にオークションサイト大手のｅＢａｙに

15億ドルで買収された。

　これもシリコンバレーの生態系で起きたＭ＆Ａのひとつであるが、ハーリー氏はｅＢａｙのもとでペイパルのプロジェクトに携わった後、1年で退職し、そのあと1年ほどの充電期間を経て、２００５年に動画共有サービスのユーチューブを創業した。これだけでもかなり目まぐるしい動きだが、創業の翌年に、今度はユーチューブをグーグルに16億５０００万ドルで売却した。グーグルは買収後、ユーチューブの自主性を尊重して企業体を存続、ハーリー氏は２０１０年までユーチューブのＣＥＯを務めた[3]。

　ハーリー氏はグーグルへの売却について次のように振り返っている。「売却を決意したのは、継続的な成長にはお金が必要だったからです。当時のグーグルはオンライン動画で広告を始めようとしていた。ユーチューブのサービスを原則無料にするつもりだった私たちにとって、グーグルのアド（広告）テクノロジーはぴったりだったんです。もうひとつ幸運だったのは、グーグルの考え方が私たちの企業文化と似ていたことです。私たちはとにかく効率よくインフラをつくるためにチームを少数にしており、買収時にもユーチューブのメンバーはたった67名でした。グーグルはこの考え方を尊重して、私たちの独立性を維持してくれた。あれほどの大企業が好きにやらせてくれるというのは、本当に珍しいことだと思います[4]」。その後、ユーチューブの動画配信サービスは、視聴者、動画投稿者、広告主の３つの異なる顧客グループが相互に作用する世界で最も有力なプラットフォームのひとつになった。

　２００４年にグーグルが買収したデジタル地図作成・配信のキーホール社も、創業から3年のベンチャー企業であった。キーホール社は、衛星写真から作成した世界中のデジタル３Ｄ地図を保有し、その製品「アースビューア」は、地球から街の通りまで、ズームや回転をさせて詳細に見せることができ、解像度は数十センチレベルに達していた[5]。

このキーホールもマウンテンビューに所在し、シリコンバレーの生態系の中の有力なベンチャー企業で、ソニーのベンチャー・キャピタルも投資していた。２００４年に、創業者のジョン・ハンケ氏がグーグルと買収の合意に至ったことを社員に発表すると、社員からは歓声が上がって、ハイタッチの波が起きたという。２００４年はグーグルがＮＡＳＤＡＱに上場した年で、キーホールは上場後、最初の買収でもあった。

　買収後グーグルは、キーホールの全29人を社員として迎え入れた。そして、新設したグーグルジオ部門のリーダーにハンケ氏を任命、地図サービスの開発に積極的に投資し、旧キーホールのチームは半年後には２００人になっていた（キルデイ ２０１８）。買収前、グーグルには地図サービスがなかったが、キーホール買収から1年後、ブラウザから閲覧できる地図サービス、グーグルマップを、さらにはグーグルアースをリリースした。グーグルは２０１４年に小型衛星による画像サービスを手掛けるスカイボックス・イメージング社を追加買収している。このスカイボックスもマウンテンビューに拠点を置く、シリコンバレーの生態系から群生したベンチャー企業であり、グーグルは今も隣接する製品やサービスの混合結合を続けている。

　第5章でも紹介した「Google is not a conventional company. We do not intend to become one.」という言葉は、今もアルファベット社の年次業績報告書の最初に記されている。新市場形成モデルの成功者にとっての脅威は、自社組織の肥大と硬直なのであろう。

　日本企業では第2章で取り上げたリクルートのインディード買収が、この新市場形成モデルに該当する。２０１２年に買収したインディードは、求職者と採用企業の2つを顧客グループとする世界最大のオンライン求人プラットフォームに成長した。求職者向け検索エンジンの利便性を高めることでユーザー数が増加し、それが企業の求人掲載や広告を惹きつけることで、ネットワーク効果が需要側で働いた。リクルートは、インディードの企業体を維持し、ＨＲテクノロジー事業のＳＢＵを新設して、その統括会社を米国に置くなどインディードの自主性を尊重した経営を続けている。

ＣＶＣを設けて新たな製品やサービスの創出に着手しようという企業は、この新市場形成モデルを参考にしてほしい。

（5）防御モデル

防御モデルは、周辺事業に参入することで、自社がすでに形成した寡占の体制を守る買収である。現在の寡占状況を脅かす存在は、既存市場で直接競争する相手の中から生じるとは限らず、周辺事業に脅威が存在することもある。前述のように、デジタル広告の市場は、20年で従来のマスコミ広告の市場規模を追い抜く勢いである。マスコミ広告の市場規模は前年比割れが止まらない。デジタル広告市場を占有する企業の顔ぶれは、マスコミ広告業界の企業群とは異なる。このように、既存の寡占を打破する革新は周辺から生じることがある。

そこで、買収によって隣接する市場や業界に事業を拡げておくのが防御モデルである。自社の事業を鳥瞰し、その属する業界をより広範に定義することで隣接市場からの脅威に備える。

ＧＭの鉄道とバス事業への参入はこの防御モデルにあたる。自動車市場で寡占体制を形成した後、鉄道会社、鉄道車両メーカー、バス運営会社、バス車両メーカーを次々に傘下に収め、一時期は航空業界にも進出していた。その勢いは苛烈で、米国政府が新たに航空郵便法を制定し、航空輸送と航空機製造の両方の保有を禁じたほどである。米国では20世紀初頭まで鉄道での移動が盛んであったことを考えると、自動車にとっての脅威は鉄道であった。ＧＭが20世紀を通じて米国自動車市場で寡占体制を維持できたのは、この防御モデルが効果を発揮していたのだ。

グーグルのアンドロイド買収にも防御の側面がある。グーグルは、検索や地図、そして動画共有サービスのアプリで２０００年代前半に大きな成長を遂げた。しかし、まだ有力なアプリケーション開発者のひとつにすぎなかった。

アンドロイドを２００５年に買収し、２００８年にスマートフォンＯＳとしてリリースすることで、アップルによるスマートフォンＯＳの独占に風穴をあけた。さらに、その後はこのＯＳで逆に寡占を形成した。その効果がどれほどだったかは、第5章で述べたとおり、アップルがアンドロイドを搭載したＨＴＣやサムスンを特許侵害で訴えたことからもわかる。自社のＯＳを保有することで、グーグルはデジタル市場での寡占を強固なものにすることができたのだ。

第14章 新結合の経営

1 戦略は買収に従う

企業経営のセオリーとして、買収は戦略を立てた後に実行すると考えがちである。しかし、実際には戦略と買収は相互に影響を及ぼす関係にある。

そもそも、買収は非連続な企業行動であって、計画できるものではない。たとえ、中期計画に買収による海外市場拡大を描いていても、対象会社の株主との交渉が不調に終わるかもしれないし、競合他社の手に渡ることもある。買収は企業にとって既存の成長戦略上にあるものではない。

それに、いったん買収を実行して新たな経営資源を手に入れると、競争の局面は大きく変わる。買収で市場占有率が拡大する、垂直結合で調達が安定する、生産拠点や販売網の補完が進む、現地に根ざしたブランドや魅力的な製品を開発するチームが加わる、などである。つまり、次の事業展開に向けた新たな戦力が整うことになる。よって、産業構造やポジショニングなど外部環境を重視する競争戦略論や、企業内部の組織能力に競争優位の源泉を求める資源ベースの戦略論のどちらから眺めても、買収は企業に新たな戦略を求めることになる。買収を実行した後、業界地図を塗り替え、補強した経営資源を吟味して自社の戦略を新たにする、すなわち、「戦略が買収に従う」のだ。

過去の日本企業による海外Ｍ＆Ａが示すのは、買収後、悪い方向に走り出すと、想定を超える損失を被ることである。買収後に暖簾減損を計上するのは、買収前に描いた計画が実現せず、相乗効果の絵に囚われて身動きが取れなくなった状態でもある。獲得した事業を買収前の小さな戦略や能力に合わせるようなことをしては、成功しない。逆に成功した企業に共通するのは、買収後、外部環境に応じて自らの経営を進化させてきたことである。

例えばＧＭは、創業時からビュイックやオールズモビルなど10を超える自動車メーカーを買収して規模を拡大した。しかし、買収後の経営では、どのブランドが利益を挙げているかもわからない状況で、多額の投資が負担となり資金繰りに窮することになった。

すでに述べたように、この自動車メーカー買収を矢継ぎ早に実行したのは創業者のデュラント氏であり、その後、ＧＭがデュポンとＪＰモルガンの力を借りて窮地を脱した後、事業部制の経営管理体制を整え、マルチブランド戦略と主要部品事業の垂直統合を実行したのは、スローン氏である。積極的な買収攻勢の後に、新たな戦略と組織設計が定まって、ＧＭは米国で強固な寡占体制を構築していった。戦略が買収に従い、そして、組織が戦略に従った。

グーグルの経営も買収と戦略が相互に影響を与え合ってきた。動画共有サービスのユーチューブや地図サービスのベンチャーを次々に買収して、有力なアプリに育て、ユーザーの利便性を高めることで広告収入を大きく伸ばした。

グーグルが次に注力したのは、デジタル市場における広告取引だった。グーグルは、広告主と媒体を結び付ける機能を強化するために、オンライン広告大手のダブルクリック社やアドモブ社などを買収し、

◉表 14-1　海外 M&A による新結合の経営

	従来型	進化型
買収と戦略	・戦略が主で買収が従	・戦略と買収は互いに影響を及ぼす関係
買収の役割	・経営資源の追加 ・生産、販売のグローバル化	・経営資源の結合 ・特定事業、地域での寡占形成
結合型	・既存事業の水平結合と垂直結合 ・成熟市場の占有	・水平、垂直に加え、混合結合 ・製品群拡張による新市場の形成
相乗効果	・供給側でコスト削減 ・購買、生産で規模の経済	・需要側で利便性向上を実現し増収 ・需要側で規模の経済、ネットワーク効果
組織設計	・対象会社ごとに統合 ・モノづくりを指導 ・自社経営の移植 ・PMI（Post-Merger *Integration*）	・自主性尊重と機能統合の両利きで全体最適の設計 ・モノづくり経営を応用 ・自社経営の進化 ・新 PMI（Post-Merger *Innovation*）

アドエクスチェンジなどデジタル広告仲介のプラットフォームを築いた。この広告仲介のプラットフォームが自社の媒体との相乗効果を生んだことは言うまでもない。グーグルの20年はベンチャーを買収して製品化し、次なる競争の局面を迎えるたびに戦略を新たにすることの繰り返しだった。グーグルに最初から大きな戦略が存在していたわけではない。

　日本企業も、その買収と戦略が相互に影響を及ぼす中で、結合の形態や相乗効果、組織設計にも新たな潮流と進化が見られる。海外M&Aによる新結合の経営である（表14－1参照）。1980年代後半からの草創期、そして今世紀初頭の発展期に実行した買収を経て、日本企業は海外事業の拡がりのうえに、戦略を新たにすることで成果を挙げ始めた。

2　買収モデルのマトリックス

前章において買収モデルを提示し、本章の冒頭で「戦略が買収に従う」と述べた。成熟市場占有、供給連鎖占有、製品群拡張、新市場形成、そして防御の各モデルはそれぞれ強力であるが、ひとつの買収だけで長期的な競争優位を実現し、それを維持することは容易でない。買収を積み重ねて、複数のモデルを掛け合わせることで経営が強固なものとなる。

ここでは、まず買収モデルを企業経営への圧力と競争優位を築くルートからマトリックスとして整理しておきたい（図14－1参照）。

自社の中核事業が成熟期に入り低成長が予見されると、企業には事業の効率化（すなわち深化）と新たな事業への挑戦（すなわち探索）の圧力がかかることになる。この圧力が企業を買収に駆り立てる。深化と探索の両方をバランスよく管理する両利きが重要であることは、買収にも当てはまる。

日本企業による海外での買収は、これまで自社の中核事業において同業者を買収する成熟市場占有モデルが中心であった。これは競争力の源泉を市場の支配に求めて、規模の経済性を働かせることで事業の深化を図る試みである。市場に大きな成長が見込めないときに、占有率を上げる戦略は理に適っている。また、中核事業の競争力を内部資源に求めて、供給連鎖の上流にあるサプライヤーや下流の販売会社を内製化する買収も多い。これは、調達と販売を安定させて事業の効率化を図るもので、深化への圧力に応じる買収である。

Ｍ＆Ａはよく攻めの経営と言われる。もちろん、買収は大きな投資を伴う積極的な企業行動であるが、

◉図 14-1　買収モデルの戦略マトリックス

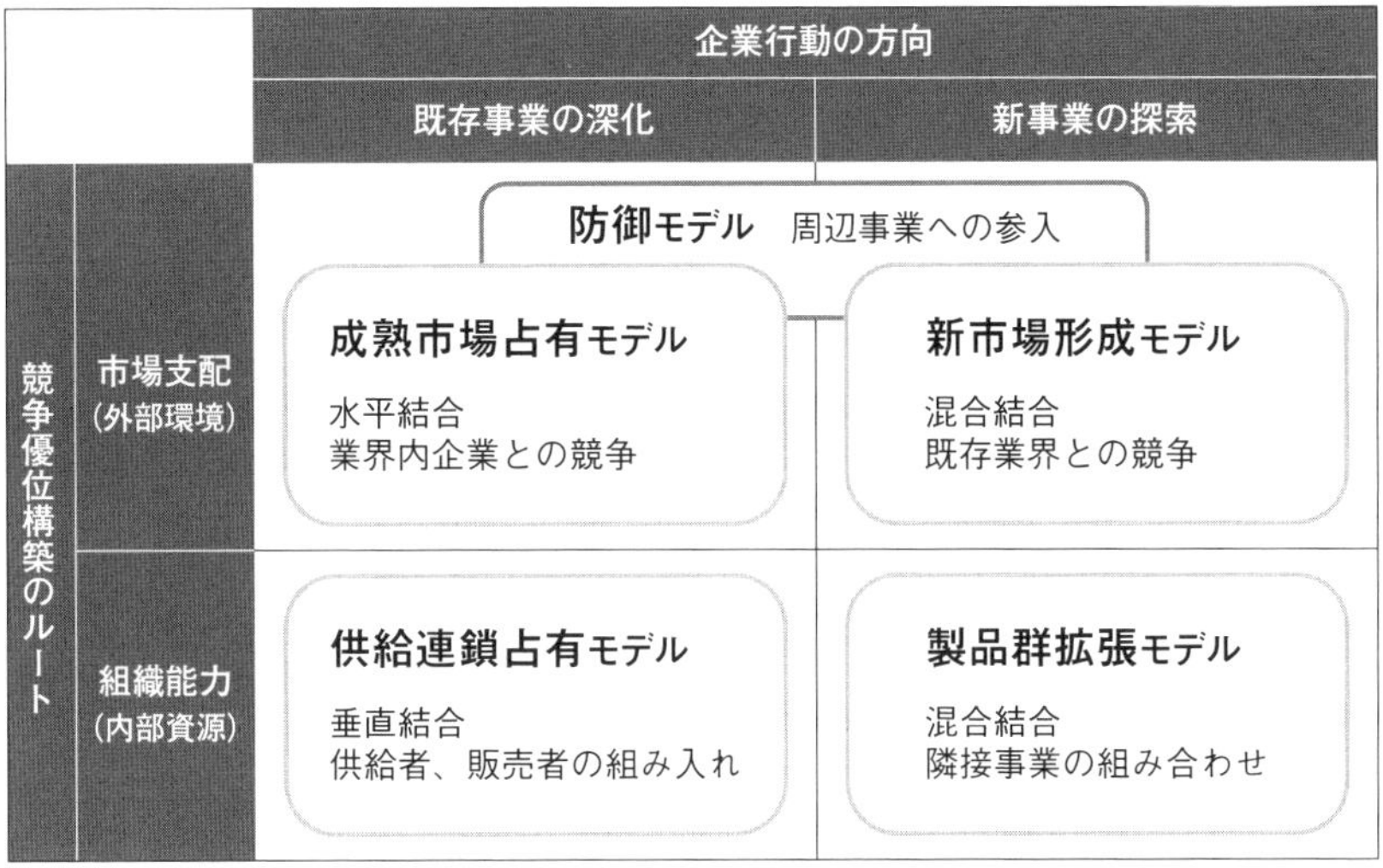

この成熟市場占有と供給連鎖占有の両モデルは、自社事業の存続を最優先する「守り」のアプローチと言える。両モデルの買収対象は、競合会社、そしてサプライヤーや販売代理店など、買収前から熟知している企業で、買収後の経営を手堅く進めることができる。

　しかし、市場自体がすでに成熟しているので、売上高は買収直後には増えるものの、将来的に飛躍的な成長を期待することはできない。また、市場や供給連鎖を占有した後に、その製品のライフサイクルが衰退期に入り、さらには代替品が出現するようなことがあると、需要が急速に縮小してしまうこともある。そうなると、市場占有率を大きくした分、逆風の影響も大きくなってリストラクチャリングに追われることになる。つまり、この守りのモデルは長期的な成長を約束しない。

　一方で、隣接事業者を買収する製品群拡張と新市場形成の両モデルは、企業が新たな発展の機会を模索する「攻め」のアプローチと言える。経営に新たな事業を探索する圧力が大きくなると、企業はこれらのモデルを試みることになる。

実際に、今世紀に入ってこの製品群拡張モデルの買収を実行する日本企業が増えた。買収で製品群を補完し新たな組み合わせを顧客に提案することは、新たな事業の探索である。これは、モジュール化やシステム化を実現する組織の能力を高めることで、競争優位を求める試みでもある。また最近では、新事業の探索を目的として、社内にCVCを設けて新市場形成モデルを試みる日本企業が増えたことは、すでに述べたとおりである。成熟市場占有モデルが同業者との競争を意識するのに対し、新市場形成モデルは既存の市場や業界と並立する形で競争を始めて、やがてそれを凌駕する。製品群拡張と新市場形成のモデルの特徴は、需要側で利便性が向上し、顧客が新たな価値を認めれば成果を挙げることができ、市場の成長と寡占が同時に進むことである。

3　新結合の経営で追求すべきこと

このように、それぞれのモデルには特徴がある。本節では、これから日本企業が新結合の経営で追求すべきポイントを、（1）買収モデルの掛け合わせ、（2）需要側での相乗効果創出、（3）モノづくり経営の深化と進化の3点から詳述していきたい。

（1）買収モデルの掛け合わせ

今世紀、日本企業の海外M&Aは大幅に増加し、海外売上高比率も上昇した。よってこれからは、現地のオペレーションを次の発展に導く買収について、経営者は知恵を絞ることになる。すなわち、目の前にある買収の対象会社を評価するだけでなく、これまでの買収との掛け合わせを考えなければならない。第2章で述べたように、追加買収の実行が海外M&Aの成否に影響を与えてきた。

ここでは、各買収モデルを掛け合わせた7つの場合の効果について、本書で考察した企業から例を示そう。図14－1「買収モデルの戦略マトリックス」を参照しつつ、読み進めていただきたい。

① 成熟市場占有×供給連鎖占有

市場占有と連鎖占有の掛け合わせは、自社中核事業の深化を極めることである。GMによる自動車メーカーと自動車部品のサプライヤーの買収は寡占の形成に大きな威力を発揮した。日本企業の海外M&Aでも、グローリーは、競合する通貨処理機大手の英国タラリス社を買収するとともに、ドイツやイタリア、ロシア、アイルランドなどで独立系の販売会社を傘下に収めている。これは、中核事業における成熟市場占有モデルと下流領域での供給連鎖占有モデルの掛け合わせで、買収後、グローリーは海外売上高比率と全体の営業利益率、両方の上昇を実現した。

グローリーは現在、次の10年を見据えた長期ビジョンに、多様な決済手段や通貨流通の新たな管理スキームの提供を掲げて、海外のベンチャー企業への投資を始めている。キャッシュレス決済の拡大など、外部環境の変化に応じた新市場形成モデルの試みで、中核事業の深化から新たな事業の探索にモデルの掛け合わせを拡げている。

② 製品群拡張×成熟市場占有

製品群拡張と市場占有の掛け合わせは、自社と補完関係にある事業を買収することで成熟市場を占有するものである。アドバンテストは半導体のメモリ用テスタを主力としていたが、米国ベリジー社の買収でＳｏＣ用テスタ事業を獲得し製品群を拡張した。そして、この買収で海外の半導体メーカーにも販路を拡げて、半導体テスタ全体の世界市場占有率を拡大した。その後、半導体システムレベルテスト事業を買収するなど、半導体単体からシステム製品の検査まで製品群拡張を続けている。日本企業が半導体事業を相次いで縮小する中、アドバンテストは市場占有と製品群拡張モデルの掛け合わせで、半導体テスタ世界市場で占有率トップになった。

ダイキン工業はグッドマン社の買収で、米国の空調市場占有率を一挙に高めた。この買収は自社のダクトレス式空調から、米国で主流のダクト式空調への製品群拡張でもある。大型業務用空調事業も買収で獲得した。空調機器は地域の生活様式に根ざした製品であるため、ダイキン工業は製品群拡張と市場占有を掛け合わせる買収を重ねることで、空調機器で世界トップになった。

③　製品群拡張×供給連鎖占有

製品群拡張と供給連鎖占有は、隣接する事業を買収して製品群を補完し、さらにその製品群を垂直に結合する掛け合わせである。

村田製作所は米国ペレグリン・セミコンダクター社の買収で、スマートフォンのフロントエンド主要部品のひとつである高周波スイッチを内製化した。もともと村田製作所は、フィルターやパワーアンプなど他のフロントエンド部品事業を保有していたので、この買収は製品群の拡張である。同時に、フロントエンドモジュールサプライヤーでもあるので、高周波スイッチの内製化はモジュール主要構成部品の垂直結合でもある。村田製作所はこの製品群拡張と供給連鎖占有モデルの掛け合わせで、スマートフォン向けフロントエンドモジュール事業を世界トップクラスに育てた。この２つのモデルは、ともに組織能力を高めることに競争優位を求めるので、自社に強力な顧客基盤が存在するときに有効な掛け合わせとなる。クアルコムなど村田製作所の競合会社も同様のアプローチで買収を行っており、世界市場で寡占が進んでいる。

④ 成熟市場占有×新市場形成

成熟市場占有と新市場形成は、中核事業の市場を買収で制すると同時に、事業環境の変化に応じて近接する事業領域で新たな市場を形成する掛け合わせである。既存事業の将来に大きな伸びが期待できないときにこの組み合わせが見られる。

リクルートは、欧米を中心に米国スタッフマーク社やオランダのＵＳＧピープル社など同業の人材派遣会社を買収して、アデコやマンパワーなどと競合する市場で占有率を拡大してきた。人材派遣事業のビジネスモデルは世界的に共通することから、買収後、国内の効率的な運営を移植することで、収益性の改善に注力している。

一方で、リクルートは米国インディード社を買収して、いち早くオンライン求人検索のプラットフォームを獲得し、デジタル求人広告市場の成長を自ら牽引してきた。この10年で、企業の採用広告や求職者の情報収集の手段は、紙媒体からインターネットに急速に移行した。リクルートは求人情報誌の最大手であるが、２０１２年の時点でインディードの買収を即決していなければ、デジタル化の動きを後追いすることになっていただろう。もし、グーグルに求人検索で先を越されていたら、業界の競争環境は今とまったく違った景色になっていたに違いない。リクルートの海外M&Aは、成熟市場の占有と新市場形成の買収を掛け合わせることで成果を挙げた。

⑤ 製品群拡張×新市場形成

製品群拡張と新市場形成は、新事業を探索する買収の掛け合わせである。

グーグルの買収はこの掛け合わせの例で、ベンチャー企業を買収してグーグルマップなどアプリの製品群拡張を繰り返し、利便性を高めてユーザー数を増やすことで広告収入を伸ばしてきた。さらに、オンライン広告の仲介事業を買収し媒体と広告主を結び付けるプラットフォームを獲得することによって、デジタル広告市場の成長と寡占の両方を手に入れた。拡張を続けるアプリの製品群とオンライン広告のプラットフォーム拡充は、大きな相乗効果を生んだ。今や、デジタル広告の市場規模は従来のマスコミ広告を追い越す勢いである。

⑥ 供給連鎖占有×新市場形成

製薬は供給連鎖占有と新市場形成の掛け合わせが顕著な業界のひとつである。日本の製薬メーカーは世界最大の医薬品市場である米国で自社開発薬の承認と販売など下流を補完するために、現地製薬会社を買収して垂直結合を行ってきた。アステラス製薬は主力のがん治療の領域で米国の製薬メーカーを買収し、自社の前立腺がん治療薬の販売承認を得て上市した。大日本住友製薬も米国の製薬メーカーを買収して自社の統合失調症治療薬の承認と上市を実現した。これは自社の中核治療薬の供給連鎖占有モデルで、両社とも米国の売上高と利益が国内のそれを上回るなど大きな成果を挙げた。

両社はまた、新たな市場を形成するため創薬ベンチャーに投資を始めている。アステラス製薬は遺伝子治療分野のベンチャーを買収して、遺伝子治療薬のパイプラインと創薬のプラットフォームを獲得した。このベンチャーの治療薬は承認申請の段階で売上高はゼロ、最終利益は1億ドルを超える赤字だったが、30億ドルで買収した。大日本住友製薬も３３００億円を投じて創薬ベンチャーを買収している。米国で自社の中核治療薬の供給連鎖占有を実現した後、創薬ベンチャーの買収を掛け合わせることで、事業の深化と探索のバランスを図っている。

⑦ 防御×成熟市場占有／新市場形成

周辺市場への多角化と、成熟市場占有または新市場形成モデルを掛け合わせることで、自社の寡占を強固にすることができる。自社事業への脅威は業界内の競合だけでなく、隣接する業界や市場から現われることもある。よって、買収による周辺市場への参入は、長期的な寡占の維持に役立つことになる。

今後、日本企業による海外M＆Aは、現地での追加買収が中心となるだろう。それは、事業を重層的に結合する試みでもある。買収によって競争の局面は変わる。企業経営者には、自社に加わる深化と探索の圧力、そして、自社が固めるべき競争優位のルートを自覚しながら、買収モデルを効果的に掛け合わせていくことが求められる。

（2）需要側での相乗効果創出

買収後の経営で、これまで日本企業が重視してきたのは供給側での相乗効果である。例えば成熟市場占有モデルの場合では、買収した同業者との間にある生産拠点やバックオフィス部門の重複解消や、共同購買によるコスト削減を企図してきた。そして、対象会社の現地販売網を活用して自社製品の拡販を計画する。これらは買収発表時によく出てくるメニューで、相乗効果の計画を数値で示し、買収の意義を説明する企業もある。

　このような供給側、すなわち自社オペレーションでの効果に加え、その向こうにある需要側、すなわち顧客に買収の効果を届ける計画は、あまり目にすることはない。例えば、成熟市場占有モデルの買収で顧客の数が増えたときに、顧客の利便性を高めることを考えているだろうか。

　森精機は自社と売上規模が拮抗するドイツのＤＭＧと経営統合し、工作機械の相互生産や共同購買によって供給側での相乗効果を実現した。さらに森精機は、供給側にとどまらず需要側で顧客が効果を享受できる工夫を凝らしてきた。第9章でも述べたように、両社の製品ブランドを「ＤＭＧ ＭＯＲＩ」に統一し、欧州で生産する機種の表示板もシーメンス製に統一するなど操作性の向上を図った。また、日本の伊賀、米国ダラス、ドイツのゲーレッツリートにパーツセンターを設置し、世界各地の顧客への、24時間以内のパーツ発送率95％を実現し、保守も43カ国で実施している。工作機械の故障は工場の操業を止めてしまうため、顧客にとって保守サービスの利便性向上は重要である。成熟市場占有モデルの買収で顧客数が増え、供給側だけでなく需要側で規模の経済が機能する直接ネットワーク効果が働き増収が加速した。

　隣接事業者を買収する製品群拡張モデルでは、供給側の効果は共通費の分散など範囲の経済によるものに限られる。製品が異なると重複が少ないため規模の経済は働かない。よって、このモデルでは、需要側、すなわち顧客に新たな価値を提供し、販売増の効果を実現することが成功には欠かせない。堀場製作所とホシザキの買収は、製品群を拡張し顧客に付加価値を提供することで増収効果を実現した成功例である。

堀場製作所はエンジン排ガス測定装置と自動車試験装置を一体として提供できるようになったことで、顧客である自動車メーカーの利便性が向上し、購買の効率化につながった。

ホシザキの顧客である米国の飲食店やホテルは、ホシザキが厨房の開発から保守を一括して提供できることに価値を見出した。

そして、新市場形成モデルの成功には、需要側での効果創出はさらに重要となる。市場自体の成長実現が欠かせないからだ。なかでも市場の多面性を利用して、顧客側にネットワーク効果が現われると市場の成長と寡占が加速する。グーグルが買収したユーチューブは、動画の視聴者、投稿者（ユーチューバー）、広告主の３つの異なる顧客グループにサービスを提供する、多面市場の代表的なプラットフォームとなった。アプリが魅力的になれば、ユーザー数が増え、そこに広告スペースができる。グーグルの買収は、需要側でネットワーク効果という規模の経済を働かせることによって、デジタル広告市場の成長を牽引してきた。買収による新市場形成の成功には、顧客側の利便性とネットワーク効果創出がカギとなる。

一方、企業はこの需要側での効果創出でジレンマに陥ることもある。

日産自動車とルノーのアライアンス経営では、購買や生産を中心に機能統合を進めて、プラットフォームの共通化など供給側で大きな成果を挙げてきた。三菱自動車を合わせた3社が創出した相乗効果は２０１７年では57億ユーロに上ったという。この企業連合のもうひとつの特色は、互いにブランドとマーケティングの独自性を尊重し、販売もそれぞれが行ってきた点である。

現在、日産、ルノー、三菱の最大の課題は落ち込んだ販売台数の回復である。企業連合は、日産のバルセロナ工場を閉鎖して欧州での生産をルノーに委託するなど、３社間の重複解消による供給側での相乗効果はこれからも実現できるだろう。しかし、ブランドと販売は統合していないので３社の顧客の間にネットワーク効果は生まれない。企業連合のアライアンス・ボードは地域、そして開発業務で役割分担を決めて、さらなる相乗効果創出を計画している。だが、その効果を求めるあまり、各社の独自性が薄れると、顧客へのブランド訴求力も減退することが考えられる。

需要側における効果創出と独自性維持の間にあるジレンマは、アライアンスに限らず買収でも、対象会社の企業体とブランドを維持する場合に直面することになる。

これから買収後に戦略を描くときには供給側での規模の経済だけでなく、需要側でのネットワーク効果創出に工夫を凝らすことが求められる。需要側での効果は企業に長期的な増収の機会をもたらすことから、供給側での効果以上に重要である。

（3）モノづくり経営の深化と進化――Post-Merger Innovation

日本企業は長年、知識創造とモノづくりを経営の拠り所としてきた。しかし、それは競争に必要な能力であるが、世界規模の競争に勝つためには十分ではなくなった。顧客の求める製品を作って届けるだけでなく、競争相手に勝たなければならない。

企業にとって、競争に勝つとは何を意味するのか。日本だけでなく米国でも、おもな製品やサービスは長く寡占の市場構造が続いている。寡占を形成している企業は買収や合併を繰り返して生き残ってきた。つまり、競争に勝つとは、世界的な業界再編を主導し、成熟した市場で寡占の側に残ること、または、自ら新たな市場を形成して、新規参入者の挑戦を退けながら市場の成長を牽引することなのである。企業が生き残るためには、同業者や供給者、そして隣接者など他社が保有する経営資源を奪取してでも、新たな結合を重ねることが欠かせない。

20世紀初頭にシュンペーターは、企業家によるこの新結合が、資本主義経済発展の原動力だと説いた。イノベーションの原点を振り返る過程で気付いたのは、日本のマネジメントがそれを技術革新と狭義に解してきたのではないかということだ。日本が技術、資金、そして人材に恵まれながら競争に後れを取った原因がこのあたりにあるのではないだろうか。イノベーションの本質を十分に捉えていなかった。しかし、日本企業は今世紀、海外Ｍ＆Ａに挑戦し続け、果敢に旧結合から事業を獲得してきた。幸いにも買収で新結合を試みてきたのだ。そして、今、その成果を挙げる途上にある。これを新たなＰＭＩ、Post-Merger *Innovation* と呼びたい。これから先は、買収を取り入れたモノづくり経営の深化と進化を遂行する力が試されることになる。

本書で取り上げた企業に共通するのは、買収後に対象会社が製品開発で成果を挙げたこと、そして、買収企業自身が顧客への提案に重きを置く事業形態に姿を変えてきたことである。買収後、対象会社の現場でモノづくりを指導するだけでなく、知識創造やモノづくりの力を応用することで対象会社の事業が深化し、他方、買収企業は組織能力を高めることで進化していった。

テルモが２００２年に買収した人工血管大手の英国バスクテック社は、２００９年に生体弁付き人工血管で、２０１６年には人工血管「ソラフレックス・ハイブリッド」で、英国女王賞のイノベーション部門賞を受賞している。テルモは、２０１８年には50億円を投じて英国工場を拡張するなど、買収後も対象会社が製品開発で成果を挙げるように、事業の深化に注力してきた。一方で、テルモ自身は心臓血管領域の製品群を拡張することで、人工肺装置を使用した治療や大動脈瘤治療に必要な周辺機器を併せたシステムを医療機関に提案、納入できる有力なサプライヤーに進化した。

　村田製作所が買収したペレグリン・セミコンダクター社（現pSemi）も引き続き半導体の設計に注力しており、米国ＩＥＥＥによる半導体部門の特許評価で２０１６年から2年連続でトップ10にランキングされたことは既述のとおりである。一方、村田製作所も買収で内製化した主要部品と自社の製品を組み合わせた、スマートフォン向けフロントエンドモジュールの事業を世界トップクラスに育てた。

　日本板硝子のピルキントン社買収は、当初、売上高や世界市場占有率に注目が集まった。日本板硝子のマネジメントも装置産業の常として、規模の経済による効果に期待した。しかし、中国の福耀など新興のガラスメーカーが自動車用ガラスで価格競争を仕掛けて市場を席巻するなど、買収後に事業環境は大きく変化した。世界最大の自動車市場をホームとする福耀に汎用ガラスで競争しても勝ち目はない。日本のガラスメーカーが規模で競争できる時代は過ぎた。

　買収後の経営で成果を挙げたのは規模の経済ではなく、ピルキントンが開発した新たな製品の投入だった。オンラインコーティングで製造する太陽電池用の透明導電膜ガラス、センサーカメラの取り付けやヘッド・アップ・ディスプレイ用に自動車のフロントガラスをプレス成形する曲げ加工法はピルキントンが開発し、買収後に日本板硝子が製品化した。モノづくりの力が大いに発揮され、この２つの事業は現在、日本板硝子の収益に大きく貢献している。そして、日本板硝子もまた、規模を重視する伝統的なガラスメーカーの経営から、付加価値の高いガラス製品の開発を重視する経営への転換を急いでいる。

　買収後、対象会社の製品開発の能力を伸ばすことは、自社で開発するよりも難しい。しかし、自社のモノづくりや知識創造の力で対象会社の製品やサービスに磨きをかけて、それを梃子に自らが提案型の組織に進化できれば、買収の効果は大きくなる。買収後に戦略を新たにするときに、自社の競争力を移植するのでなく応用する視点が欠かせない。

第3章で詳述した両利きの経営に関する研究によると、企業が新たな事業の探索を行うにあたって、競合他社が保有していない資産や組織能力を自前で用意し、かつそれを提供できるかが成否に影響を与えるという。また、買収の相乗効果に関する研究は、対象会社ではなく、買収企業が経営資源を提供するほうが、より大きい効果を生むと指摘している。大きな投資をして魅力的な会社を買収したのだから、対象会社が相乗効果を生み出してくれると期待するのも無理はないが、効果の源泉を用意するのは買収企業のほうなのである。有能な対象会社を選ぶことは大切であるが、それ以上に重要なことは、自社の側に効果の源泉や、梃子となる組織能力が備わっているかを知ることである。素晴らしい企業を買収したからといって、何もしないで勝手に効果が生まれるわけではない。

日本企業の中にはモノづくりそのものでなく、自らの成功を支えてきた創業の理念や考え方を買収後の深化と進化につなげた企業もある。

ダイキン工業の企業理念の根底には「人を基軸におく経営」がある。これは、人の持つ無限の可能性を信じること、企業の競争力の源泉はそこで働く「人」の力であること、そして、従業員一人ひとりの成長の総和が企業の発展の基礎であること、という意味で、創業以来、長年の企業活動の中で脈々と培われてきた暗黙知であるという。

ダイキン工業は買収を重ねて、現在、１５０カ国で事業を展開しているが、この「人を基軸におく経営」をPeople-Centered Management（ＰＣＭ）として、海外の事業所に浸透を図っている。買収後の経営でも現場主義を徹底し、現地のマネジメントを信頼して経営を委ねつつ、経営トップが積極的に現場に出掛けて、問題があればその場で議論を尽くして解決する。

ダイキン工業はこの暗黙知の共有に注力するだけでなく、グッドマン買収後にはヒューストンにダイキン・テキサス・テクノロジーパークを、ＯＹＬ買収後にはアプライド空調の研究開発センターをミネアポリスに建設するなど、目に見える形で現地事業の深化に投資をしている。海外での買収を重ねた結果、２００７年のＯＹＬ買収前には46％であったダイキン工業の海外売上高比率は10年で76％強に達し、全体の営業利益も3倍になった。現地で事業の深化を図りながら、ダイキン工業は日本を代表するグローバル企業に進化した。

買収を積み重ねてきた日本企業には、今後、新たな戦略として、複数の買収モデルを掛け合わせ、規模の経済を需要側で働かせることで顧客が利便性を享受できる効果を創出することが求められる。そして、買収した事業の深化と同時に自らも進化することが成功には欠かせない。これらは、企業の成長でなく発展を実現する試みで、Ｍ＆Ａのテクニックやマニュアルによって遂行できるようなことではない。買収企業に知識創造やモノづくり経営の能力が備わって初めて可能となる。まさに、日本企業の真価が問われることになる。

４　２つのＲのレバレッジ

グーグルに買収されることが決まって歓喜するシリコンバレーのベンチャー企業の様子を前章で紹介した。それは、自分たちの能力が認められて、将来、大きく成長する可能性が開けたことへの喜びである。案外、対象会社のほうが、どの会社に買収されるのが良い結果をもたらすかわかっているものだ。自社の事業のことは自分たちが一番よくわかっている。

このように、対象会社の社員に将来への期待を抱かせる企業は、日本にいくつあるだろうか。グーグルを真似てもうまくいかないが、買収して欲しいと思われる企業になることも大切なことである。日本企業には、これからレバレッジできる2つの「Ｒ」がある。

ひとつ目のＲは「Remote」、すなわち、遠隔であることのレバレッジである。日本企業の海外Ｍ＆Ａは、対象会社と物理的な距離があることから、生産拠点や主要顧客の重複が少なく補完の関係にある場合が多い。これは、相手にとっても好都合で、重複が少なければリストラクチャリングも最小限にとどめることができる。

また日本企業にとって海外での買収は、自社と異なる製品開発やマーケティング手法、それを用いて成果を挙げたマネジメントや技術者たちと出会う機会でもある。スポーツでも個性的なプレイヤーが攻守でそれぞれに役割を果たすチームは強い。日本企業は、異なる才能や個性をもっと活用することができるはずだ。統合と称し、買収した会社に自社のやり方を移植して、持ち味をなくしてしまっては、能力を引き出すことはできない。

遠いこと、そして異なることを梃子にして価値を生み出すには、まず、日本企業のほうが創業の考えや経営理念など自社に固有のものを、相手に伝えることだ。それは、単にモノづくりが得意だというのではなく、対象会社のマネジメントやエンジニアたちに好奇心を抱かせるものでなければならない。相手が自社の個性や能力を知ることで、現地から新たな事業の提案が出てくるようになるのが理想的だ。

シュンペーターはイノベーションを、今までとは異なる手法を試みることと定義した。異なるアイデアが交わることで新たな価値が生まれる。例えば、ダイキン工業は経営トップが毎年、買収した企業でタウンミーティングを開いて従業員と向き合い、自社の戦略や理念を伝えると同時に、本社への要望や相乗効果のアイデアに耳を傾ける。買収後の連携を推進するためにブリッジパーソンと呼ぶ社内専門職を設けて、現地化と全体最適のバランスにも努めている。グローリーでは、海外現地のマネジメントが本社側の収益性が低いのではないかと指摘することもあるという。これは、経営の透明性が高く、社内で健全なディスカッションが行われていることの表れである。堀場製作所は「おもしろおかしく」の社是を、買収した会社がよく研究しているので企業文化の融合に時間がかからないという。遠いこと、そして異なることのレバレッジである。

さらに大切なのは、買収した企業の人材を大胆に登用して戦力にすることだ。これまで、日本では社外から、特に外国人を経営の要職につける企業は少なく、また登用しても、成功した例はまだ少ない。外国人をうまく使えていない分、日本企業には買収で獲得した人材をレバレッジする余地がある。テルモや日本板硝子では、買収した会社のマネジメントが本社の執行役員を務めるなど、海外Ｍ＆Ａが人材登用の契機となった。今世紀に入り、日本企業の海外売上高比率は上昇して、売上高の半分以上が海外という企業も珍しくなくなった。海外での買収も年間８００件を超えている。今後も事業の海外比率は大きくなるだろう。日本人だけの知見に頼っていては心許ない。

ただ、忘れてはいけないのは、人材登用には報酬（Reward）が伴わなければならないということだ。外国人でも日本人でも事業に貢献する人材には、報酬を相場以上に支払うことだ。

２つ目のＲは「Reputation」、すなわち評判のレバレッジである。日本企業がこれまで世界中で築いてきた評判、そして信用は、長い年月をかけて先人たちによって築かれてきたもので、何ものにも代え難い資産である。これは日本企業全体が共有する「暖簾」と言ってもよい。

国内では感じないかもしれないが、海外では、従業員を大切にする、長期的な事業投資をする、品質の高い製品やサービスを提供する、先進的な技術がある、進出先の地域コミュニティに貢献し社会的責任を重んじる、など日本企業の評判はすこぶる良い。もちろん、高値で、しかもキャッシュで買収してくれることも良い評判のひとつである。

海外での買収にはセンシティブな側面もある。現地の政府は外国企業が買収で自国の市場を寡占することを警戒し、雇用への影響も懸念する。当然のことだろう。最近でも豪州政府は、中国蒙牛乳業がキリンの保有するライオン飲料を買収することを承認せず、この買収案件は中止になった。このように政府が買収に待ったをかける場面はこれから増えるであろう。Ｍ＆Ａで「暖簾」というと最近は減損か償却かという会計上の話になることが多いが、自分たちがこれまで海外で築いてきた暖簾の価値を再認識してほしい。そして、その価値がわかる企業を呼び込むことだ。信用のある日本企業には、これから買収の機会はさらに拡がると思われる。

しかし、前評判は良いのに買収後の経営はいつまでたっても下手では、それこそ、大店の暖簾に傷が付きかねない。買収で寡占を形成した後も、現地消費者の利便性を高めて成功を重ねることで、日本企業の経営に対する評価も定まることになる。

レバレッジと言えばもうひとつ、日本には、負債を活用する財務レバレッジを効かせる余地のある企業が少なくない。株主は他人資本を利用して収益機会を拡大してほしいと期待する。もちろん、買収時の財務レバレッジも選択肢ではあるが、それよりも、日本企業は買収後の経営でレバレッジを効かせることができる組織能力に磨きをかけておくべきだろう。買収後の経営を行うのは対象会社のマネジメントではなく、自社であることを強く意識してほしい。

20世紀初頭から現在まで、世界規模の競争と寡占で企業の明暗を分けてきたのは、新結合を遂行する能力だった。それは、「経営管理者」でなく、「企業家」としての経営者の能力を試してきた歴史でもあった。企業経営において、買収を自在に掛け合わせて事業の結合を重ねることが、競争力の源泉となりつつある。

本書は、日本企業が今世紀、海外M＆Aでこの新結合を遂行し、本来のイノベーションを体現することで事業を世界トップクラスに育てる姿を捉えた。それは、モノづくりを極めた日本企業が、再びその経営で世界をリードする萌芽であると信じたい。

付録　企業結合審査における取引分野の画定と競争の実質的制限

公正取引委員会は令和元年12月17日に「企業結合審査に関する独占禁止法の運用指針」および「企業結合審査の手続に関する対応方針」を改定した。本書に関わりの深い企業結合審査に関する改定の概要を以下にまとめた。

なお、詳細については、公正取引委員会の「企業結合審査に関する独占禁止法の運用指針」新旧対照表（https://www.jftc.go.jp/houdou/pressrelease/2019/dec/kiketu/attachment.pdf）、および「企業結合審査の手続に関する対応方針」新旧対照表（https://www.jftc.go.jp/houdou/pressrelease/2019/dec/kiketu/attachment2.pdf）を参照していただきたい。

1　改定の背景となった基本的な考え方

これまでの企業結合審査では、商品やサービス、地域の範囲を対象として取引分野を画定し、主として市場占有率に着目して審査を行ってきた。本改定は、商品やサービスの市場占有率だけでなく、研究開発や各種データの競争上の価値も審査の際に考慮することとして、企業結合審査のルールを整備し、特にデジタル分野の企業結合案件の審査に的確に対応することをその主要な目的としている。例えば、デジタル分野では、企業の商品やサービスの市場占有率が小さくても、顧客データの集約の状況や利用方法などによって競争制限的な効果が生じる可能性がある。また、多面市場の構造や無料サービスの活用によって、間接ネットワーク効果、すなわち、異なるサービスの市場で相互に利用者が増える効果が生じる場合もある。それらを考慮して、従来の商品やサービスを念頭においた市場画定とその市場占有率を中心とした企業結合の審査に関する考え方を見直す必要性が出てきたからである。

改定された企業結合審査の運用指針では、取引分野の画定の基本的考え方として、「第三者にサービスの「場」を提供し、そこに異なる複数の需要者層が存在する多面市場を形成するプラットフォームの場合、基本的に、それぞれの需要者層ごとに一定の取引分野を画定し、（中略）多面市場の特性を踏まえて企業結合が競争に与える影響について判断する」[1]と記している。また、取引分野が重層的に成立する場合として、「プラットフォームが異なる需要者層の取引を仲介し、間接ネットワーク効果（中略）が強く働くような場合には、それぞれの需要者層を包含した一つの一定の取引分野を重層的に画定する場合がある」と例示した[2]。この「間接ネットワーク効果」とは、「プラットフォームを通じた多面市場において、企業結合後に当事会社グループが一方の市場における一定数の需要者を確保すること自体により他方の市場における商品[3]の価値が高まり、その結果当事会社グループの他方の市場における競争力が高まるような場合」とされている[4]。これは、間接ネットワーク効果が働く場合、複数の市場をまとめて企業結合審査の対象となる取引分野と定めることを示したものである。

また、「一部のインターネット付随サービスなどのように、専ら価格ではなく品質等を手段として競争が行われているような場合には、ある地域におけるある商品の品質等が悪化した場合に、又は、ある地域においてある商品の提供を受けるに当たり需要者が負担する費用が上昇した場合に、当該商品及び地域について、需要者が当該商品の購入を他の商品又は地域に振り替える程度を考慮することがある。また、供給者にとっての代替性も同様である」[5]として、価格ではなく品質等を手段とした競争が行われている場合の考え方を明記している。

審査対象とする商品やサービスの範囲は、「通信回線等を経由してサービスを提供する通信サービスやインターネット付随サービス等の場合、利用可能なサービスの種類・機能等の内容面の特徴、音質・画質・通信速度・セキュリティレベル等の品質、使用可能言語・使用可能端末等の利便性などを考慮して判断される」ことが追加された[6]。

2　競争の実質的制限に関する考え方の精緻化

競争の実質的制限については、水平型企業結合、垂直型企業結合、混合型企業結合、それぞれの場合について、競争制限の判断要素となるデータの集積評価など、デジタル分野特有の枠組み等を考慮することとし、併せて垂直的企業結合と混合型企業結合の審査の際の考え方をより具体的に示す等の改定が行われた。

まず、水平型企業結合による競争の実質的制限については、「一定の取引分野における当事会社の市場シェアが小さいため、水平型企業結合が」本指針で規定する企業結合後のハーフィンダール・ハーシュマン指数[7]にもとづくセーフハーバー基準「に該当する場合であっても、例えば当該当事会社が競争上重要なデータや知的財産権等の資産を有するなど、市場シェアに反映されない高い潜在的競争力を有しているような場合には、当該企業結合が一定の取引分野における競争を実質的に制限することとなるか否かについて、（中略）各判断要素に関する検討が必要となることがある[8]」とした。

すなわち、例えばスタートアップ企業の多いデジタル市場などにおいては、その特徴を考慮して、アーリー・ステージにあるベンチャー企業の買収は市場占有率に大きな影響を与えなくとも、市場に供給されれば競合する程度が高いと見込まれる研究開発を行っていたり競争上価値のあるデータを保有しているような場合は、当該研究開発の実態やデータの価値等も踏まえて、企業結合が競争に与える影響を判断するとしたものである。

また、買収によるネットワーク効果を考慮して、「企業結合後に当事会社グループが一定数の需要者を確保すること自体により商品の価値が高まり、その結果当事会社グループの商品の需要者が更に増加する」いわゆる直接ネットワーク効果が働く場合や、「一定数の需要者を確保すること自体により他方の市場における商品の価値が高まり、その結果当事会社グループの他方の市場における競争力が高まる」いわゆる間接ネットワーク効果が働く場合には[9]、これらのネットワーク効果を踏まえて競争に与える影響について判断するべきことが加えられた。

◉付図-1　垂直型企業結合における供給拒否等による投入物閉鎖と競争制限

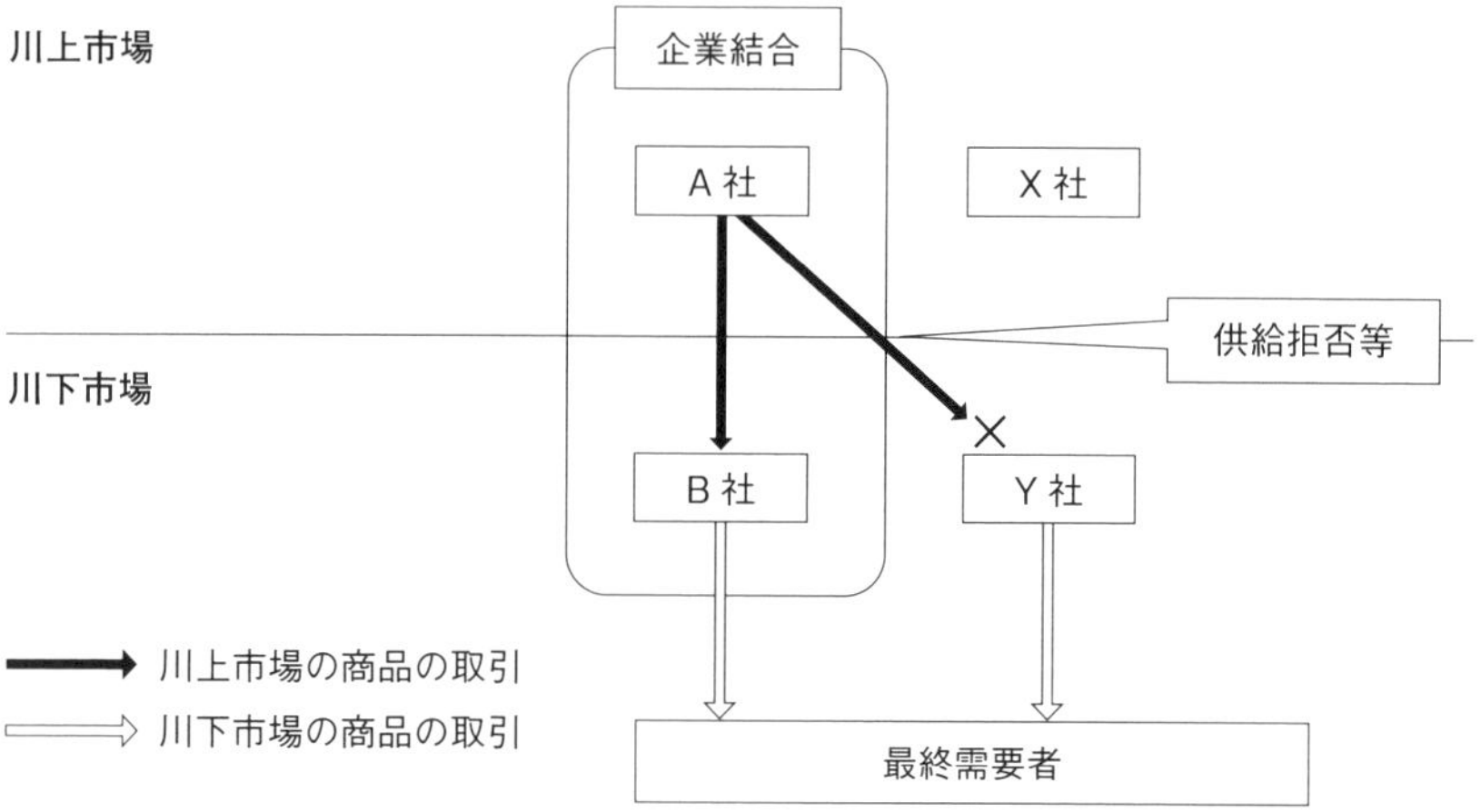

出所：公正取引委員会「企業結合審査に関する独占禁止法の運用指針」新旧対照表、2019 年 12 月 17 日、図 2

次に、垂直型企業結合については、買収後、当事会社がそのグループ間でのみ取引を行うことにより、事実上、他の事業者[10]の取引の機会が奪われることで、川上および川下市場の閉鎖性・排他性の問題が生じる場合に競争が実質的に制限されることになるが、本指針では、供給拒否等による「投入物閉鎖」、購入拒否等による「顧客閉鎖」、さらに、秘密情報の入手が競争を制限する場合について、概ね以下のような考え方を示している。

　投入物閉鎖による川下市場の閉鎖性、排他性の問題は、例えば、競争上重要なデータを有する川上市場の会社（A社）と当該データを活用してサービス等を提供する会社（B社）が垂直型企業結合を行うことにより、B社の競争会社（Y社）へのデータの供給拒否等が行われると、川下市場で競争の実質的な制限が生じる場合がある（付図－1参照）。また、同様に、川下市場の会社（B社）が川上市場の競争会社（X社）からの購入を拒否する顧客閉鎖は、川上市場での競争が制限され閉鎖性・排他性を生むことになる[11]。

　ただし、多面市場を形成するプラットフォームのように、川下市場が製品やサービスを豊富に取り揃

◉付図-2　垂直型企業結合における秘密情報入手による競争制限

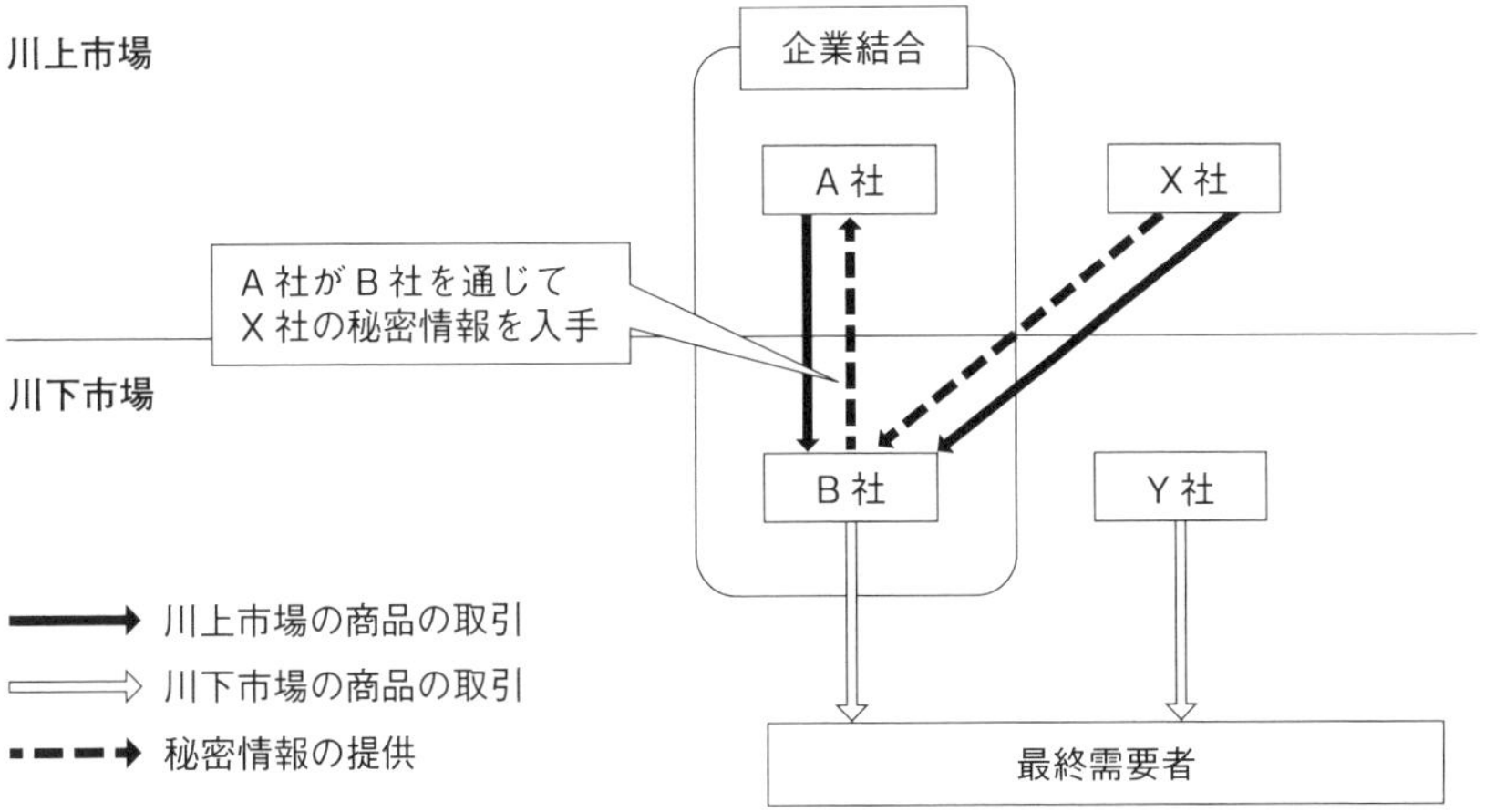

出所：公正取引委員会「企業結合審査に関する独占禁止法の運用指針」新旧対照表、2019年12月17日、図5

えることが最終需要者との関係で競争上重要である場合は、川下市場の会社（B社）が川上市場の競争会社からの購入拒否等を行うと、B社が取り扱う製品やサービスの数や種類が減少することになり、最終需要者にとっての同社の魅力が低下し、ひいてはB社の利益の減少をもたらすことから、結合した会社グループが顧客閉鎖を行うインセンティブは弱まることになる。

垂直型企業結合では、川上市場の会社（A社）が結合した川下市場の会社（B社）を通じて、川上市場の競争会社（X社）の販売や生産に関する秘密情報を入手することで、競争会社（X社）が不利となり、川上市場から撤退する場合がある（付図－2参照）。また、川下市場の会社（B社）が川上市場の会社（A社）を通じて、川下市場の競争会社（Y社）の商品、顧客、原材料調達などに関する秘密情報を入手することで、競争会社（Y社）が不利となることがある。これらの競争会社が撤退すると競争の実質的な制限が起きる[12]。

混合型企業結合においては、各々の製品（甲商品と乙商品）を買収後に結合した会社グループが組み合わせ供給することによる混合型市場閉鎖の場合と、

◉付図-3　混合型企業結合における組み合わせ供給による競争制限

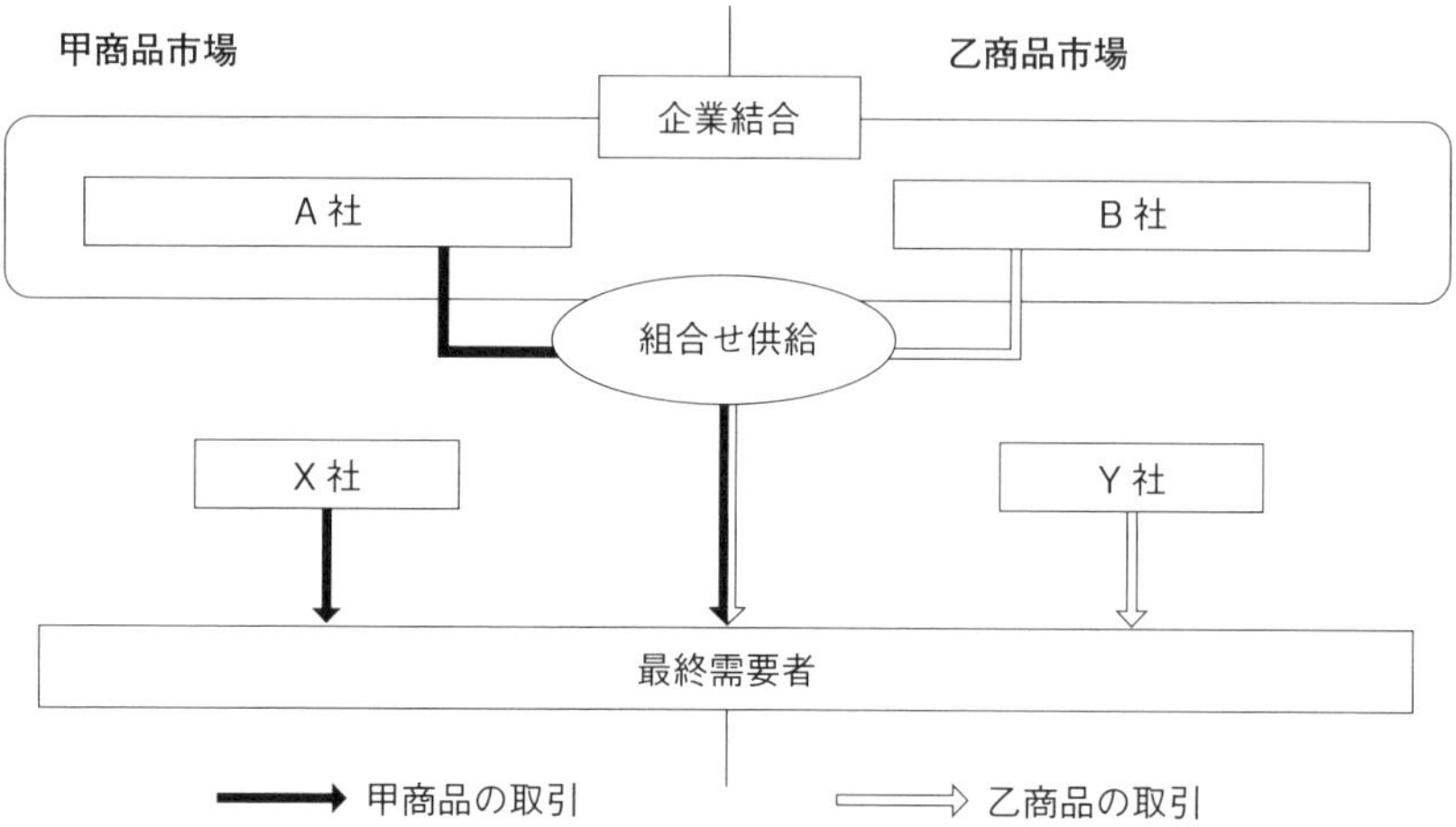

出所：公正取引委員会「企業結合審査に関する独占禁止法の運用指針」新旧対照表、2019年12月17日、図6

潜在的な競争者を買収する場合を競争の実質的な制限が起きる可能性があるものとして取り上げている。これは、新規参入機会の消滅や市場の閉鎖性・排他性によって競争が制限されることを念頭に置いたものである。

混合型企業結合は、一定の取引分野において競争する企業の数は減少しないので、水平型企業結合と比べて競争に与える影響は大きくないと考えられている。しかし、結合した一方の会社（A社）の市場における地位が相当高く、他方の会社（B社）の商品（乙商品）の補完性の程度も高い場合、両社の商品を組み合わせ供給する場合に乙商品の市場で競争が制限されうる。両社の商品の接続等のための仕様を工夫し、接続等に必要な情報の開示を制限することで、一方の会社の商品について他方の会社の商品のみを接続して使用できるようにする場合があることを想定している[13]（付図－3参照）。

さらに、ある市場においてすでに事業を行う会社（A社）が、その事業を行っていないがデータ等の重要な投入財を有し、当該市場に参入した場合に有力な競争者となることが見込まれる会社

（Ｂ社）を結合する場合、すなわち、潜在的競争者の買収も審査の対象となった。買収によってＢ社の新規市場参入の可能性を消滅させる場合に、そうでない場合と比較して、競争に及ぼす影響を調査するとしている。

データの競争上の重要性や有力な潜在的競争者となるかについての評価基準は、①一方の会社（Ｂ社）がどのような種類のデータを保有・収集しているのか、②一方の会社（Ｂ社）がどの程度の量のデータを保有しており、日々どの程度広い範囲からどの程度の量のデータを収集しているのか、③一方の会社（Ｂ社）がどの程度の頻度でデータを収集しているのか、④一方の会社（Ｂ社）が保有・収集するデータが、他方の企業（Ａ社）の商品市場におけるサービス等の向上にどの程度関連するのか、といった点を考慮に入れることを指針で示している。また、他方の企業（Ａ社）の商品市場の競争者（Ｘ社）が入手可能なデータと比較して、一方の会社（Ｂ社）が保有・収集するデータが、上記①から④の観点からどの程度優位性があるのかを考慮に入れるとしている[14]。

そして、被買収会社の国内売上高等に関わる金額のみが届出基準を満たさないために届出を要しない企業結合計画のうち、買収に関わる対価の総額が大きく、かつ、国内の需要者に影響を与えると見込まれる場合には、当該買収会社を買収しようとしている会社に対し公正取引委員会の側から資料等の提出を求め、企業結合審査を行うこととされた。

以上のような企業結合審査の範囲の拡大を踏まえ、買収に関わる対価の総額が４００億円を超えると見込まれ、かつ、以下の①から③のいずれかを満たすなど当該買収が国内の需要者に影響を与えると見込まれる場合には、当該買収を行おうとしている会社は公正取引委員会に相談することが望まれるとしている。

①被買収会社の事業拠点や研究開発拠点等が国内に所在する場合
②被買収会社が日本語のウェブサイトを開設したり、日本語のパンフレットを用いるなど、国内の需要者を対象に営業活動を行っている場合
③被買収会社の国内売上高合計額が１億円を超える場合[15]

これは、デジタル市場には創業から間もない研究開発型のスタートアップ企業が多く、また、米国を中心に有望なスタートアップ企業の買収が頻繁に起きていることを念頭に置いたもので、将来の参入可能性消滅が競争に与える影響を審査しようとするものである。

あとがき

前著『海外企業買収　失敗の本質——戦略的アプローチ』を上梓したのが２０１４年、プラザ合意のあった１９８５年以降の海外Ｍ＆Ａ草創期に日本企業が実行した大型買収の半数近くが、買収後に売却や撤退に終わっている状況を報告した。

しかし、失敗が多いにもかかわらず、その後も海外での買収件数は増え続けて、買収金額も大きくなった。慎重と言われる日本企業であるが、失敗にひるまず果敢に挑戦し、今世紀だけでも海外Ｍ＆Ａに１１６兆円以上を投じている。

この金額が示すのは、自分は失敗しないという経営者の過信なのか、それとも、日本企業は買収が得意になったのか。それを明らかにするために、筆者は、今世紀初頭の海外Ｍ＆Ａ発展期に実行した買収の現状を調査する作業を始めた。結果は、草創期と比べて発展期では成功が増え、失敗の割合が減っていた。日本企業は海外で買収を繰り返すことで何かを摑み始めたようだ。

そこで、経営の現場で起きていることを知るため、今度は海外での買収に積極的に取り組む企業を訪問した。日本を代表する製造業企業のマネジメントや、買収した事業の経営を担う方々から直接お話を伺うことで、日本企業が海外Ｍ＆Ａによって、強靱さとしなやかさを備えてきていることを確信した。

さらに日本企業の買収と経営を吟味していくと、海外Ｍ＆Ａの目的が成熟市場を制するだけにとどまらず、製品群を拡張して新たな市場を形成する試みに拡がっていることがわかった。既存事業の深化に加えて、新たな事業の探索にも買収を用いている。

今世紀に入り、モノづくりに秀でて顧客が求める製品を提供する能力を備えながら、世界規模の競争で敗退を余儀なくされた日本企業は少なくない。それは、日本経済にとって大きな損失で、心血を注いだ事業からの撤退に悔しい思いをした人も多い。一方で、良いものを作り続けながら、買収に経営資源を投じ、新たな事業の結合を繰り返すことで、そのダイナミズムを取り戻す企業もある。この新結合の経営こそが、世界市場で進む寡占に伍していくためには不可欠な能力である。企業は競争に勝ち続けて生き残らなければならない。

研究にご協力いただいた、ＤＭＧ森精機の玉井宏明代表取締役副社長、グローリーの原田明浩取締役専務執行役員、ダイキン工業の足田紀雄執行役員、梯慶太日本板硝子元執行役員、堀場製作所が買収した英国ホリバＭＩＲＡ社の福島武史会長、村田製作所が買収した米国pSemi社の丸山豪シニア・バイスプレジデントにお礼を申し上げたい。企業にとって、買収時の価値算定やデュー・デリジェンスには教科書があるが、買収後の経営にマニュアルはなく、先達による買収も失敗に終わったケースが多い。お手本がない中で、海外Ｍ＆Ａというハイリスク・ハイリターンの手法を実行して結果を出す企業の組織能力は高い。

日産自動車のアシュワニ・グプタ氏にも感謝を申し上げる。アライアンスによる相乗効果について最初にインタビューに伺ったのは２０１８年の春で、カルロス・ゴーン前会長の問題が世間を賑わす半年前、日産自動車が史上最高益を記録した後だった。当時は、小型商用車事業を統括しておられ、相乗効果創出のプロセスを自主性尊重と機能統合をキーワードに丁寧に説明して下さった。グプタ氏は現在、最高執行責任者（COO）として日産自動車の再建を担っておられる。グプタ氏ほど三社連合の舵取りに適任な方はいない。

企業結合審査の新たな動きについてご助言いただいた長島・大野・常松法律事務所の酒井竜児先生にもお礼を申し上げたい。酒井先生は企業再編やM&A法務の専門家で、以前、買収のアドバイザリー業務でご一緒したご縁で、ご協力をいただいた。

筆者は研究者として、リサーチではいつもフルスイングを心掛けている。長く実務家であったことから、企業経営の研究は、経営者の重要な判断に資することができて初めて、価値のある仕事になると考えている。マネジメントの仕事は決断の連続であり、その中でも、買収実行の決断は企業の行く末を大きく左右することになる。本書では、買収して統合という従来の考えからひとつ踏み込んで、事業の結合と組織設計の重要性に着目して、買収の成功モデルを提示した。今回の執筆で放った打球が、経営の最前線で活躍するビジネスパーソンのもとに届き、最良の決断を下すための役に立つことができれば何よりの喜びである。

グーグルは買収を繰り返して現在の姿になったが、大きな戦略を最初に掲げたわけではない。これからは、買収で事業を自在に結合し競争の局面を自ら転換する企業が市場を制する。それに気付いた日本企業が海外M&Aで成果を挙げ始めた。多くの企業が後に続いてほしい。

最後に、筆者に根気よくお付き合い下さった東洋経済新報社の佐藤朋保氏に感謝したい。佐藤氏との打ち合わせ場所はいつも赤坂のホテルと決まっていたが、今年は新型コロナウイルス感染症の流行という時節柄、オンラインで励ましていただいた。本の素晴らしさと、その可能性を知る編集のプロとの掛け合いもまた、執筆の醍醐味である。

２０２１年３月

松本　茂

本研究はＪＳＰＳ科研費（17K03977）の助成を受けたものです。

注

【はじめに】

（1）ＭＡＲＲオンライン「レコフＭ&Ａデータベース」による。

（2）日経 NEEDS-Financial QUEST による。

【第1章】

（1）ＳＥＣＩとは、Socialization（共同化）、Externalization（表出化）、Combination（連結化）、Internalization（内面化）。

（2）１９８５年の採用銘柄は、『日経会社情報　昭和60年（１９８５年）秋号　日経平均採用銘柄一覧』による。１４１社は合併や買収によって会社名を変更した企業を含む。

（3）ＮＴＴドコモは、ＮＴＴによる公開買い付けにより２０２０年12月25日に上場廃止となった。

（4）国際協力銀行「わが国製造業企業の海外事業展開に関する調査報告——２０１９年度海外直接投資アンケート調査結果（第31回）」２０１９年11月27日。https://www.jbic.go.jp/ja/information/press/press-2019/1127-012855.html

（5）製造業種に属する全サンプルの延べ数は2万５０４３で、海外売上高を計上する本分析の対象サンプル数はその33・7%に相当する。

（6）本分析の目的は海外売上高比率と収益性の因果関係を主とすることから、単回帰の後、重回帰分析を行った。

（7）キッコーマン株式会社「有価証券報告書」２０１９年3月期。https://www.kikkoman.co.jp/cmsapi/0/ir/file.jsp?filename=iM9NwekQpSnfBVIQCXhfh47GXpoOdiwGqLMgGF4A%2Frk6SuGNNGosJbbIDjTFQnCM

（８）株式会社ヤクルト本社「有価証券報告書」２０１９年３月期。
https://www.yakult.co.jp/company/ir/library/pdf/yukashoken_2019.pdf

（９）スズキ株式会社ニュースリリース、２０１８年９月４日。
https://www.suzuki.co.jp/release/d/2018/0904/

（10）スズキ株式会社ニュースリリース、２０１２年11月６日。
https://www.suzuki.co.jp/release/d/2012/1106/index.html

（11）「スズキ、インド生産増強に６００億円 20年に25万台増へ」『日本経済新聞』（電子版）２０１９年１月18日。

（12）スズキ株式会社ニュースリリース、２０１９年１月30日。
https://www.suzuki.co.jp/release/d/2019/0130/

（13）キリンホールディングス株式会社ニュースリリース、２０１７年２月13日。
https://pdf.irpocket.com/C2503/Wc5N/C8lF/xwof.pdf

（14）キリンホールディングス株式会社ニュースリリース、２０１９年11月25日。
https://pdf.irpocket.com/C2503/FWdS/IYN8/CIoj.pdf

【第２章】

（１）ＭＡＲＲオンライン「２０１９年１—12月の日本企業のＭ＆Ａ動向」２０２０年１月６日。
https://www.marr.jp/genre/market/q_report/entry/19751

（２）設備投資額は、経済産業省「第49回海外事業活動基本調査」２０２０年５月27日、海外買収額は、ＭＡＲＲオンライン「レコフＭ＆Ａデータベース」による。

（３）『ＭＡＲＲ』２０１９年２月号（２９２号）。

（４）２０１７年度の金額。経済産業省産業技術環境局「日本の産業部門の技術開発を巡る状況」令和元年10月16日。

（５）２０１７年度の金額。財務省財務総合政策研究所『財政金融統計月報』第７９８号、２０１８年10月。

（６）金融、不動産、資源セクターの案件を除いた事業会社による買収件数。

（７）草創期における海外Ｍ＆Ａの分析は、松本（２０１４）を参照。

(８) 日本政策投資銀行「２０１８年度設備投資計画調査の概要」２０１８年８月１日。https://www.dbj.jp/investigate/equip/national/pdf_all/201808_summary.pdf

(９) ２０２０年３月までに計上された暖簾減損損失の累計。

(10) 「第一三共、失策続きの６年」『日本経済新聞』２０１４年４月８日。

(11) この案件は支配権獲得ではないので、今回の成否判定には含めていない。

(12) 黒崎播磨株式会社「２０１９年３月期決算説明会」２０１９年５月21日。https://contents.xj-storage.jp/xcontents/53520/03114141/d09f/4c54/9416/d2c3e7a5b6f9/20190527180933339s.pdf

(13) 「第一三共、独子会社を閉鎖」『日本経済新聞』２０１５年12月２日。

(14) 第一三共株式会社プレスリリース、２０１５年４月28日。https://www.daiichisankyo.co.jp/media/press_release/detail/index_5936.html

(15) キリンホールディングス株式会社ニュースリリース、２００７年11月８日。https://www.kirinholdings.co.jp/news/2007/1108_01.html

(16) キリンホールディングス株式会社ＩＲリリース、２０２０年11月26日。https://pdf.irpocket.com/C2503/mxGt/Lmkn/m46a.pdf

(17) 株式会社ＤｅＮＡプレスリリース、２０１０年10月12日。https://dena.com/jp/press/001925

(18) 「ゲーム開発　欧米撤退　ＤｅＮＡ　米・チリで子会社解散」『日本経済新聞』２０１６年10月18日。

(19) グリー株式会社プレスリリース、２０１１年４月22日。https://corp.gree.net/jp/ja/news/press/2011/0422-02.html

(20) 楽天株式会社プレスリリース、２０１３年２月12日。https://corp.rakuten.co.jp/news/press/2013/0212_01.html?year=2013&month=2&category=corp%20ir

(21) 楽天株式会社プレスリリース、２０１６年２月12日。https://corp.rakuten.co.jp/news/press/2016/0212_04.html?year=2016&month=2&category=corp ir

(22) 株式会社アドバンテスト「２０１８年度決算説明会」２０１９年４月25日。https://www2.advantest.com/investors/resource/data/FY2018/J_SLIDE_FY2018_FN.pdf

(23) 「アドバンテスト、米ベリジー買収で正式合意」『日本経済新聞』（電子版）２０１１年３月28日。

(24) 前掲（22）。
(25) アドバンテスト社長インタビュー、週刊エコノミストオンライン、２０１９年４月１日。
(26) 「アドバンテスト、米半導体検査事業の買収完了　１４９億円」『日本経済新聞』（電子版）２０１９年２月15日。
(27) 「大日本住友製薬が大型買収、肥沃な米国市場に一手」東洋経済オンライン、２００９年９月24日。
(28) 大日本住友製薬ニュースリリース、２０１０年10月29日。
https://www.ds-pharma.co.jp/ir/news/2010/20101029-01.html
(29) 大日本住友製薬株式会社「２０１８年度（２０１９年３月期）決算説明会」２０１９年５月13日。
https://www.ds-pharma.co.jp/ir/library/presentation/pdf/ir20190510_1.pdf
(30) 「大日本住友、日本で大型薬「ラツーダ」の承認申請」『日本経済新聞』（電子版）２０１９年７月31日。
(31) 大日本住友製薬株式会社ニュースリリース、２０１９年12月28日。
https://www.ds-pharma.co.jp/ir/news/2019/20191228.html
(32) アステラス製薬株式会社プレスリリース、２０１０年３月１日。
https://www.astellas.com/jp/system/files/news/2018-06/100301_2.pdf
(33) アステラス製薬株式会社「アニュアルレポート２０１０」２０１０年３月期。
https://sw4503.swcms.net/ja/ir-library/annual-report/inframe/main/010/teaserItems1/00/linkList/0/link/annual2010.pdf
(34) アステラス製薬株式会社「２０１８年度決算概況」２０１９年４月25日、45頁。
(35) 「【アステラス製薬・野木森社長】ＯＳＩ社の統合作業は来年６月末までに完了へ」薬事日報ウェブサイト、２０１０年11月５日。https://www.yakuji.co.jp/entry21100.html
(36) アステラス製薬株式会社「ＡＵＤＥＮＴＥＳ社買収について」２０１９年12月３日。
https://www.astellas.com/jp/system/files/news/2019-12/20191203_Jp_4_1.pdf
(37) 積水化学工業株式会社「２０１８年度（２０１９年３月期）決算および経営計画進捗説明会」２０１９年４月25日。
https://www.sekisui.co.jp/ir/document/event_account/__icsFiles/afieldfile/2019/06/27/20190425kg.pdf
(38) 医薬品候補化合物の安全性、有効性を評価する試験を製薬メーカーから受託する事業。
(39) 積水化学工業株式会社プレスリリース、２０１１年２月１日。

(40) https://www.sekisui.co.jp/news/2011/__icsFiles/afieldfile/2011/02/01/110201genzyme.pdf
「積水化学、検査薬会社を２２４億円で買収　エーザイから」『日本経済新聞』（電子版）２０１５年11月20日。積水化学工業はエーディアを２０１７年に積水メディカルに統合し、積水メディカルが存続会社となった。

(41) 積水化学工業株式会社プレスリリース、２０１８年4月3日。
https://www.sekisui.co.jp/news/2018/1320111_31754.html

(42) 前掲（37）。

(43) 株式会社リクルートプレスリリース、２０１１年10月18日。
https://recruit-holdings.co.jp/news_data/release/2011/1018_1481.html

(44) 株式会社リクルートホールディングスプレスリリース、２０１５年12月22日（https://recruit-holdings.co.jp/ir/ir_news/20151222_16410.html）。「リクルートが欧州で買収　１８００億円、人材派遣世界4位に」『日本経済新聞』（電子版）２０１５年12月23日。

(45) ＥＢＩＴＤＡとは Earnings Before Interest, Taxes, Depreciation and Amortization の略で、税引前利益に支払利息、減価償却費を加えて算出される利益。

(46) 株式会社リクルートホールディングス「２０１９年3月期　通期決算説明会」２０１９年5月14日、31頁。
https://recruit-holdings.co.jp/ir/library/upload/report_201903Q4_pm_jp.pdf

(47) 株式会社リクルートホールディングス『統合報告書２０１７』。
https://recruit-holdings.co.jp/assets/pdf/annual/2017/annual_2017_jp_all.pdf

(48) ホシザキ電機株式会社ニュースリリース、２００５年10月20日。
https://www.hoshizaki.co.jp/topics/051020.htm

(49) ＭＡＲＲオンライン「マールインタビュー（86）海外でＭ＆Ａを活用し、製氷機メーカー世界1を目指す」２００６年12月号。

(50) 前掲（48）。

(51) テルモ株式会社プレスリリース、２００９年6月26日（２０１９年時点のテルモの公式サイトで閲覧）。

(52) テルモ株式会社プレスリリース、２０１８年4月23日。
https://www.terumo.co.jp/pressrelease/detail/20180423/662/index.html

(53) 脳梗塞や脳動脈瘤などさまざまな脳血管疾患に対して、より患者への負担の少ない血管内治療のための製品・機器の開発・提供を行う。

(54) 心臓外科手術中に停止させた心臓や肺の代わりに役割を果たす医療機器の開発・提供を行う。

(55) 「ＪＴ、ロシア4位を１９００億円で買収」『日本経済新聞』(電子版) ２０１８年3月16日。

【第3章】

(1) 日本郵船株式会社ＩＲ情報、２０１６年10月31日。
https://www.nyk.com/ir/news/2016/__icsFiles/afieldfile/2019/03/03/161031.pdf

(2) 「ヤマダ電機、大塚家具買収で狙う人とモノ」『日本経済新聞』(電子版) ２０２０年2月6日。

【第4章】

(1) 米国の反トラスト法は単一の法律ではなく、おもに、シャーマン法(１８９０年制定)、クレイトン法(１９１４年制定)、連邦取引委員会法(１９１４年制定)の3つの法律、およびこれらの修正法から構成されている。

(2) 八幡製鐵と富士製鐵はこの公正取引委員会の勧告に応じず、審判手続きを経た後、条件付きで両社の合併が承認された。

(3) Dan Pontefract "What's Good For Our Country Was Good For General Motors", *Forbes*, November 26, 2018.

(4) 「レガシーコスト」とは企業年金の積立金不足(会計上は損金に計上)など本業とは別のコスト。

(5) シボレーはデュラントがＧＭを追放されていた１９１１年にレーサーのルイス・シボレーと創業した会社。ＧＭの経営に復帰後、シボレーを買収した。

(6) General Motors, 2019 Year End Earnings, February 5, 2020.
https://media.gm.com/content/dam/Media/gmcom/investor/2020/feb/gm-q4-2019-earnings-press-release.pdf

(7) ダイハツ工業、日野自動車はトヨタグループ。

(8) 「トヨタ、新車販売で世界一 ＧＭが77年ぶり首位陥落」ＡＦＰＢＢニュース、２００９年1月22日。

（9）日本高速道路保有・債務返済機構「欧米の高速道路政策　新版」平成30年８月。https://www.jehdra.go.jp/pdf/research/29_h3008.pdf

（10）ソニー株式会社プレスリリース、２０００年11月20日。https://www.sony.co.jp/SonyInfo/News/Press_Archive/200011/00-056a/

（11）「平成19年度安全保障環境の変化が我が国の防衛機器産業に及ぼす影響に関する調査研究報告書」平成20年３月、日本機械工業連合会。http://www.jmf.or.jp/japanese/houkokusho/kensaku/pdf/2008/19kankyo_01.pdf

（12）“G.M. Planning to Split Off E.D.S in Shareholder Deal”, *The New York Times*, August 8, 1995.

（13）スズキ株式会社ニュースリリース、２０００年９月14日。https://www.suzuki.co.jp/release/d/d000914a.htm

（14）スズキ株式会社ニュースリリース、２００１年10月22日。https://www.suzuki.co.jp/release/a/a011022.htm

（15）富士重工業株式会社ニュースリリース、２００３年４月16日。https://www.subaru.co.jp/news/archives/03_04_06/03_04_16.htm

（16）富士重工業株式会社ニュースリリース、２００５年10月５日。https://www.subaru.co.jp/news/archives/05_10_12/05_10_05_6.html

（17）以下の記述は「トヨタ自動車75年史」第３節（北米で現地生産をスタート）第２項（ＧＭ社との合弁）に拠っている。https://www.toyota.co.jp/jpn/company/history/75years/text/leaping_forward_as_a_global_corporation/chapter1/section3/item2.html

（18）「ＰＳＡ、２６５０億円で独オペル買収　ＧＭは欧州撤退」『日本経済新聞』（電子版）、２０１７年３月６日。

（19）「ＧＭ、アジア事業大幅縮小」『日本経済新聞』２０２０年２月18日。

（20）上海ＧＭの販売台数は１９７万台（２０１８年）で米国の販売台数に次ぐ。『日本経済新聞』２０１９年４月２日。

（21）「自動車部品最大手のデルファイ社が倒産」労働政策研究・研修機構ホームページ（２００５年11月国別労働トピック）。

（22）「米政府、ＧＭ株の売却完了　損失１兆円超」『日本経済新聞』（電子版）２０１３年12月10日。

（23）トヨタ自動車グローバルニュースルーム、２００９年８月28日。

https://global.toyota/jp/detail/1405584

【第5章】

（1）Alphabet Inc. Form 10-K. For the Fiscal Year Ended December 31, 2019.
https://abc.xyz/investor/static/pdf/20200204_alphabet_10K.pdf?cache=cdd6dbf

（2）内閣官房デジタル市場競争本部事務局「デジタル広告市場の競争評価に関する論点と今後の取組」令和元年12月17日。https://www.kantei.go.jp/jp/singi/digitalmarket/kyosokaigi/dai2/sankou5.pdf

（3）“Net digital ad revenues of Google as percentage of total digital advertising revenues worldwide from 2016 to 2019”, Statista.
https://www.statista.com/statistics/193530/market-share-of-net-us-online-ad-revenues-of-google-since-2009/

（4）公正取引委員会「デジタル広告の取引実態に関する中間報告書」令和2年4月、27―28頁。
https://www.jftc.go.jp/houdou/pressrelease/2020/apr/digital/200428betten.pdf

（5）ＳＰＥＥＤＡ、Ｍ＆Ａデータによる。

（6）“Writely so”, Google Official Blog, March 9, 2006.
https://googleblog.blogspot.com/2006/03/writely-so.html

（7）“Google Roils Travel”, *Wall Street Journal*, December 27, 2011.

（8）「ユーチューブ著作権侵害訴訟でＮＢＣとバイアコムが共闘」ＡＦＰ　ＢＢニュース、２００７年５月８日。

（9）ＳＰＥＥＤＡ、Ｍ＆Ａデータによる。

（10）“You know what's cool? A billion hours”, YouTube Official, February 27, 2017.
https://blog.youtube/news-and-events/you-know-whats-cool-billion-hours

（11）“Google Acquires Applied Semantics”, News from Google, April 23, 2003.
http://googlepress.blogspot.com/2004/04/google-acquires-applied-semantics.html

（12）“Google Closes Acquisition of DoubleClick”, News from Google, March 11, 2008.
https://googlepress.blogspot.com/2008/03/google-closes-acquisition-of_11.html

（13）“Google Wagers on Cellphone Ads”, *Wall Street Journal*, November 9, 2009.
（14）“Google Sells Handset Business to Lenovo”, *Wall Street Journal*, January 30, 2014.
（15）前掲（１）。
（16）「Ａｎｄｒｏｉｄ開発責任者のルービン氏に聞く」日経ＸＴｅｃｈ、２００８年８月29日。
https://xtech.nikkei.com/it/article/COLUMN/20080811/312618/
（17）“Google to acquire Nest”, Alphabet Press Release, January 13, 2014.
https://abc.xyz/investor/news/releases/2014/0113/
（18）“Google's Nest to buy Dropcam for $555 million: report”, *Reuters*, June 23, 2014.
https://www.reuters.com/article/idUSKBN0EW02820140622
（19）「自動運転、優勝劣敗の兆し　米ウェイモが２４００億円調達」『日本経済新聞』２０２０年３月３日。
（20）「自動運転ウェイモが買収した英企業、Ｌａｔｅｎｔ Ｌｏｇｉｃの「模倣学習」の力」フォーブス・ジャパン、２０１９年12月29日。https://forbesjapan.com/articles/detail/31311
（21）日産自動車株式会社ニュースリリース、２０１９年６月20日。
https://global.nissannews.com/ja-JP/releases/release-174fb5a963cb3aaf8c04509947004d43-190620-01-j
（22）「米Ｇｏｏｇｌｅが１億２００万ドルで米ｄＭａｒｃを買収、「ＡｄＷｏｒｄｓ」とラジオＣＭの融合を目指す」日経ＸＴｅｃｈ、２００６年１月18日。
https://xtech.nikkei.com/it/article/USNEWS/20060118/227424/
（23）https://www.google.com/intl/ja/search/howsearchworks/responses/
（24）「欧州委、グーグルに５７００億円制裁金命令――独禁法違反で最高額」『日本経済新聞』（電子版）、２０１８年７月18日。
（25）“Antitrust: Commission fines Google €4.34 billion for illegal practices regarding Android mobile devices to strengthen dominance of Google's search engine”, European Commission Press Release, July 18, 2018.
https://ec.europa.eu/commission/presscorner/detail/en/IP_18_4581
（26）“Antitrust: Commission fines Google €1.49 billion for abusive practices in online advertising”, European Commission Press Release, March 20, 2019.

https://ec.europa.eu/commission/presscorner/detail/en/IP_19_1770

(27) "Justice Department Sues Monopolist Google For Violating Antitrust Laws", The United States Department of Justice, October 20, 2020.
https://www.justice.gov/opa/pr/justice-department-sues-monopolist-google-violating-antitrust-laws

(28) "Mergers: Commission clears acquisition of Fitbit by Google, subject to conditions", European Commission Press Release, December 17, 2020.
https://ec.europa.eu/commission/presscorner/detail/en/ip_20_2484

【第6章】

(１) 日産自動車株式会社ニュースリリース、２０１８年６月13日。
https://global.nissannews.com/ja-JP/releases/180613-02-j

(２) ＲＥＮＡＵＬＴ　ＮＩＳＳＡＮ「提携ハンドブック２００３」。
https://www.nissan-global.com/PDF/ALLIANCE/2003/fy03alliance_jp.pdf

(３) RENAULT NISSAN "Alliance Facts & Figures 2017".
https://group.renault.com/wp-content/uploads/2017/06/2017-02-23-alliance-facts-and-figures-2017-publication.pdf

(４) 日産自動車株式会社ニュースリリース、２０１５年７月11日。
https://global.nissannews.com/ja-JP/releases/release-2687839b8388dd06702e473cc7007e99-150710-03-j

(５) 日産自動車株式会社ニュースリリース、２０１７年９月15日。
https://global.nissannews.com/ja-JP/releases/170915-01-j?source=nng

(６) 前掲（３）。

(７) 日産自動車株式会社ニュースリリース、２０２０年５月27日。
https://global.nissannews.com/ja-JP/releases/release-aba6b763b790428810f6fe31a803a37c-200527-02-j

(８) 日産自動車株式会社ニュースリリース、２０１７年３月14日。
https://global.nissannews.com/ja-JP/releases/release-6b168c246ac636fb40eaecdf16ba3c1f-170314-02-j

（9）前掲（8）。
（10）日産自動車株式会社ニュースリリース、２０１９年１月30日。https://global.nissannews.com/ja-JP/releases/release-41181d20da4d17b77ed88d70080b2b70-190130-02-j
（11）日産自動車株式会社ニュースリリース、２０１９年４月10日。https://global.nissannews.com/ja-JP/releases/release-fc1499a2382c4bfa3a359291601231bd-190410-02-j
（12）Groupe Renault Press Releases, "Worldwide Sales Results 2018", January 18, 2019. https://en.media.groupe.renault.com/actualites/worldwide-sales-results-2018-groupe-renault-sales-reached-3-9-million-vehicles-up-3-2-with-jinbei-and-huasong-21221101-989c5.html
（13）日産自動車株式会社ニュースリリース、２０１８年７月31日。https://global.nissannews.com/ja-JP/releases/release-ed7b0014763a42e1693c5c954e0427fd-180731-02-j
（14）Mitsubishi Motors（Thailand）Co., Ltd.「タイ事業説明会」２０１３年３月６日。https://www.mitsubishi-motors.com/jp/corporate/ir/event/20130306/presentation_2.pdf
（15）「日産・三菱自、小型トラック車台統合　開発・部品コスト削減」『日本経済新聞』（電子版）２０１７年11月20日。
（16）「三菱自と日産、トラックも車台共通に　東南アジア向け」『日本経済新聞』２０１９年５月21日。
（17）日産自動車株式会社ニュースリリース、２０１８年11月８日。https://global.nissannews.com/ja-JP/releases/release-860852d7040eed420ffbaebb22351e23-181108-03-j
（18）「日産、欧の商用車縮小　バン生産打ち切り　ルノーＯＥＭ主軸に」『日刊工業新聞』２０１９年７月24日。日産自動車株式会社ニュースリリース、２０２０年５月28日。https://global.nissannews.com/ja-JP/releases/release-293ce8d1ca9dbfc2922d2297c900ebc5-200528-03-j
（19）前掲（7）。
（20）日産自動車株式会社ニュースリリース、２０１９年３月12日。https://global.nissannews.com/ja-JP/releases/release-bf2bf1e053fd301abd3ca437660b60f3-190312-02-j
（21）日産自動車株式会社ニュースリリース、２０２０年１月30日。https://global.nissannews.com/ja-JP/releases/release-122239772e2e4cb428ec6db28801d5ef-200130-02-j
（22）前掲（7）。

【第７章】

（１） グローリー株式会社「Talaris Topco Limited の株式取得（子会社化）について」２０１２年２月14日。
https://www.glory.co.jp/files/topics/502_ext_10_0.pdf

（２） 「グローリーが約８００億円の大型Ｍ＆Ａ、英社買収で海外展開加速」ロイター日本版、２０１２年２月14日。
https://jp.reuters.com/article/tk0731964-glory-800-idJPTYE81K3K520120214

（３） 「東芝テックがＩＢＭのＰＯＳ端末事業買収、世界シェア首位に」ロイター日本版、２０１２年４月17日。
https://jp.reuters.com/article/tk0783886-toshiba-ibm-idJPTYE83G01V20120417

（４） 株式会社東芝ＩＲニュース、２０１５年11月５日。
https://www.toshiba.co.jp/about/ir/jp/news/20151105_2.pdf

（５） “Diebold Secures Enough Shares to Complete Wincor Acquisition”, *Wall Street Journal*, March 29, 2016.

（６） グローリー株式会社「グローリーＣＳＲ報告書 ２０１８」。
https://www.glory.co.jp/files/user/csr/pdf/glory_csr2018.pdf

（７） グローリー株式会社「グローリーグループ長期ビジョン ２０２８（２０１８年度〜２０２７年度）」２０１８年４月２日。
https://www.glory.co.jp/files/user/ir/pdf/%E9%95%B7%E6%9C%9F%E3%83%93%E3%82%B8%E3%83%A7%E3%83%B32028%E8%AA%AC%E6%98%8E%E8%B3%87%E6%96%99.pdf

（８） グローリー株式会社ニュースリリース、２０１９年７月19日。
https://pdf.irpocket.com/C6457/Uxy1/tBAc/XyUI.pdf

（９） グローリー株式会社ニュースリリース、２０１９年10月３日。
https://www.glory.co.jp/company/news/detail/id=1234

（10） グローリー株式会社ニュースリリース、２０２０年４月６日。
https://pdf.irpocket.com/C6457/mHyw/BUTj/shK9.pdf

【第８章】

（１）「日立と米空調大手の合弁会社、春に始動へ」ウォール・ストリート・ジャーナル日本版、２０１５年１月23日。
（２）日立ニュースリリース、２０１５年10月１日。https://www.hitachi.co.jp/New/cnews/month/2015/10/1001c.html
（３）２０１８年当時、トレイン・テクノロジーズはインガソールランド社の事業部門のひとつだったが、２０２０年にスピンオフし、現在、ニューヨーク証券取引所に上場している。
（４）三菱電機株式会社ニュースリリース、２０１８年１月17日。http://www.mitsubishielectric.co.jp/news/2018/0117-b.html
（５）中国では、現在も「McQuay」のブランドを継続している。
（６）ダイキン工業株式会社「Ｇｏｏｄｍａｎ社の買収について」２０１２年８月30日。https://www.daikin.co.jp/investor/data/others/Goodman.pdf
（７）ダイキングループ「サステナビリティレポート２０１９」（ｗｅｂ版）。https://www.daikin.co.jp/csr/report/2019web/web_SustainabilityReport2019_jp.pdf
（８）「空調世界一ダイキン　米巨大工場でグローバル化加速」『日本経済新聞』（電子版セクション）２０１７年７月１日。

【第９章】

（１）「ＤＭＧ森精機、独社へのＴＯＢ終了　出資比率52・54％に」『日本経済新聞』（電子版）２０１５年４月17日。
（２）「ＤＭＧ森精機が「日独統合」を早めた理由　世界ナンバーワンの工作機械メーカーに」東洋経済オンライン、２０１５年１月26日。
（３）「ＤＭＧ森精機社長「株50％取得は確実」　独同業買収へ」『日本経済新聞』（電子版セクション）２０１５年１月22日。
（４）ＤＭＧ森精機株式会社「ＤＭＧ ＭＯＲＩ ＡＧ株式の75％超の取得と協業強化に関するお知らせ」２０１６年４月７日。https://www.dmgmori.co.jp/corporate/ir/ir_library/pdf/20160407_collaboration_j.pdf
（５）ＤＭＧ森精機株式会社「アニュアルレポート　２０１８」。https://www.dmgmori.co.jp/corporate/ir/ir_library/pdf/2018_ar_j.pdf

【第10章】

（1）「ＮＳＧグループ１００周年記念サイト」より。http://100th.nsg.co.jp/

（2）日本板硝子の創業は１９１８年で、当時の社名は日米板硝子であった。

（3）日本板硝子が保有していたＬＯＦ社（米国）の20％株式（ピルキントン社80％出資）、ＬＮセイフティグラス社（メキシコ）の50％株式（同50％出資）、トリプレックスセイフティグラス社（英国）の20％株式（同80％出資）と交換した。日本板硝子株式会社ニュースリリース、２０００年5月24日。
https://www.nsg.co.jp/ja-jp/media/ir-updates/archive/announcements-2000/capital-investment-in-pilkington

（4）日本板硝子株式会社ニュースリリース、２００６年2月27日。
https://www.nsg.co.jp/-/media/nsg-jp/ir/press-releases/2006/02272006-nsg-to-proceed-with-recommended-cash-acquisition-of-pilkington-plc.pdf

（5）日本板硝子株式会社ニュースリリース、２００７年1月15日。
https://www.nsg.co.jp/-/media/nsg-jp/ir/press-releases/2007/01152007-nsg-announces-integrated-global-business-organization.pdf

（6）日本板硝子株式会社ホームページより（２０２０年10月15日時点）。

（7）日本板硝子株式会社ニュースリリース、２０１４年5月15日。
https://www.nsg.co.jp/-/media/nsg-jp/ir/financial-reports/mtpsummary2014_j01.pdf

（8）日本板硝子株式会社ニュースリリース、２０１８年5月11日。
https://www.nsg.co.jp/-/media/nsg-jp/ir/press-releases/2018/11may2018solarmarket_j01.pdf

（9）日本板硝子株式会社ニュースリリース、２０１７年2月21日。
https://www.nsg.co.jp/-/media/nsg-jp/ir/press-releases/2017/21feb2017upgradeautomotiveglassplantinus_j01.pdf

（10）日本板硝子株式会社ニュースリリース、２０２０年6月8日。
https://www.nsg.co.jp/-/media/nsg-jp/ir/press-releases/2020/08jun2020prestigiousinnovationaward_j01.pdf

【第11章】

（１）シャシダイナモメータは車両に対して、エンジンダイナモメータはエンジンに対して、それぞれ負荷を発生させ、実走行状態に近い条件を与える台上試験装置。

（２）株式会社堀場製作所「２０１８年12月期決算説明会」２０１９年２月13日（https://www.horiba.com/uploads/media/20190213_PR_jp_05.pdf）など。堀場製作所は自動車事業の売上高内訳を２００９年度から開示している。

（３）株式会社堀場製作所ニュース、２０２０年１月21日。https://www.horiba.com/jp/corporate-news/news/article/63699/

（４）「経営者の真価が問われるのは「51対49」の決断」『日経ビジネス』（電子版）２０１９年５月31日。

（５）前掲（４）。

【第12章】

（１）フロントエンドモジュールとはパワーアンプ、ＳＡＷ ＤＰＸ、スイッチＩＣ、送信側ローパスフィルター（ＬＰＦ）、受信側ＳＡＷフィルターを多層基板上に実装・一体化したもの。

（２）対米外国投資委員会（ＣＦＩＵＳ）の承認を得て、２０１４年12月12日に買収を完了。

（３）村田製作所技術広報誌『metamorphosis』20号、２０１６年５月25日。https://corporate.murata.com/ja-jp/about/newsroom/techmag/metamorphosis20/leadertalk/01-02

（４）圧電体基板上を伝搬する弾性表面波を利用したフィルター。

（５）低温焼成セラミックス基板。

（６）弾性表面波アンテナ共用器。機器から送信される電波と、外部から受信する電波を「同時に」やり取りするための電子部品。

（７）バルク弾性波。

（８）「米半導体ＲＦマイクロ、トライクイントを16億ドルで買収」ロイター日本版、２０１４年２月25日。https://jp.reuters.com/article/l3n0lt43m-rf-micro-to-buy-triquint-to-bo-idJPTJEA1N01C20140224

（９）Micro Electro Mechanical Systems（微小電気機械システム）。アンテナのチューニングに利用される。

（10）単一の目的のために使用される単一機能の半導体。
（11）“pSemi Recognized for Second Consecutive Year on Distinguished “IEEE Spectrum” Patent Power Scorecard”, pSemi Corporation News Release, January 24, 2018. https://www.psemi.com/newsroom/press-releases/472898-psemi-recognized-for-second-consecutive-year-on-distinguished-ieee-spectrum-patent-power-scorecard
（12）pSemi Corporation「Peregrine Semiconductor の社名変更および創立30周年、ＲＦ‐ＣＭＯＳ累計40億個出荷達成に関するお知らせ」２０１８年1月18日（日本語リリースより）。
（13）IEEE Spectrum. Patent Power Scorecard in 2017. The Semiconductor Manufacturing Sector.（https://spectrum.ieee.org/static/interactive-patent-power-2017）および、前掲（11）など。

【第13章】

（1）公正取引委員会は水平型企業の結合審査において、競争を実質的に制限するとは通常考えられない水準（セーフハーバー）を示している。市場全体の構造を表す指標としてハーフィンダール・ハーシュマン指数（ＨＨＩ）および、その増分が用いられている。
（2）海外子会社等との取引を互いに支配・従属関係にない当事者間の取引と同じ条件や価格などで行うとする考え方。
（3）“YouTube Chief Hurley to Step Down”, *New York Times*, October 29, 2010.
（4）「ユーチューブ共同創業者が語る原点、絶えない好奇心とPayPalマフィア」フォーブス・ジャパン、２０１８年12月25日。https://forbesjapan.com/articles/detail/24572
（5）“Google Acquires Keyhole Corp”, News from Google, October 27, 2004. http://googlepress.blogspot.com/2004/10/google-acquires-keyhole-corp.html

【付録】

（1）「企業結合審査に関する独占禁止法運用指針」新旧対照表、7頁。

(2) 前掲（1）。

(3) 本運用指針では、いわゆるサービスも含む概念として「商品」が定義されている。「企業結合審査に関する独占禁止法の運用指針」新旧対照表、6頁。

(4) 「企業結合審査に関する独占禁止法の運用指針」新旧対照表、24頁。

(5) 「企業結合審査に関する独占禁止法の運用指針」新旧対照表、8頁。

(6) 「企業結合審査に関する独占禁止法の運用指針」新旧対照表、10頁。

(7) 本運用指針には、①企業結合後のハーフィンダール・ハーシュマン指数（以下「ＨＨＩ」）が１５００以下である場合、②企業結合後のＨＨＩが１５００超２５００以下であって、かつ、ＨＨＩの増分が２５０以下である場合、③企業結合後のＨＨＩが２５００を超え、かつ、ＨＨＩの増分が１５０以下である場合は、競争を実質的に制限することとなるとは通常考えられないと記されている。「企業結合審査に関する独占禁止法の運用指針」新旧対照表、17頁。

(8) 「企業結合審査に関する独占禁止法の運用指針」新旧対照表、17頁。

(9) 「企業結合審査に関する独占禁止法の運用指針」新旧対照表、23―24頁。

(10) 本運用指針では、「ある商品のメーカーとその商品の販売業者が垂直型企業結合を行う場合、当該メーカーの属する一定の取引分野を川上市場といい、当該販売業者の属する一定の取引分野を川下市場という」と定義されている。
「企業結合審査に関する独占禁止法の運用指針」新旧対照表、40頁。

(11) 「企業結合審査に関する独占禁止法の運用指針」新旧対照表、40―41頁。

(12) 「企業結合審査に関する独占禁止法の運用指針」新旧対照表、43頁、46―47頁。

(13) 「企業結合審査に関する独占禁止法の運用指針」新旧対照表、50―51頁。

(14) 「企業結合審査に関する独占禁止法の運用指針」新旧対照表、53頁。

(15) 「企業結合審査の手続に関する対応方針」新旧対照表、3―4頁。

参考文献

Ansoff, H. I. (1965). *Corporate Strategy: An Analytic Approach to Business Policy for Growth and Expansion*, New York: McGraw-Hill, 1965.

Capron, L. (1999). "The Long-Term Performance of Horizontal Acquisitions". *Strategic Management Journal*, 20(11), 987-1018.

Chatterjee, S. (1986). "Types of Synergy and Economic Value: The Impact of Acquisitions on Merging and Rival Firms". *Strategic Management Journal*, 7(2), 119-139.

Datta, D. K. and J. H. Grant (1990). "Relationships Between Type of Acquisition, The Autonomy Given to the Acquired Firm, and Acquisition Success: An Empirical Analysis". *Journal of Management*, 16(1), 29-44.

Deeds, D. L. (2001). "The Role of R&D Intensity, Technical Development and Absorptive Capacity in Creating Entrepreneurial Wealth in High Technology Start-ups". *Journal of Engineering and Technology Management*, 18(1), 29-47.

Grant, R. M. (1987). "Multinationality and Performance among British Manufacturing Companies". *Journal of International Business Studies*, 18(3), 79-89.

Harrison, J., M. Hitt, R. Hoskisson and D. Ireland (2001). "Resource Complementarity in Business Combinations: Extending the Logic to Organizational Alliances". *Journal of Management*, 27(6), 679-690.

Helpman, Elhanan, Marc J. Melitz and Stephen R. Yeaple (2004). "Export Versus FDI with Heterogeneous Firms". *American Economic Review*, 94(1), 300-316.

Hitt, Michael A., Robert E. Hoskisson and Hicheon Kim (1997). "International Diversification: Effects on Innovation and Firm Performance in Product-Diversified Firms". *Academy of Management Journal*, 40(4), 767-798.

Kauppila, O. (2010). "Creating Ambidexterity by Integrating and Balancing Structurally Separate Interorganizational

Partnerships". *Strategic Organization*, 8(4), 283–312.

Koza, M. P. and A. Y. Lewin (1999). "The Coevolution of Network Alliances: A Longitudinal Analysis of an International Professional Service Network". *Organization Science*, 10(5), 638–653.

Larsson, R. and S. Finkelstein (1999). "Integrating Strategic, Organizational, and Human Resource Perspectives on Mergers and Acquisitions: A Case Survey of Synergy Realization". *Organization Science*, 10(1), 1–26.

Lavie, D. and L. Rosenkopf (2006). "Balancing Exploration and Exploitation in Alliance Formation". *Academy of Management Journal*, 49(4), 797–818.

Levitt, B. and J. G. March (1988). "Organizational Learning". *Annual Review of Sociology*, 14, 319–338.

Lewellen, Wilbur G. (1971). "A Pure Financial Rationale for the Conglomerate Merger". *Journal of Finance*, 26(2), 521–537.

Lu, J. W. and P. W. Beamish (2004). "International Diversification and Firm Performance: The S-curve Hypothesis". *Academy of Management Journal*, 47(4), 598–609.

Maksimovic, V., G. Phillips and N. R. Prabhala (2011). "Post-Merger Restructuring and the Boundaries of the Firm". *Journal of Financial Economics*, 102(2), 317–343.

March, J. G. (1991). "Exploration and Exploitation in Organizational Learning". *Organization Science*, 2(1), 71–87.

O'Reilly, C. A. and M. L. Tushman (2013). "Organizational Ambidexterity: Past, Present, and Future". *Academy of Management Perspectives*, 27(4), 324–338.

Porter, M. E. (1987). "From Competitive Advantage to Corporate Strategy". *Harvard Business Review*, 65(3), 43–59.

Qian, Gongming, T. A. Khoury, M. W. Peng and Z. Qian (2010). "The Performance Implications of Intra- and Inter-Regional Geographic Diversification". *Strategic Management Journal*, 31(9), 1018–1030.

Rochet, Jean-Charles and Jean Tirole (2003). "Platform Competition in Two-sided Markets". *Journal of the European Economic Association*, 1(4), 990–1029.

Ruigrok, W. and H. Wagner (2003). "Internationalization and Performance: An Organizational Learning Perspective". *Management International Review*, 43(1), 63–83.

Shaver, J. M. (2006). "A Paradox of Synergy: Contagion and Capacity Effects in Mergers and Acquisitions". *Academy of*

Management Review, 31(4), 962–976.

Sirower, M. L. (1997). *The Synergy Trap: How Companies Lose the Acquisition Game*, New York: Free Press, 1997.

Tushman, M. L. and C. A. O'Reilly (1996). "Ambidextrous Organizations: Managing Evolutionary and Revolutionary Change". *California Management Review*, 38(4), 8–30.

Zaheer, A., X. Castañer and D. Souder (2013). "Synergy Sources, Target Autonomy, and Integration in Acquisitions". *Journal of Management*, 39(3), 604–632.

石田修大著／日本経営史研究所編（２０１５）『継ぐ――ダイキン工業90年物語』ダイキン工業、２０１５年。

伊丹敬之編著（２００６）『日米企業の利益率格差』有斐閣、２００６年。

伊東光晴・根井雅弘（１９９３）『シュンペーター――孤高の経済学者』岩波新書、１９９３年。

ウィリアムソン、Ｏ・Ｅ（１９８０）『市場と企業組織』浅沼万里・岩崎晃訳、日本評論社、１９８０年。（*Markets and Hierarchies: Analysis and Antitrust Implications*, New York: Free Press, 1975）

宇野博二（１９７３）「アメリカにおける航空機工業の発達（その１）」『学習院大学経済論集』第９巻第３号、１９７３年３月、13—36頁。

ガルブレイス、ジョン・Ｋ（２０１６）『アメリカの資本主義』（改訂版）新川健三郎訳、白水社、２０１６年。（*American Capitalism: The Concept of Countervailing Power*, Rev. ed., Boston: Houghton Mifflin, 1956）

北山聡（２０１１）「アメリカにおける情報システム産業の変化――ＥＤＳのケーススタディ」『コミュニケーション科学』第33号、２０１１年２月、２４３—２６６頁。

キルデイ、ビル（２０１８）『NEVER LOST AGAIN――グーグルマップ誕生』大熊希美訳、ＴＡＣ出版、２０１８年。（*Never Lost Again: The Google Mapping Revolution That Sparked New Industries and Augmented Our Reality*, New York: Harper Business, 2018）

クリステンセン、クレイトン（２００１）『イノベーションのジレンマ――技術革新が巨大企業を滅ぼすとき』（増補改訂版）玉田俊平太監修／伊豆原弓訳、翔泳社、２００１年。（*The Innovator's Dilemma: When New Technologies. Cause Great Firms to Fail*, Boston (Mass.): Harvard Business Review Press, 1997）

小林陽介（２０１４）「アメリカ経済の金融化と企業金融――企業と金融機関との関係に注目して」『季刊 経済理論』第50巻第4号、２０１４年1月、84―95頁。

シュムペーター、J・A（１９７７）『経済発展の理論』（上・下）塩野谷祐一・中山伊知郎・東畑精一訳、岩波書店、１９７７年。（*Theorie der wirtschaftlichen entwicklung*, 2. neubearb. Aufl. München: Leipzig: Duncker und Humblot, 1926）

――（１９９５）『資本主義・社会主義・民主主義』（新装版）中山伊知郎・東畑精一訳、東洋経済新報社、１９９５年。（*Capitalism, Socialism and Democracy*, New York: Harper & Bros., 1942）

――（２００１）『景気循環論――資本主義過程の理論的・歴史的・統計的分析』（１―５）（オンデマンド版）吉田昇三監修／金融経済研究所訳、有斐閣、２００１年。（*Business Cycles: A Theoretical, Historical, and Statistical Analysis of the Capitalist Process*, New York: McGraw-Hill, 1939）

スネル、ブラッドフォード・C（１９９５）『クルマが鉄道を滅ぼした――ビッグスリーの犯罪』戸田清他訳、緑風出版、１９９５年。（*American Ground Transport: A Proposal for Restructuring the Automobile, Truck, Bus, and Rail Industries*, Washington, D.C.: U.S. Government Printing Office, 1974）

スローン、アルフレッド・P（２００３）『GMとともに』有賀裕子訳、ダイヤモンド社、２００３年。（*My Years with General Motors*, New York: Doubleday, 1963）

高浦忠彦（２０００）「GMとコーポレート・ガバナンス――ステムペル会長辞任を中心に」『立教経済学研究』第54巻第1号、２０００年7月、１１３―１３９頁。

チャンドラー、アルフレッド・D（２００４）『組織は戦略に従う』有賀裕子訳、ダイヤモンド社、２００４年。（*Strategy and structure: Chapters in the History of the American Industrial Enterprise*, Cambridge, Mass: MIT Press, 1962）

野中郁次郎（２０１９）「失われた20年の失敗の本質　科学的アプローチに偏りすぎた日本企業「三つの過剰」に陥った平成の日本企業　今こそ共感や直観による経営を取り戻せ」『WEDGE』２０１９年8月号、14―17頁。

野中郁次郎・竹内弘高著／梅本勝博訳（１９９６）『知識創造企業』東洋経済新報社、１９９６年。

藤本隆宏（２０１３）『現場主義の競争戦略――次代への日本産業論』新潮新書、２０１３年。

――（２０１７）『現場から見上げる企業戦略論――デジタル時代にも日本に勝機はある』角川新書、２０１７年。

藤本隆宏・東京大学21世紀COEものづくり経営研究センター（２００７）『ものづくり経営学――製造業を超える生産

思想』光文社新書、２００7年。

牧野裕（１９８２）「戦間期アメリカ産業政策に関する一研究」『一橋研究』第7巻第1号、１９８2年4月、1—18頁。

松本茂（２０１４）『海外企業買収　失敗の本質——戦略的アプローチ』東洋経済新報社、２０１4年。

——（２０２１）「21世紀初頭における製造業企業の海外市場依存度と収益性」『日本経営学会誌』第46号、近刊。

松本茂・三品和広（２０１８）「海外Ｍ＆Ａによる相乗効果創出の機構」『国民経済雑誌』第２１7巻第2号、２０１8年2月、23—38頁。

三品和広（２００４）『戦略不全の論理——慢性的な低収益の病からどう抜け出すか』東洋経済新報社、２００4年。

——（２００７）『戦略不全の因果——１０１3社の明暗はどこで分かれたのか』東洋経済新報社、２００7年。

ラ　行

タ　行

サ　行

索　引

【著者紹介】
松本　茂（まつもと　しげる）
京都大学経営管理大学院特命教授、城西国際大学大学院教授。神戸大学大学院経営学研究科博士課程修了。PwCディレクター、英HSBC投資銀行本部長、同志社大学大学院准教授などを経て、現職。
20年にわたり、M&Aアドバイザーとして、米国や中国など20カ国50を超える海外企業とのクロスボーダー案件に助言。著書に『海外企業買収 失敗の本質 戦略的アプローチ』（東洋経済新報社、2014年、第9回M&Aフォーラム賞正賞受賞）。2020年、京都大学経営管理大学院より優秀教育賞受賞。

海外M&A　新結合の経営戦略

2021年5月6日発行

著　者——松本　茂
発行者——駒橋憲一
発行所——東洋経済新報社
〒103-8345　東京都中央区日本橋本石町 1-2-1
電話＝東洋経済コールセンター 03(6386)1040
https://toyokeizai.net/

ブックデザイン……橋爪朋世
ＤＴＰ……………キャップス
印　刷……………図書印刷
編集担当…………佐藤朋保

ISBN 978-4-492-53437-3